増補 仏典をよむ

死からはじまる仏教史

末木文美士

角川文庫
22495

はじめに

哲学や思想というと、まず欧米の潮流が問題にされる。長い間、欧米の流行思想を導入し、それをうまくアレンジすることが現代思想の役割のように考えられてきた。流行が変われば、それまでもてはやされていた思想はたちまち顧みられなくなる。思想もファッションであり、流行遅れの服を着替えるのと同じように、古くなれば脱ぎ去って、新しいものを身に付ければよい。カッコウよさこそその基準だ。そこには伝統の蓄積ということはあり得ない。過去の日本の思想など、およそ考慮する価値もないと、ずっと考えられてきた。

しかし、はたしてそれでよかったのか。もう一度伝統思想を見直すべきではないのか。そのような言い方をすると、直《ただ》ちに反動的なナショナリズムのように考えられるかもしれない。しかし、そう考えるのは間違っている。過去の思想をしっかりと批判的に受け継ぐことをしないから、そこに恣《し》意的な解釈が横行し、歪《ゆが》んだナショナリズムが生まれることになるのだ。過去は決してよいことばかりでない。むしろ醜いことのほうが多いかもしれない。それでも眼を背けずに、自分たちの祖先のたどった道を振り返るとき、はじめて本当に思想が伝統として蓄積されていくのではないだろうか。

伝統思想の研究者の側にも問題がある。僕は仏教学という分野から出発しているが、この学問は膨大な仏典の解釈を目的とする。近代になってサンスクリット語やパーリ語、さらにはチベット語仏典の研究が導入され、日本の仏教学は世界的な水準を維持している。それはそれですばらしいことだが、では、その仏教学の成果がどのように現実に還元されるかというと、はなはだ心もとない。

もともと近代の仏教学は僧侶《そうりょ》や寺院関係者の手によって進められてきた。そこでは既成仏教の各教団の教学が前提とされ、その正統性を証明するために、インド以来の仏教が研究されてきた、と言っても過言でない。そんなわけで、仏教思想は教団の枠の中に閉じ込められ、本当に現代の問題として、批判的に検討しようという態度が養成されなかった。これはきわめて残念なことである。

確かに今日、仏教書の類《たぐい》は巷《ちまた》に氾濫《はんらん》している。高名な作家や高僧、学者が次々に一般向けの仏教書を著わしている。しかし、啓蒙《けいもう》的な分かりやすさや受けのよさが、ただちに思想としての水準を保証するものではない。現代の思想として通用するものは、きわめてわずかに過ぎない。

本書は仏教学の成果を生かしながら、仏典の思想を可能な限り掘り下げて、捉《とら》え返してみようという試みである。言い換えれば、仏典を従来の固定観念から解き放ち、今日に生きる思想書として読み込んでみようというのである。古典は常に新しい。しかし、読む側がそれに立ち向かうだけのしっかりした問題意識と、きちんとした方法を身に付けていないと、本当の古典の醍醐味《だいごみ》に到達できないし、誤読する危険も大きい。

本書では、第一部でインド・中国の仏典、第二部で日本の仏典を取り上げる。ただし、前者に関しても、日本仏教の前提という観点から扱う。僕たちが伝統を蓄積していけるのは、日本という場を外してはあり得ないからである。

第一部で仏典を見る視点は、いささか従来の通説と異なっている。それは、仏教がブッダの教えから直接生まれたのではなく、ブッダの死後、その死を乗り越えようとするところから出発しているという視点である。そのために、仏教は否応《いやおう》なく死者という異形の他者と正面から向き合わなければならなくなった。その展開上に大乗仏教が生まれることになったのではないか。それが第一部を貫く視点である。

第二部では日本の仏典を取り上げるが、その重心の置き方は少し異なる。日本に輸入された仏教は、インドとも中国とも異なる状況に直面した。そこから必然的に仏教の土着化の問題が生ずる。仏教の土着化という問題は、中国においても、それどころかインドにおいてさえ見られるものであるが、とりわけ日本の仏教を考えようとする時に、どうしても逸することができない。中国でも大きく変容した仏教であるが、それがまた日本でさらに大きく転回する。その転回を積極的に推し進めようとする思想と、それに待ったをかけ、原点回帰を志向する思想とがせめぎあい、緊張関係に立つことによって、日本の仏教特有のダイナミックな展開がうまれることになる。

土着化という第二部のテーマは、一見すると、第一部と結びつかないように見えるかもしれない。しかし、異なる文化と接触し、土着化するということは、まさしく予想もしない異形の他者に関わり、変容していくことに他ならない。それは、仏教の側にとってもそうであるし、日本の側にとっても同じことである。その点で第二部の論点も、第一部の異形の他者という問題と、じつはそれほど大きく隔たっているわけではない。

第二部においてしばしば言及されることになるのが本覚《ほんがく》思想である。本覚思想は現実をそのまま肯定する思想とされるが、じつを言えばそれほど明瞭《めいりょう》ではない。本書では、本覚思想の文献をそれ自体として取り上げて詳しく論ずることはしない。しかし、本覚思想をあまりにステレオタイプ化して単純に考えることはできないということだけは、あらかじめ注意しておきたい。

第一部、第二部ともに、中心として取り上げる仏典を理解するための補助として、他の著作や時代状況などについて、かなりの頁《ページ》を割くことになった。遠く時代を離れた古典を理解するためには、どうしてもその前提となる知識が不可欠である。それに、そもそも仏典は思想書と言っても、他の領域から切り離された抽象的な純粋思索としての議論をしているわけではない。確かに仏教でも、アビダルマの哲学など、スコラ的な議論を展開しているところもないではないが、多くのすぐれた仏典は、宗教的な体験と絡《から》めながら、直面している時代の課題に対して真摯《しんし》に答えようとしている。

そもそも仏教は思想的な営為であるとともに、民衆の中に広く信仰され、あるいは制度化して今日に至っている。それ故《ゆえ》、そこには概念的な操作をはみ出すさまざまな要素が入り込むことになる。仏教は、いわば上部構造としての思想領域と、下部構造としての民衆信仰や習俗・社会制度などの領域と、二つの層を持っているということができる。その二つの層はしばしば別々に切り離されて考えられてきた。だが、そのような二分化は適切といえるであろうか。仏教のような宗教では、思想と言ってもじつは下部構造と深く関わっている。土着化とは、まさしくその下部構造の中に深く根差していくことに他ならない。

このような思想のダイナミズムを明らかにするために、本書ではしばしば主題となる仏典のテキストをはみ出して、周辺的な問題にまで説き及ぶことになる。そのために、肝腎《かんじん》のテキストそのものに割く頁がやや窮屈になるかもしれないが、それはやむを得ないこととお許しいただきたい。各章で取り上げる仏典は、どの一つをとっても、その解明のために膨大な数の専著が書かれ、議論されてきている。その一端に近づくことができるだけで、僕たちの世界はぐんと広がっていくだろう。

テキストの引用に当たっては、原文自体を味わってもらいたい場合を除いて、原則としてかなり自由な現代語訳とする。難しい術語でつまずくよりも、内容を直接に把握してもらいたいからである。

さあ、それでは仏典の思想を読み解く遥《はる》かな旅に出発することにしよう。

目次

第一部

死からはじまる仏教

第一章　大いなる死――『遊行経』

一　仏典を読む

I　漢文仏典の難しさ

個人的な思い出から書き始めることをお許しいただきたい。

僕はいろいろ若い頃の精神遍歴の末に仏教を専門とするようになったが、大学院で少し本格的に研究を始めるようになっていちばん困ったのは、漢文の仏典が読めないということであった。近代の仏教研究は、インドのサンスクリット語（梵語《ぼんご》）やパーリ語の仏典を読むことにおいて輝かしい成果を挙げてきた。それ故《ゆえ》、仏教を専門としようとすると、まずサンスクリット語を叩《たた》き込まれる。サンスクリット語の仏典に関しては、欧米の研究の蓄積もあり、不十分ではあっても辞典も文法書もあって何とか読んでいける。ところが、漢文の仏典を読もうとすると、適当な辞典も文法書もなく、手のつけようがない。『国訳一切経《こくやくいっさいきょう》』というシリーズがあるが、「国訳」と銘打ちながら、実際にはいわゆる漢文書き下し文のスタイルで、読んでもさっぱり分からない。諸橋轍次《もろはしてつじ》の『大漢和辞典』を調べても、仏典に出てくる語彙《ごい》などまず採録していない。サンスクリット語をきちんとやれば、漢文は自然にわかるものだ、などという暴論さえもまかり通っていた。三十年以上も昔の話である。

それでも、僕はサンスクリット語やパーリ語の仏典ではなく、漢文の仏典にこだわりたかった。というのも、日本の文化が伝統として学んできた仏典は漢文を基礎とするものだから、それをきちんと押さえなければ、自分の拠《よ》って立つ基盤が分からないではないか、という思いからだった。

それで行き詰まっていた頃、京都大学人文科学研究所から福永光司《ふくながみつじ》先生が東京大学に赴任してきた。漢文仏典もきちんと文法に従って読むことができるという福永先生の教えは、まさしく福音であった。従来の中国研究で無視されてきた仏教や道教に光を当てようという先生の下に、これまでの研究に飽き足りない俊英たちが集まり、わずか五年間の先生の東大教授時代は、その後の仏教研究、中国研究を大きく塗り替えることになった。

漢文の仏典といっても、インドの原典から翻訳されたものと、中国で作られたものがある。後者でもその中に使われている術語にはインドに由来するものが多いし、また前者は漢訳だけで読むと誤解するところも少なくないから、インドの原典との照合が不可欠になる。それもまた、漢文の仏典を扱う難しさである。

後に、福永門下の若手で漢文の仏典を共同で読んでいこうということになったが、そのとき取り上げたのが『長阿含経《じょうあごんきょう》』という経典であった。『長阿含経』は原始経典の中でも物語的なおもしろさのあるものを集めているから、最初に扱うのにもっとも適当と考えられたからである。その経典を現代日本語に訳し、注をつけるという作業を共同で行ない、一九八四年から五年間にわたって『アーガマ』という雑誌に掲載した。さいわいそれは、漢文仏教経典の初めての本格的な現代語訳として注目されることになった。後に『現代語訳「阿含経典」』全六巻（平河出版社、一九九五～二〇〇五）として刊行されている。というわけで、仏典を読み直してみようという試みの第一章に、その『長阿含経』から『遊行経《ゆぎょうきょう》』という経典を取り上げることにしたい。

Ⅱ　阿含経典とは

個人的な感慨だけで『遊行経』を取り上げるわけではない。『遊行経』は『長阿含経』の中でも長いものの一つで、仏（ブッダ）の最後の日々を伝える重要な経典であり、その後の仏教の展開に大きな影響を与えたものである。例えば、この経の構想を下敷きに、大乗仏教の教義を載せた大乗の『大般涅槃経《だいはつねはんぎょう》』は、仏性を説く経典として、東アジアで広く用いられた。

そこでまず、『長阿含経』とその中の『遊行経』の位置付けについて、もう少し見ておこう。

仏教の経典というと膨大過ぎて、どこから手を付けてよいか分かりにくい。その一つの理由は、大乗仏教になってやたらたくさんの経典が作られ、中には『大般若経《だいはんにゃぎょう》』六百巻などというとてつもないものもあって、すべて読み通すのは困難なほどに膨れ上がってしまったということがある。漢文の仏典の集大成として今日ふつうに用いられるのは『大正新脩大蔵経《たいしょうしんしゅうだいぞうきょう》』（『大正蔵《たいしょうぞう》』と略す）というシリーズであるが、大正十三年（一九二四）から昭和九年（一九三四）にかけて刊行され、全百巻に上る。しかも、一冊がB5判で千頁《ページ》ちかくあるという巨大なものである。もっともその中には、中国や日本で書かれた注釈書なども入っているから、本当の意味で経典といわれるものは二十一巻までであるが、それにしても各頁三段組で漢字がずらっと並んでいるのを見ると、それだけで頭が痛くなるようなしろものだ。

その中でいわゆる原始仏教（あるいは初期仏教）に由来する原始経典は、『大正蔵』で二冊だけに過ぎない。初期仏教の流れを比較的よく守っているのはスリランカから東南アジアに流伝《るでん》した系統の仏教で、上座部《じょうざぶ》仏教と呼ばれる。仏（ブッダ）が亡《な》くなって百〜二百年後頃、仏教教団は数多くの部派に分裂し、その中の上座部と呼ばれる一派がスリランカに伝わったのである。この上座部の系統ではパーリ語という言語を用いるが、経《きょう》・律《りつ》・論《ろん》という聖典のセット（「三蔵《さんぞう》」という）がきちんと整備されている。仏の語った教えが「経」、修行者の生活の規則が「律」、経に基づいた哲学的な理論書が「論」である。そのうち経は五つの部《ニカーヤ》に分類され、長部・中部・相応部・増支部・小部という構成になっている。

他の部派も基本的にそれぞれの三蔵のセットを所持していたはずだが、完全に残っている部派は他にない。漢訳では「阿含経典」と総称され、『長阿含経』・『中《ちゅう》阿含経』・『雑《ぞう》阿含経』・『増一《ぞういつ》阿含経』の四種類があり、それぞれパーリ語の長部・中部・相応部・増支部に対応するが、小部に対応するものがない。じつはこの小部に古い成立のものが入っている。例えば、『ブッダのことば』（中村元《はじめ》訳、岩波文庫）として訳されている『スッタニパータ』はすべての仏典の中でももっとも古く遡《さかのぼ》る要素を含んでいると言われるが、やはり小部に属するもので、漢訳がない。ちなみに、「阿含」は「アーガマ」の音写語であり、伝承によって伝えられた教説の意である。

漢訳のもう一つの問題は、四阿含経それぞれで訳者が異なるばかりでなく、所属の部派も異なり、パーリ語聖典のように、もともと一つの部派のものとしてセットになっていたわけではないということである。例えば、『長阿含経』は法蔵部《ほうぞうぶ》、『中阿含

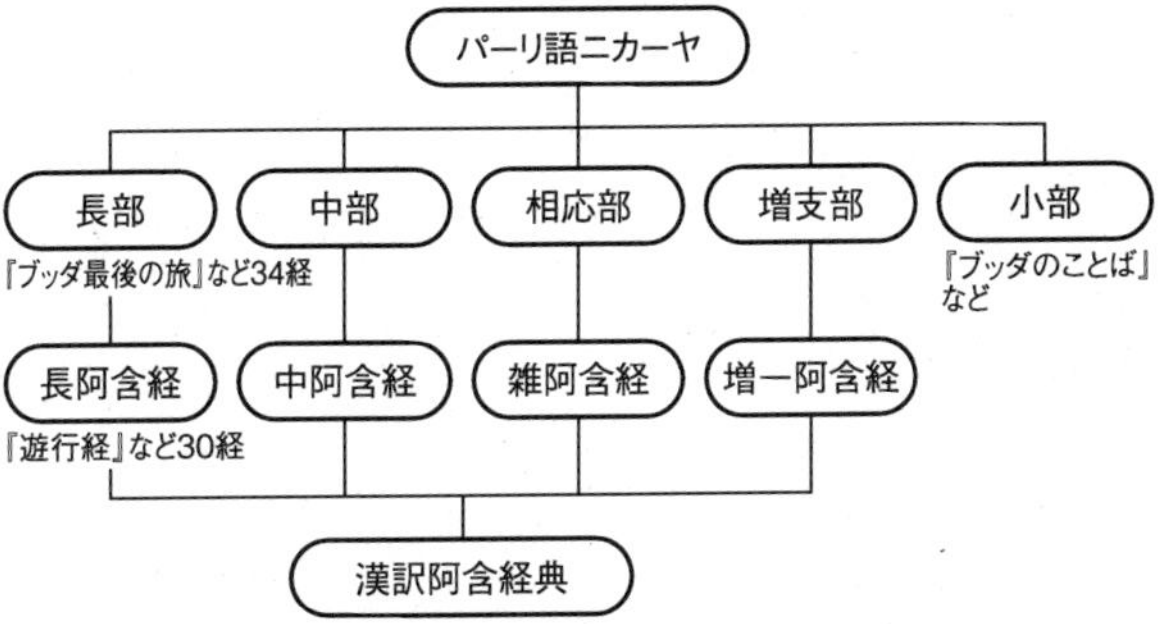

「経」の構成図

経』は説一切有部《せついっさいうぶ》という部派の系統のものと考えられている。そもそも東アジアでは阿含経典は小乗仏教の経典と考えられ、あまり重視されなかった。それが注目を浴びるようになったのは、原始仏教が再認識されるようになった近代以降のことである。

二　『遊行経』を読む

I　『遊行経』とは

『長阿含経』は、阿含経典の中でももっとも長い物語的な経典を三十経集めている。四一三年に仏陀耶舎《ぶっだやしゃ》が北西インドから中国に齎《もたら》した原典を、竺仏念《じくぶつねん》という訳者と共同で漢訳したものである。三十経のうち、三つを除いてパーリ語に対応するものがある。『遊行経』はその中でもパーリ語の『大いなる涅槃の経典』(『大般涅槃経』)の他、サンスクリット語のものもあり、漢訳の異訳も四種類あるというように、人気経典であった。パーリ語からの日本語訳もいくつかあり、手に入り易《やす》いものとして、中村元訳『ブッダ最後の旅』(岩波文庫)がある。『遊行経』の現代語訳や解説もいくつかあるが、ここでは、前掲の『現代語訳「阿含経典」』第一巻に収めたものを用いる。

今日、いろいろな種類の仏の伝記が出ている。中村元『ゴータマ・ブッダ』(法藏館)、渡辺照宏《わたなべしょうこう》『新釈尊伝』(ちくま学芸文庫)など、碩学《せきがく》による定評のある評伝もある。それらを見ると、仏の生涯はずいぶんはっきり分かっているように思われるが、じつはそうではない。今日残された資料が伝えるのは、いずれもきわめて神話化された仏の姿であり(仏=ブッダは「悟った人」の意)、近代の研究が求めた歴史上の人物としてのゴータマ・シッダールタではない。一時期、仏の歴史的実在自体が疑われたことさえもあった。

その中で『遊行経』は、仏の最後の日々を克明に記したもので、初期の仏教教団の中で伝えられた仏の姿をきわめてよく示したものとして貴重である。『遊行経』という題名からも知られるように、ここでは仏が日頃からよく滞在した摩竭《まかつ》(摩竭陀、マガダ)国の首都・羅閲祇《らえつぎ》(王舎城《おうしゃじょう》、ラージャガハ)から、終焉《しゅうえん》の場所・拘尸那竭《くしなかつ》(拘尸、クシナーラー)に至る旅とその間のできごとや説法を描き、拘尸那竭での涅槃(死)

と没後の葬儀や遺骨の配分にまで至る。

もちろんここでもそれがそのまま歴史的事実というわけではなく、歴史的事実と神話的物語がミックスされている。それは欠点ではなく、むしろ歴史と歴史を超えたものとの緊張が本経の魅力を形作っている。

『遊行経』は『長阿含経』の第二経であり、『現代語訳「阿含経典」』第一巻に収められている。『現代語訳』では、『遊行経』全体を八部に分けた。これは共訳者の間で分担を調整したものであるためにいささか便宜的であり、必ずしも内容に即した区分といえないところがあるが、とりあえずここでは、それを用いて見ていくことにしたい。

Ⅱ　物語を呼び出す

このように私は聞いた。

あるとき仏は羅閲祇城（「城」は城壁で囲まれた都市）の耆闍崛山《ぎじゃくっせん》に、千二百五十人のすばらしい比丘《びく》たちとともにいた。

『遊行経』はこのように書き出される。これは、この経だけでない。ほとんどの経は同じように書き出されていて、ただ、場所とか、一緒にいる比丘（修行者）の数が違ったりするだけである。後の成立であることが明らかな大乗経典でも、中国や日本で作られた経典でも、この書き出しがあれば、経典らしさが生まれる。

「私」というのは、仏（ブッダ）の弟子阿難《あなん》（アーナンダ）のことだと言われる。阿難は世話係としてずっと仏のそばにいて、仏の語った言葉をすべて覚えていたので、その阿難の記憶を最大の拠《よ》りどころにして、経典が編纂《へんさん》されたというのである。しかし、阿難がそんなにすべての場に立ち会ったとは考えられない。「このように私は聞いた」という経典の書き出しは、昔話の「今はむかし」とか、「むかしむかし」と同じようなものであり、「聞いた」という言葉からも知られるように、「書かれたもの」であるよりは、「語られたもの」という性質を示している。後に実際の語りがなくなっても、擬似的な語りという性格は持続する。それは物語を呼び出す呪文《じゅもん》にも似ている。「このように私は聞いた」の「私」は、いまここに経を読んでいる私であり、この文句とともに、読者は経典の世界に現前することになる。

場面となる羅閲祇（ラージャガハ）は王舎城として知られる。摩竭（マガダ）国の首都であり、頻婆娑羅《びんばしゃら》（ビンビサーラ）王は、仏に篤《あつ》く帰依《きえ》して、その首都は仏の活動の最大の拠点となった。中でも、郊外の耆闍崛山（ギッジャクータ、霊鷲山《りょうじゅせん》）はもっとも有名な説法地として伝えられる。

仏の死を描く『遊行経』が、そのいちばんの活動の地から出発し、臨終の地・拘尸那竭（クシナーラー）へと向から旅として示されるのは、日常の生から非日常の死へという移行を示している。生から死への移行が旅という形を取るのは、歌舞伎《かぶき》の道行きにまで共通するもので、興味深い。そもそも旅ということは、日常の中に非日常を、生の中に死を現前させる行為である。西行《さいぎょう》、一遍《いっぺん》、芭蕉《ばしょう》ら、旅の達人の魅力はそこにある。仏もまた、その弟子たちとともに一生を旅に過ごし、一所に定住することを許さなかった。

宗教は死から始まる。出家とは死の先取りであり、擬似的な死である。もちろん僕たちの日常には非日常が重層し、生には死が重層している。しかし、僕たちの日常は、その重層を覆《おお》い隠して、あたかも非日常＝死がないかのように振舞っている。仏は、その覆いを残酷にも剝《は》ぎ取り、生の中の死をむき出しにする。後述のように、仏の悟りと死は同じ涅槃《ねはん》という言葉で表わされる。その逆説にこそ、仏教を解く鍵《かぎ》がある。仏の死を説く『遊行経』の重要性はここにある。

『遊行経』は王舎城から始まるが、もはや王は頻婆娑羅ではなく、その子阿闍世《あじゃせ》（アジャータサットゥ）である。阿闍世は仏の教団の反逆者提婆達多《だいばだった》（デーヴァダッタ）と組んで父を殺し、王になったと言われる。これは仏典で好んで取り上げられるテーマで、『観無量寿経《かんむりょうじゅきょう》』では、阿闍世が父だけでなく、母をも幽閉したという設定で作られているし、大乗の『大般涅槃経』では、父殺しを後悔した阿闍世が、懺悔《ざんげ》のために涅槃間近い仏のもとに駆けつけるという話を展開している。『遊行経』では、その阿闍世が跋祇《ばつぎ》（ヴァッジー）国を征服しようとして、大臣を通して仏にその可否を問うたとされる。直接に問わなかったのは、このようないきさつを踏まえているからである。跋祇国は当時、隷車《れいしゃ》（リッチャヴィ）族が中心となり、毘舎離《びしゃり》（ヴェーサーリー）を首都として繁栄していた。商業の中心で、共和制に近い政治体制を取っていたという。本経の第三部では、毘舎離を舞台に華やかな場面が展開する。

阿闍世の問いに対して仏は直接には答えず、「跋祇国の人びとはしばしば集い、まつりごとについて議論する」「君主と臣下が協調し、上の者と下の者とが敬いあう」など、跋祇国の人々について七点を挙げてその国が栄えていることを述べ、思いとどまらせる。

その後、仏は弟子たちを集め、「しばしば集い、正しい意義について論議する」「上の者と下の者とが協調し、敬順して背くことがない」などの条件を挙げて、仏の教えが盛んになる道を示す。これは見事な構成である。というのも、それ自体は一般論として提示されているが、仏の死という本経のテーマを先取りすれば、仏滅後の教団維持のための遺言的な意味合いを持つことになるからである。こうして日常の中に、密《ひそ》かに死が埋め込まれることになる。

Ⅲ　舞台の暗転

第二部で、仏はいよいよ旅に出る。竹園《ちくおん》（ヴェーヌヤシカー）から巴陵弗《はりょうふつ》（パータリ）村を経て、跋祇国の拘利《こうり》（コーティ）村、那陀《なだ》（ナーディカ）村を経て、毘舎離に至る。毘舎離では菴婆婆梨《あんばばり》（アンバパーリー）という遊女を教化し、彼女の庭園に行くことを約束する。

ここから第三部に入る。毘舎離では、五百人の隷車の人々が豪華な車をしつらえて仏に会いにいく途中、帰り道の菴婆婆梨の車とぶつかり、菴婆婆梨に先を越されたことを悔しがる。仏は五百人の人々を教化し、それから約束通り菴婆婆梨の園林で供養《くよう》を受け、彼女は仏の信者となる。

それから仏は竹林《ちくりん》（ベールヴァ）村に行くが、国内が飢饉《ききん》で食料が乏しいところから、弟子たちを分散させ、阿難と二人だけで留《とど》まる。病気の苦痛に耐えながら、阿難を相手に仏の滅後も修行に励むようにと諭す。遮婆羅《しゃばら》（チャーパーラ）という霊地で休んでいるとき、魔（マーラ）がやって来て問答を交わし、仏は三か月後に涅槃に入ることを約束する。その時大地が大きく震動する。このように、第三部は毘舎離の華やかな場面から、その後の仏の死の受容の表明へとがらりと暗転し、その劇的な変化が本経の中でももっとも印象的だ。

前半では、隷車の大金持ちたちに一歩もひけをとらずにやり返す遊女・菴婆婆梨の態度が心にくい。国の半分の富を与えるので、仏を招待する権利を譲ってほしいという隷車の人たちの提案を、菴婆婆梨は、「たとえ国中の財宝であっても私はやはり受け取りません。そのわけは、仏様は私の園林に留まられて、先に私のご招待をお受けになったからです。このことはもう決まっています」とはね返し、「今、この女のために私の最初の福徳が駄目になった」と、隷車の人たちを悔しがらせる。

仏教というと、女性差別の根源のように見られがちだが、菴婆婆梨の小気味よい断固とした態度は、そのような公式論を吹き飛ばす。遊女も、ここでは陰の職業ではない。彼女は才気と度胸を兼ね備え、仏に身を捧《ささ》げようという真摯《しんし》さを併せ持つ。そこに毘舎離の大らかで自由な雰囲気がうかがわれる。この話はもともと仏の涅槃とは関係なく伝えられていたもので、他の経典にも見える。しかし、本経の中に入れられると、その華やぎが後の仏の沈鬱《ちんうつ》な苦悩と対比され、見事な構成になっている。

第三部の後半になると、仏は弟子たちと離れ、孤独の中《うち》に病気の苦痛と闘うことになる。

私は今、病気が生じて身体じゅうひどく痛むが、弟子達は誰もいない。もし涅槃するとすれば、私の取るべき態度ではない。さあ努力してわが力で生命を留めるようにしよう。

ここには、超人的で、絶対者のような仏はいない。病気に苦しむ一人の老人の孤独が浮かび上がる。弟子達は誰もその孤独を理解できない。それにもかかわらず、彼はその老体に鞭《むち》打《う》って弟子たちのために生命を留め、最後まで教えを説こうというのだ。だが、もう一方で、仏はふつうの人と異なり、修行を積んでいるので、必要とあれば、思い通りに一劫《こう》（非常に長い時間の単位）以上もこの世に留まり、人々を救うことができるともいう。仏の人間性と超人性が重層化しているところだ。

ところが、ここでいささか話がおかしくなる。仏が三度、寿命を留まらせることができると表明したのに、従者の阿難は心くらまされて、仏に寿命を延ばすことをお願いしなかったというのだ。そこで、魔が現われ、仏はついに三か月後の入滅を約束したという。魔は、仏が悟りを開く前にも現われて仏を試したが、もともと「死」を意味する言葉であり、ここではその原義にふさわしい。

仏と阿難の問答は、三度イエスを否認したペテロを思い起こさせるところがある。しかし、仏が寿命を延ばさなかったことを阿難の罪に帰するのは、あまりに彼に気の毒な感じもする。本当に寿命を延ばすことが必要ならば、阿難がどのような態度を取ろうが寿命を延ばして人々を救おうとするだろう。仏もふつうの人と同じように無常で死すべき存在であれば、阿難がどのように請《こ》うても詮《せん》ないことであろう。阿難は仏の従者であったが、まだ本当の悟りには達していなかったといわれる。それだけにしばしば気の毒な道化役をふられる。

それにしても、仏は寿命を自由にできる超人性を持つのだろうか、それとも、どんなに悟りを開いても、やはりふつうの人間として寿命がくれば死ぬのであろうか。これは仏教の根幹に関わる問題であるが、実はもうひとつはっきりしない。そのことは後ほど改めて考えてみよう。

Ⅳ　死と葬儀

第四部に入ると、仏は弟子たちに対しても三か月後に涅槃に入ることを表明する。それから菴婆羅《あんばら》（アンバー）村などを通って説法し、波婆《はば》（パーヴァー）城に至って周那《しゅうな》（チュンダ）の供養を受け、その後強い背痛に襲われる。周那の供養したキノコ（パーリ本では豚肉という解釈もある）が仏の死を招く直接の原因となったとされる。そこで、周那の責任問題が生ずる。仏の死の直接の原因を作ったからである。しかし、阿難が、「周那は供養をしたが、福徳と利益はない。というのは、如来《にょらい》は最後に彼の家で食事をとられ、そのまま涅槃に入られるからである」と申し上げたのに対して、仏は断固否定し、「仏が涅槃に入ろうとするときに、食べ物を布施すること」の功徳《くどく》の大きさをいう。

しかし、周那の責任問題は第五部に持ち越され、衝撃的なことに、周那は仏の許可のもとに自殺してしまう。もっともこれは、漢訳の『遊行経』のみに見られるもので、パーリ本やその他の諸本には出ていないので、特殊な伝承である。けれども、ともかく仏を死に至らしめた周那の責任問題は、後の仏教徒の間でずっとくすぶっていたということを意味する。ちなみに、仏教はキリスト教ほど自殺に対して否定的でない。

第五部で、仏は阿難の問いに対して、自らの死後の葬儀の方法を教える。それは基本的には、「在家の信者たちが、率先してやってくれるであろう」と、在家者に任せるということである。修行者にとっては、自分自身の修行が第一である。葬儀はあくまで世俗のことであり、修行者にとっては修行の妨げでしかない。それ故《ゆえ》、それは俗人に任せて、修行者はどこまでも修行だけに励まなければならない。そもそも、仏の死に動転し、歎《なげ》いたりすれば、それはまだ修行が不十分だという証拠なのだ。何という厳しい教えだろうか。

ところが、それならば葬儀など簡素にしてしまえばよいのに、やたらに仰々しく、在家者による葬儀の方法を阿難に指示している。遺骸《いがい》を木綿布で包み、五百枚の織布で包み、金の棺《ひつぎ》に入れ、それを鉄の槨《うわひつぎ》の中におき、さらに栴檀香《せんだんこう》の槨に入れて、火葬にするというのである。さらに、火葬の後は、遺骨（舎利《しゃり》）を拾って、塔廟《とうびょう》を建てるようにとまで指示している。何とややこしく大げさなことだろうか。修行者と在家者に対する指示はあまりに違いすぎないか。ここが僕たちをとまどわせるところだ。

この仰々しさの鍵《かぎ》は、その葬儀を「転輪聖王《てんりんじょうおう》のようにしなさい」と指示していることにある。転輪聖王というのは、この世界を統一する理想の王であり、精神界の指導者である仏に対して、世俗世界の最高指導者である。仏の超人化は、仏を世俗の転輪聖王にたとえ、後者の特性を仏に移していくところに生ずる。例えば、仏は三十二相といって、三十二の身体的特性があるとされる。肌が金色であるとか、額に白毫《びゃくごう》（白い巻き毛）があるとか、舌が顔を覆うほど大きいとか、性器が身体の中に隠れているとかいう、ずいぶん人間離れをした奇妙な特性であるが、それらはもともと転輪聖王の特性であったという。

仰々しい葬儀はもちろん本当に仏自身の指示があったわけでもないだろうし、そんな葬儀が行なわれたとも信じがたいが、ともかく経典が作られたときには仏の超人化が進み、舎利の崇拝が盛んになっていたと考えられる。仏の死は同時に仏への信仰の始まりである。それは、仏の死にも心動かされることなく、修行に専念する修行者の仏教とは違う、もうひとつの仏教の誕生である。

さて、こうして仏は、葬儀の指示も終えて、ついに最後の地・拘尸那竭（クシナーラー）に到着し、二本の娑羅《さら》（サーラ）樹の間に横たわった。ここまでが第五部である。第六部で仏は、なぜ拘尸那竭という寒村が最後の地として選ばれたかという理由として、ここが昔、大善見王《だいぜんけんおう》という大王の都であったというエピソードを語り、その上で、「この生起した現象は、無常であって変化し、最後は必ず消滅するものである」と無常の原則を改めて教えて、「ここが、最後の生存の場であり、もはや生存を受けなくなるであろう」と完全な涅槃《ねはん》に入ることを告げる。

仏の最期《さいご》が近づいた。第七部は、仏の最期を看取《みと》ろうと集まった人たちの歎きを述べる。とりわけ中でも、阿難が「どうしてこんなにはやく如来は滅度なさるのだ」と、「自分でもどうにもならないほど悲泣し、すすり上げて」口説くのに対して、仏が、「やめなさい。悲しむでない。泣いてはいけない。……おまえが私に仕えてくれた功徳はとても大きい」と阿難を慰めるとともに、長年仏に仕えてきた労をねぎらう言葉には、心に沁《し》みるものがある。悟りすました弟子たちよりも、仏の死に取り乱して歎く阿難のほうが親しみを覚えさせる。

いよいよ仏は弟子たちに最後の説法を行なう。

だから、比丘《びく》たちよ、放逸になるな。わたしは放逸でなかったからこそ、正しい悟りを得たのだ。あまたの、無量の善も、放逸でないことによって得られる。一切万物、常住のものはない。これが如来の最後の言葉である。

仏は禅定の境地を深めて、ついに完全な涅槃に入り、神々は歎きの歌を歌う。本経のクライマックスである。

第八部は、葬儀のさまである。遺骸は七日間そのまま安置され、葬儀の準備がなされる。いよいよ拘尸那竭の末羅《まつら》（マッラ）の人たちの手で薪《まき》に点火されるが、火は燃え上がらない。それは、仏の一番弟子である大迦葉《だいかしよう》（マハーカッサパ）がまだ到着していないからである。大迦葉の到着を待って、自然に火が燃え上がり、仏は火葬に付された。

ところがその後、舎利を求めて、末羅人の他、仏の出身である釈迦《しやか》（シャーキャ）族、隷車族、摩竭人などの人々が争う事態が生じた。最終的に、舎利は八つの部族に分けられ、それぞれ塔（ストゥーパ）を築いて祀《まつ》ることになった。ストゥーパでの舎利信仰は、その後の仏教の発展の大きな拠点となってゆく。

V　仏の死からはじまる仏教

『遊行経』のひとつの魅力は、そこにいかにも人間的な仏の姿を見ることができるところにある。とりわけ、第三部から第四部あたりの仏は、衰えた身をとぼとぼと運ぶ孤独な八十歳の老人である。魔との取り引きなど、超人的なところもあるが、それを除くと、いかにも人間的な弱さと哀《かな》しみに満ちている。キノコの中毒で苦痛を訴え、休息をとりながらも、そのキノコを与えた周那のことを気づかう仏は、神秘的な超越者であるよりは、きわめて人間的な優しさと心遣いに満ちている。

生・老・病・死を見つめることは仏教の根本である。誰もそこから逃げることはできない。たとえ仏であっても、他の人と同じように年老い、病に苦しみ、そして死んでゆく。仏は生涯の最後に、そのことを自らの身をもって示そうとしているかのようである。

仏も辟支《びゃくし》（自ら悟りを得た人）も声聞《しょうもん》（仏の弟子たち）も
一切はすべて消滅に帰するのだ
無常のことわりはものを選ぶことはしない
火が山林を焼き尽くすように（第五部）

この身は　泡沫《うたかた》に同じ
脆《もろ》く危く　誰が楽しめようか

仏は金剛の身を得たが
それでも　無常によって壊された（第七部・ある比丘の偈《げ》）

だから、仏の生涯は修行者の手本でこそあれ、仏自身が崇拝の対象となるわけではない。修行はあくまで自らするものであり、仏ではなく、真理そのものが基準である。「自らをよりどころとし、理法をよりどころとしなさい」（第三部）という箇所は、他の経典では、「自らを灯明とし、法を灯明とせよ」（自灯明、法灯明）とか、「自らを島とし、法を島とせよ」（自洲、法洲）などという言い方で知られているところである。それゆえ、修行者にとってはあくまで自分自身と理法（真理）だけが頼りとすべきものであって、仏は問題とならない。仏の葬儀が在家者に任されるというのも、修行者はあくまで修行に専念すべきだからである。

しかし他方、『遊行経』に描かれた仏は、まったくのただの人というわけではない。そもそも第三部で述べられていたように、本当はもっと長い寿命が可能であったのに、魔との取り引きで寿命を縮めたり、まして葬儀のところになると、これは到底ふつうの人とはいえなくなる。転輪聖王を模範としたその葬儀の様子はいかにも仰々しく、どことなく空々しい。金棺やら鉄の容器やら、いささかやり過ぎではないかという感がある。

ともあれ、経典は仏がすでに亡《な》くなってから後に編集され、それもおそらくは時代とともに増広されたと考えられるから、そこには超人化された要素が入り込んでいても不思議でない。現代でも新しい教団の教祖の伝記にはしばしば超人的、神秘的な面があるのがふつうであり、仏の場合もそのようなことがあって当然である。人間的な面は最初から超人的な面と分かちがたく結び付けられている。

ところで、そのことと関連して思想的に大きな問題となるのは、一方では仏の死を無常の原則に従った悲しむべきものと捉《とら》えながら、もう一方では、それを生死を超えた悟りへの到達としても捉えていることである。例えば、次のように言われる。

もし私の法に対して
怠惰な気持ちがなければ
苦の根本を消滅させ
生、老、死をなくすことができる（第四部）

仏もまた、他のあらゆるもの、あらゆる人と同じように、世界の無常の道理に従って死んでゆく存在なのであろうか、それとも、仏の悟りの境地は、生・老・死を滅したすばらしい到達点なのであろうか。じつはこの点に関して、原始仏典ははっきりした答えを出していない。

例えば、仏の死は涅槃と呼ばれる(それ以外の人に使われることもある)。ところが、涅槃という言葉は二重の意味を持っている。一方で死であるとともに、他方では仏の究極の悟りの境地をも意味する。悟りの境地が死と同じだということは、非常に分かりにくいことだ。そもそも、涅槃が究極の悟りに達したということであれば、それは喜ぶべきことでこそあれ、歎《なげ》き悲しむべきことではないはずだ。実際、仏の弟子の修行者たちは、仏の死を歎かない。けれども、それはあまりに非人間的ではないか。

たしかに死は人生の完成だとも言われる。そうだとすれば、仏の生涯は死によって完成されたと言うこともできる。しかしその場合でも、それは、すべてが滅して無に帰することなのか、それとも死を超えた永遠の獲得であるのか、不明である。原始仏教では、抽象的な思弁にふけらず、修行に専念することを理想とするため、「無記《むき》」といって哲学的、形而上学《けいじじょうがく》的な問題に対しては解答を拒否する。悟りを開いた仏が死後も存続するか否《いな》かということも、そのような解答不能の問題のひとつとされる。

先に触れたように、仏の葬儀を在家者に任せ、修行者は修行に専念するように求めるのは、このような立場からである。ところが、自ら修行するわけではない在家者にとって、仏は特別の崇拝対象となる。仏の遺骨を八つの部族が争い、ついに八分してそれぞれでストゥーパを築いて祀《まつ》ったというのは、このような仏信仰の起源を説明するものである。

ところがそうなれば、仏が死後存在するかどうか解答不能だ、などという理屈は、あくまで理屈であって、現実とは相応しないことになる。崇拝される対象がすでに過去のもので、現在はたらきを持たないのであれば、崇拝する意味がない。崇拝する以上、何らかの恩恵を期待するのは当然であり、恩恵を与える存在としての仏が想定されなければならなくなる。

原始仏教には、このような仏崇拝を説明する理論がない。そこで、理論と実際の信仰が乖離《かいり》することになってしまう。というか、そこでは在家者の仏信仰は理論的には必ずしも重視されない。そこで、それに対抗して、このようなストゥーパを中心とする在家者の活動が発展することになる。まさしくそこから大乗仏教が出てきたという説が、一時有力であった。その説は今日疑問視されており、それほど単純ではないが、ともあれ大乗仏教になれば、仏崇拝を合理化する理論が考案されるようになる。

上述のように、この『遊行経』の発展したものとして、大乗の『大般涅槃経』という経典が作られ、東アジアに大きな影響を与えるが、そこでは「仏性」ということが説かれている。「仏性」というと、すべての人の中にある悟りの本性ということであるが、その原語はブッダ・ダートゥである。ところが、この言葉はもともと仏の遺骨を意味している。仏の遺骨とすべての人の中の悟りの本性とはずいぶん違いそうだが、そこに「仏性」の理念が出てくる道筋が籠《こ》められている。すなわち、仏の遺骨への崇拝がやがて仏の永遠性へと発展し、次に、その永遠性がすべての人の中に内在するものとして理念化されると、それが「仏性」の概念になるのである。そうすると、仏は過去の存在ではなく、他ならぬすべての人の心の中に今も存在することになる。『大般涅槃経』の方向だけが、仏の死に対する唯一《ゆいいつ》の解決ではない。『法華経《ほけきよう》』や『無量寿経《むりようじゆきよう》』を含めて、多くの大乗経典は、仏の死に対してどのように対処するか、という問題から出発している。

仏教は、ある意味では仏の死からはじまるということもできる。その点では、キリストの死からキリスト教がはじまるのと、多少の類似がないわけではない。それは偶然のことではない。死は宗教にとって、あるいは人間にとってもっとも大きな問題なのだから。

第二章　死と生の協奏——『無量寿経』

一　他者と死者——大乗仏教の課題

Ⅰ　仏の崇拝

仏の死は仏教に大きな難問を投げかけた。仏の教え通りに修行すれば悟りに達するのであるから、仏が亡《な》くなった後も残っている正しい仏の教え（法）に従って修行していけばよいはずである。そのことは理論的にも納得がいく。その限りでは、仏が生きていようが、死んでしまおうが、真理そのものには変わりはない。だからこそ、仏は自らの葬儀と遺骨の管理を在家者に委《ゆだ》ねて、修行者には修行に専念するように求めたのである。

しかし、それではそうして在家者に委ねられた遺骨はもはや単なる意味のない「もの」に過ぎないのだろうか。もし「法」の原理の一貫性を徹底させれば、そういうことになり、遺骨を祀《まつ》ることは無意味になる。そのときは、仏に代わって「法」と、仏の精神を引き継いで修行に邁進《まいしん》する修行者の集団（僧）のみが、現存する有意味的な存在となる。修行者にとって、仏はかつて悟った人として、模範ではあっても、それ以上ではない。

ところが、現実には仏の遺骨（舎利《しゃり》、シャリーラ）は仏塔（ストゥーパ）に祀られて、その崇拝はますます盛んになっていった。仏塔には多くの信者が参詣《さんけい》し、仏は修行者の見本であるとともに救済者としての役割を持つようになる。しかし、死んでしまった仏を礼拝することが、はたして意味を持つのであろうか。それは大きな問題として残される。

仏塔に祀られた仏の遺骨の崇拝に伴って、理論的な教学よりも、仏をめぐるさまざまな説話が発展した。それには、仏の伝記を語る仏伝と、仏の前世の善行を讃《たた》えるジャータカ（本生話《ほんじょうわ》）とがある。輪廻《りんね》説を前提とするインドでは、仏が現世で悟りを開くことができたのは、それまでの長い間、いくども繰り返しこの世界に生まれ、善行を重ねてきたからだと解され、それがジャータカの成立を促したのである。仏は悟りを開いてはじめて仏と呼ぶことができるのであるから、仏伝やジャータカでは、悟る以前の状態をそれと区別して、菩薩《ぼさつ》（ボーディサットヴァ）と呼ぶようになった。

ジャータカに現われる菩薩の修行は通常、六波羅蜜《ろくはらみつ》にまとめられる。波羅蜜（パーラミター）というのは、完成の意であり、それに布施・持戒・忍辱《にんにく》・精進・禅定《ぜんじょう》・智《ち》慧《え》の六つの徳目が立てられる。とりわけ、惜しみなく与えることを求める布施は、もっとも分かりやすく、かつ信者に寄進を求める有効な根拠となったので、それをめぐる話は非常に多い。例えば、飢えた虎《とら》のために身を投げ出して餌《えさ》となったという捨身《しゃしん》飼《し》虎《こ》の話は、大乗経典の『金光明経《こんこうみょうきょう》』に出るもので、成立は遅いが、法隆寺の玉虫厨《ず》子《し》に描かれるなど、有名である。生命をも与える究極の布施は、人々の感動を呼び、信仰心を強めるのに大きな役割を果たした。菩薩は、自分の悟りだけを求めるのでなく、他者の利益をも図らなければならない。自利・利他を具《そな》えていることが菩薩の菩薩たる所以《ゆえん》とされた。

ところで、ここで注意されるのは、利他や布施は他者を原理的に含むということである。相手がいなければ、利他も布施も行なうことができない。それに対して、原始仏教の修行の主要な項目には他者を要するものがない。原始仏教の根本となる理論や修行は、四諦《したい》・八正道《はっしょうどう》などにまとめられるが、それらは必ずしも他者がいなくても実行できるものである。確かに慈悲の理念は他者との関係を前提とするが、他の原理との関係ははっきりしない。もちろん原始仏教の修行者たちは共同体（サンガ、僧伽《そうぎゃ》）を形成し、そこに相互の行為を規制する戒律が形成されるが、修行と悟りはあくまで個人の問題である。そのような原始仏教のあり方に対して、菩薩の理念の形成は、新たに他者との関係ということを中核に持ち込むことになった。

もう一つ注意されるのは、菩薩の物語はあくまで釈迦《しゃか》仏の前世に限られる、ということである。ただ、この世界には釈迦仏以前に六人の仏が出現し、釈迦仏は七人目だということは比較的早くから言われており、さらに、釈迦仏のあと、第八番目の仏として出現する予定の弥勒《みろく》(マイトレーヤ)が、兜率天《とそつてん》で待機中だということも認められている。これらの諸仏も基本的には同じように修行を積み、悟りを開いて人々に教えを説くのであるから、同様に前世譚《たん》があってもかまわない。しかし、いずれにしても仏が同時に複数出現することは認められていない。仏は、世俗の支配者である転輪《てんりん》聖王《じょうおう》に対して、精神界の世界唯一《ゆいいつ》の指導者であるから、複数並立することはありえないのである。その状況が大きく変わるのは大乗仏教になってからである。

Ⅱ　大乗仏教の成立

大乗仏教がどのように形成されたかは、今日の研究でも必ずしもはっきりしない。というよりも、どうやら単一の運動として出てきたものではなく、紀元前後頃にさまざまな仏教改革運動が興《おこ》り、やがてそのような運動の中から「大乗」(マハーヤーナ)を名乗るグループが出てきた、というのが真相のようだ。

最初に「大乗」という言葉を用いるようになったのは、般若経典を保持するグループであったと考えられている。「大乗」というのは、大きな乗り物の意であり、従来の仏教を小さな乗り物を意味する「小乗」と蔑視《べっし》して、自らの立場を宣伝するようになった。「小乗」が自分の悟りのことだけを考える自利の立場であるのに対して、「大乗」は他者の救済を含む自利・利他の立場だというのであり、菩薩の実践を積極的に主張するようになる。

このように、はっきりと「大乗」を自認するグループが出て来るのは、かなり改革運動が発展してからのことであり、それ以前の段階では、従来の部派仏教の枠内の改革と必ずしも明確に区別できず、その中のあるものが後の大乗につながることになる。大乗を自覚的に主張する以前の大乗的な運動を「原始大乗仏教」と呼ぶこともある。

こうした最初期の大乗仏教において新たに出てきた思想の一つは、仏が同時に多数出現することを認めることである。仏が世界を指導する唯一の指導者であることを維持しながら、どのようにして仏の複数性を認めることができるのであろうか。それに対して、大乗仏教で用意した答えは、この世界を唯一と考えず、世界の複数性を認めることであった。

一人の仏が指導する範囲、つまり一つの世界、あるいは宇宙を「一仏国土《いちぶつこくど》」という。僕たちは釈迦仏の生まれた世界（娑婆《しゃば》世界）に生を享《う》けたのであるが、この宇宙が唯一の世界というわけではない。宇宙の外に別の宇宙があり、そこでは別の仏が教えを説いているというのである。この世界が有限であることは現代の物理学でも認められていることであるが、その外に別の世界があるというのは、当然のことながら事実として検証できる問題ではなく、むしろ精神世界を表わす象徴的な神話と考えるべきものである。こうして多数の世界を認めれば、それぞれの世界に仏がいることが可能となり、したがって同時に多数の仏が存在しうることになる。

他方世界と他方仏を認めることは、大乗仏教の思想的展開に大きな可能性を開くものとなった。

第一に、それによって、釈迦仏の死後、救済者不在の状況に対して、新たな救済者の可能性を認めることができるようになった。死んでしまった釈迦仏を崇拝することがどれだけ意味を持つのか、という疑問はこれで解決することになる。死んだ仏よりも、現在生きて活動している仏による救済のほうが有効であろう。

第二に、複数の仏を認めることは、修行を積めば誰でも仏となることのできる道を開くことになった。それまでは、修行者が修行を積んで悟りを開いても、それは仏の悟りよりは低いものと考えられた。しかし、いまや六波羅蜜を実践することによって、たとえ非常に長い時間がかかったとしても、他方世界で仏になる可能性がでてきたのである。そうなると菩薩は他人事《ひとごと》ではなく、僕たち自身が菩薩として、六波羅蜜の修行を積むことが要求されることになる。現在の他方仏は理想的な修行完成者として、修行者にとって模範となるのである。先に述べたように、そもそも仏は模範としての役割と、救済者としての役割を持っていたが、そのふたつの役割は、現在他方仏によって、さらに大きく担《にな》われることになった。

菩薩が根本の立場とされるということは、大乗仏教が他者を最初から原理として含みこむことを意味する。もちろん人は誰でも他者との関わりなしに生きられない。しかし、それを哲学・宗教の原理とするかどうかは別問題であり、原始仏教はそれを中心原理として組み込むことはしなかった。いまや大乗仏教は他者問題をその思想の中核に含みこむことになった。

ところで、他方世界がこの宇宙の外にある別の宇宙であるとすれば、僕たちはその世界とどのように関係できるのであろうか。所詮《しょせん》この世界とは無関係でしかないのではないか。実際、通常の形で往来できるわけではない。他方世界を訪れるにはふたつの方法がある。ひとつは、三昧《さんまい》を深め、仏たちと同じ境地に至れば、他方世界の仏との交流も可能となろう。仏は他方世界と自由に往来できる。しかし、ふつうの凡夫にはそのようなことは不可能である。そのとき、他方世界との隔絶は、死によってのみ乗り超えられることとなる。他方世界がしばしば死者の世界として表象されるのはこのためである。

こうして大乗仏教は、否応《いやおう》なく、他者の問題と死者の問題がその中核的な問題となる。大乗仏教を考えるのに、まず阿弥陀仏《あみだぶつ》の浄土信仰が取り上げられなければならないのはこのためである。

二 阿弥陀仏という他者——『無量寿経』

I 神話的世界を開く

阿弥陀仏信仰を説く経典としては、『無量寿経《むりょうじゅきょう》』『観《かん》無量寿経』『阿弥陀経《あみだきょう》』の三つがしばしば「浄土三部経《じょうどさんぶきょう》」と呼ばれ、中心の経典とされる。もっともこの三部経の選定は法然《ほうねん》によるもので、実際に阿弥陀仏信仰を説く経典は他にもある。また、三部経というものの、それぞれ性格は異なっている。『無量寿経』と『阿弥陀経』はサンスクリット本があり、インドで成立したことが明らかであるが、『観無量寿経』は漢訳しかなく、中国、あるいは中央アジアで成立した可能性が大きい。『阿弥陀経』は短いもので、思想的には、『無量寿経』と『観無量寿経』が大事である。

『無量寿経』は、漢訳五種類にサンスクリット本、チベット本が現存し、その点で資料は豊富である。しかも、それら諸本の相違が非常に大きく、それだけ阿弥陀仏信仰の時代的な進展が著しいことが分かると同時に、その進展の各段階がきわめてよく残されていることになる。その漢訳のもっとも古いものは『大阿弥陀経』（『阿弥陀三耶《あみださんや》三仏薩《さんぶっさ》楼《る》仏檀過《ぶつだんか》度人道経《どにんどうきょう》』）であるが、二世紀頃の訳と考えられ、漢訳仏典としても古いものであり、大乗仏教の古形をうかがわせる貴重な資料でもある。

　中国や日本でふつうに使われる『無量寿経』は、三世紀に康僧鎧《こうそうがい》という人が訳したとされているが、実際には五世紀頃の訳であろうと推定されている。漢訳者はもともとはっきり経典に記されているわけではなく、後に編集された経典目録の記載に拠《よ》るのであるが、かなり混乱があって、必ずしも信頼できないのである。

「浄土三部経」を手軽に見られるものとして、中村元・紀野《きの》一義《かずよし》・早島鏡正《はやしまきょうしょう》 訳註《やくちゅう》『浄土三部経』二巻（岩波文庫）があり、『無量寿経』『阿弥陀経』についてはサンスクリット本からの現代語訳と漢訳の原文・書き下《くだ》しを収めている。ここでは漢訳を中心に見ていくわけだが、相当難解な漢訳に対しては、いまだきちんとした現代語訳がない。僕たちは通常漢訳仏典を使うにもかかわらず、その他の経典についても漢訳に対して学問的にしっかりした現代語訳がない場合が多い。サンスクリット本ばかり重視し、自分たちの伝統に流れている漢訳を軽視する傾向は、今日の仏教学の研究者が深く反省しなければならないことだ。

岩波文庫で漢訳の『無量寿経』を読もうとすると、まず難しい漢字の羅列に辟易《へきえき》する。現代語訳がないから、とりあえずサンスクリット本からの現代語訳と対照して読むほかないが、サンスクリット本と漢訳は必ずしもぴったり対応せず、大事なところで相違があるので、注意が必要である。以下、経文は現代語訳して引用する。

私はこのようなことを聞いた。

あるとき仏は王舎城《おうしゃじょう》の耆闍崛山《ぎじゃくっせん》においでになり、一万二千人の比丘《びく》たちの大集団と一緒であった。

書き出しは、『遊行経《ゆぎょうきょう》』などの原始経典とあまり変わらない。大乗経典は大乗仏教の運動の中から生まれたものであり、歴史上の釈迦仏が説いたものでないことは、今日明らかにされているが、その形式は原始経典を踏襲し、それによって仏教経典としての権威を主張している。ただ、『遊行経』と較《くら》べて、比丘（修行者）の数が十倍にもなっていることが注意される。現実の耆闍崛山にはとてもそんな数の比丘がいられるはずがない。大乗経典はあえて事実を無視することで、それ以前の経典よりも優越することを示し、同時にこれから事実を超えた神話的世界を展開しようとしていることを自ら表明しているのである。

こうして比丘たちを登場させたあとで、「また大乗の多くの菩薩《ぼさつ》たちと一緒であった」と加え、菩薩たちの名前を挙げる。「大乗」という言葉はサンスクリット本にはない。漢訳では、これらの菩薩たちが、釈迦仏と同じように修行し、悟りを開いて人々を教化することが述べられているが、本文を読む上ではいささか煩《わずら》わしい。実際、『大阿弥陀経』ではきわめて簡略であり、それが原型であっただろう。

これでいよいよ説法にはいるかと思うとまだまだで、仏のお姿を讃歎《さんたん》し、これからすばらしい教えを説くぞ、という前置きがまだ続く。『無量寿経』などまだいいほうで、『法華経』になると、ここまでの前置き的な部分だけで一章終わってしまい、これでは本論に入らないうちにうんざりして投げ出しかねない。とりあえずはほどほどに付き合い、面倒ならばとばしてしまってもかまわない。

こうしてようやく釈迦仏の説法に到達するが、それでいよいよおもしろくなるかというと、それは甘すぎる観測で、今度は延々と過去の仏の名前が続く。これもまた、この阿弥陀仏の話が時間を超えてゆく神話的な物語であることを示している。

Ⅱ　法蔵菩薩の誓い

そのとき次に世自在王仏《せじざいおうぶつ》という名の仏がいた。（中略）そのとき、ある国王が仏の説法を聞き、心に喜んで、最高の正しい真実の悟りに向かう心を発して、国王の位を捨て、沙門《しゃもん》（出家修行者）となって、法蔵と名乗った。

こうしてようやく阿弥陀仏の神話的な前世譚がはじまる。法蔵というのは阿弥陀仏の前世の沙門としての名前である。国王が位を捨てて修行するというのは釈迦仏の場合と同じであるが、世自在王仏という仏のもとで修行したというところが違っている。「最高の正しい真実の悟りに向かう心」はふつう「菩提心《ぼだいしん》」と呼ばれるもので、どんな困難にもくじけずに、仏の悟りにまで至ろうという決意である。大乗仏教では菩薩はまずこの心を発し、それから誓願（誓い）を立て、それが仏によって承認されて、将来仏になることが保証され、それから実際の修行に入るというのが、もっとも定式化した手順である。

法蔵菩薩は世自在王仏の説法を聞いて、「清浄でみごとに飾られた数限りない仏国土を摂《おさ》め取ろう」と決心する。このことは、この経典が、法蔵菩薩＝阿弥陀仏による最高の仏国土の創造を中心の主題としていることを示している。ここで説明を加えておけば、「仏国土」というのは先に述べた他方世界のことであり、その世界が清浄であることから「浄土」とも言われる。しかし、「浄土」に当たる語はそのままではインドの原典にはない。

世自在王仏の力によって、二百一十億もの仏の世界を示された法蔵は、そこで五劫《ごこう》という非常に長い時間をかけてそれらについて思惟《しゆい》を重ね、ついに理想の仏国土の構想を確立する。その構想は四十八の項目からなり、「阿弥陀仏の四十八願」として知られるものである。ただし、この願の数は、もっとも古い『大阿弥陀経』などでは二十四であり、他のテキストでも数は一定していない。この経典が時代とともに変化し、増広されていったことの何よりの証拠である。

これらの誓願は、成就《じょうじゅ》した際の仏国土（極楽）がどのような様子であるかを述べたものであり、例えば第一願は次のように述べられる。

もし私が仏となったとき、（私の）国に地獄・餓鬼・畜生があるならば、正しい悟りを得ることはしない。

地獄・餓鬼・畜生は「三悪趣」といわれ、輪廻《りんね》する世界の苦に満ちた領域である。この願は、成就した仏国土にいるのは、人か天の神々かであり、それより下の者は存在しないということを誓っている。四十八の願は必ずしも体系的に説かれているわけではない。自分自身の光明が無限であること（第十二願）、寿命が無限であること（第十三願）など、阿弥陀仏自身に関するもの、国中の一切のものが無数の宝石とすばらしい香りからなっている（第三十二願）など、極楽国土に関するものがあるが、それらは比較的少ない。大部分の願はその国土の衆生に関するものである。その中には、この仏国土の衆生が真金色《しんこんじき》である（第三願）などというのもあるが、基本的には、「国中の人や神々が、悟ることが決定した者となって、必ず涅槃《ねはん》の境地に至る」（第十一願）というように、極楽浄土に至った衆生は修行を重ねてやがて悟りに至る、ということが中心になっている。極楽といっても単なる安楽なところではなく、きわめて生真面目《きまじめ》に修行に励む場であるらしい。

その中で、後にもっとも重視されるようになるのが、どういう衆生がこの仏国土に至ることができるかを述べた願である。それには、第十八、十九、二十願などがあるが、とりわけ東アジアで重視されるのが第十八願である。これは後にさまざまな教理的な議論のもととなるものであるから、書き下しの形も併せて引用しておこう。

もし私が仏となったとき、十方《じっぽう》世界の衆生が心から信じ、私の国に生まれようと願い、最低限十回思念したとき、もし（私の国に）生まれないならば、正しい悟りを得ることはしない。ただ五つの大きな悪逆を犯した者と正しい教えを誹謗《ひぼう》した者を除く（設《も》し我れ仏を得んに、十方の衆生、至心に信楽《しんぎょう》し、我が国に生まれんと欲し、乃至《ないし》十念《じゅうねん》せん。若《も》し生まれずんば、正覚《しょうがく》を取らじ。唯《た》だ五逆と正法《しょうぼう》を誹謗するとを除く)。

これは王本願《おうほんがん》とも呼ばれ、心から阿弥陀仏を信じ、阿弥陀仏の国に生まれたいと願うならば、そのことを十回思念するだけで実現するということが誓われている。その「十念」は、文字通りには仏国に生まれたいと願う思いのことであるが、後にはこの「念」を念仏と結び付けてさまざまな議論が起こることとなった。

また、付帯された除外条件も問題となる。五逆というのは、父を殺す、母を殺す、阿羅漢《あらかん》(悟りを開いた修行者)を殺す、仏身を傷つける、教団を分裂させる、というもっともひどい五つの悪行である(異説もある)。それほどの悪人でも救われるのか、それともやはり救済から除外されるのか。別の言い方をすれば、はたして阿弥陀仏の力でも救われないものがいるのかどうか。これは浄土教にとってその根幹に関わる深刻な問題となる。

Ⅲ　阿弥陀仏と極楽世界

法蔵が立てた願は成就して、阿弥陀仏(無量寿仏)となったのであるが、このあたりから先も、『無量寿経』の記述はいろいろと前後錯綜《さくそう》したりして、はなはだ読みにくい。これはこの経の成立の事情に関わるものであって、恐らくもともと成立を異にする経を接合したり、素朴な原型に後になって理屈を付けようとしたりしているためと思われる。

そんなわけで、すっきりとはいかないが、基本的にいえば、ここから先、経文に記されていることは、法蔵の願が成就して無量寿仏になったこと、「安楽」・「極楽」・「安養」などと呼ばれるその仏国土はすばらしいところであること、その国に生まれるための修行は三つの類型に分けられること（三輩段《さんぱい》）、阿弥陀仏国に較べて、この世界は悪や苦悩に満ちていること（三毒五悪段《さんどくごあく》）などである。ここでは細かく説明する余裕はないので、詳細は省略して、阿弥陀仏とその浄土についてだけ簡単に触れておこう。

法蔵菩薩はすでに成仏して、いま西方の、ここから十万億の仏土を隔てたところにおいでになる。その仏の世界は安楽という名である。

誓願を立てた後、それが成就して仏となったわけであるが、その間の修行について経文にはほとんど何も書かれていない。ともかく仏となってから十劫《じっこう》という長い時間が経《た》っているという。仏としての名は無量寿仏。漢訳『無量寿経』では阿弥陀仏という名は使われていないが、同じである。ただし、阿弥陀仏を無量寿仏と訳すところには問題がないわけではない。

もともと阿弥陀仏はおかしな仏であり、サンスクリットの原語でアミターバ（無量の光明）とアミターユス（無量の寿命）の二つの名がいずれも用いられている。しかも、『無量寿経』の原典ではアミターバが、『阿弥陀経』の原典ではアミターユスが主として用いられている。このことは、もともと起源を異にする仏が合体したからと考えられる。光が共時的に無限に広がるのに対して、寿命は時間的な永遠性を示す。そのふたつを併せることによって、阿弥陀仏は空間・時間の無限性を兼ねることになった。

「阿弥陀」というのは、このふたつの名前に共通する前半部分を音写したものであり、どちらにも使える便利な訳語である。漢訳『無量寿経』で、原典がアミターバであるのに、「無量寿」という訳語が使われているのは、中国人にとって、仏教は不老長寿を求める道教と同類と考えられていたため、無量光よりも無量寿のほうが親しみ易《やす》かったからだといわれている。

その浄土が極楽であるが、この経では安楽・安養などという訳語も用いられている。原語スカーヴァティーは、「楽を有する（ところ）」の意であるから、いずれの訳語も該当する。その仏国土が西方にあるということに、もともとどれだけの必然性があったか不明であるが、日没の西方に設定したことは、死者の国として受け入れ易かったであろう。十万億の仏土を隔てているというのは、死者の世界の隔絶性として理解できる。

西方の極楽世界に対して、東方には阿閦《あしゆく》仏の妙喜《みようき》世界があるといわれ、阿閦仏信仰も行なわれたが、阿弥陀仏信仰ほどには広まらなかった。東アジアで、来世信仰という点で阿弥陀仏に対抗したのは、次にこの世界に現われるはずの弥勒《みろく》仏であり、弥勒が現在菩薩《ぼさつ》として待機中の兜率天《とそつてん》に往生しようという信仰が広まった。それは一つには、極楽世界に対して往きやすいということがあったからである。

Ⅳ 他者・死者論から『無量寿経』を読む

阿弥陀仏と極楽世界というと、確かにポピュラーではあるが、近代的な世界観からはいかにも受け容《い》れにくく、前近代の遺物として、仏教が軽蔑《けいべつ》され、批判される象徴のように見られるようになった。そこから、明治以後、仏教者の側も、何とかそれを近代的、合理的に解釈しようとして苦心することになった。その方策は、阿弥陀仏とその浄土の来世的な性格や感覚的に捉《とら》えられる実在性を薄め、より抽象化するとともに、衆生の側の信を重視して、心的な契機を中心に見るようになったのである。

仏教では、仏身論といって、仏の形態をどのように位置づけるかという議論がある。仏の死後、法（仏の説いた教えとその真理）の永遠性が仏に代わるものとされたことは先に触れたが、仏は法の体現者であることから、法と同一視され、そこから仏の普遍性と永続性が主張されるようになる。これを法身《ほっしん》という。

阿弥陀仏とその浄土に関しても、それを法身的に見て、合理化を図ろうという傾向は古い時代から見られる。とりわけ後に見るように、『観無量寿経』には、「この心が仏である」と説かれていて、それが東アジアの浄土教に大きな影響を与え、仏を唯心《ゆいしん》的に解する傾向は広く見られる。仏とは、衆生が悟ってなるものであるから、悟った心＝仏と見てよいわけである。その際に悟られる真理（法）もまたそれと同一視され、心＝仏＝法が法身として考えられることになる。

もともと仏教は悟りを求める宗教であるから、仏や浄土を外在的に見るのは、その本筋から外れているともいえる。後に大乗仏教の主流となる「空《くう》」の哲学からすれば、他者としての仏はあくまで仮現的なものとして、「空」に解消されるべきものと考えられる。しかし、注意すべきは、浄土信仰などの「原始大乗仏教」は「空」の思想が興《おこ》る以前、あるいは「空」の思想とは無関係のところで成立したと思われ、仏や浄土を「空」に解消するところは見えないことである。現行の『無量寿経』には「空」が出てくるが、古い『大阿弥陀経』には出てこない。

このように、仏や浄土を外在的に見るのは、むしろ仏教の正統を外れたものともいえるのだが、それに固執したのが中国の善導《ぜんどう》であり、その善導の説を受け入れた法然であった。彼らは、「指方立相《しほうりっそう》」といい、具体的な方角（西方）に姿（相）を持った仏と浄土を立てるという立場を取った。それ故《ゆえ》、その立場は仏教哲学的にはきわめて理論付けにくいといわなければならない。

しかし、その理論的な綻《ほころ》びにこそ、浄土教のポイントがある。先に述べたように、大乗仏教の一つの原点は、他者を根源的な所与として組み込むことにあった。そうとすれば、他者としての仏を立てる浄土教がその出発点をなしたのは、むしろ当然過ぎることであった。善導や法然が再発見したのは、その原点であったといえよう。それが近代において否定的に見られるようになったのである。しかし、それでよいのであろうか。

僕たちは、日常の生活でも常に他者と関わらなければならない。仏とは、そうして関わる他者を象徴する存在である。他者は一方で否応《いやおう》なく関わらざるをえない存在でありながら、他方ではその関わりを逃れ、どこまでも了解を拒む。仏が、一方で自己の心と同一視されながら、他方で無限大の距離を隔てるのはそのためである。一見ばかばかしく見える西方十万億土の距離の持つ意味を無視してはいけない。

そのことは、浄土が死者の世界とされることとも関係する。死者は生者によって捉えられない向こう側にいる。死者の世界には自ら死ななければ入れない。しかし、にもかかわらず生者は死者と無関係ではいられない。どんなに忘れようとしても、死者は生者に付きまとう。阿弥陀仏の世界が死者の国とされていることは、近代的な合理主義者が否定するほど、おかしな恥ずかしいことではない。

近代的な合理主義、現世主義の手の届かないところに、他者・死者の問題がある。最初期の大乗仏教はその問題と正面から取り組んできた。近代が覆《おお》い隠してきたこの問題に、僕たちは今、もう一度逃れることなく真向かわなければならない。

V　浄土教の綱要書――『観無量寿経』

『無量寿経』の叙述は錯綜していて、決して読みやすい経典ではない。それ故、東アジアで実際に浄土教の中心テキストとして綱要書のように読まれたのは、『観無量寿経』(以下、『観経《かんぎょう》』)であった。『観経』はきわめて整然とした構成を取っており、その中に浄土教のエッセンスが籠《こ》められている。

『観経』はその設定自体がドラマチックだ。その背景となる物語は、「王舎城の悲劇」と呼ばれる。王舎城の頻婆娑羅《びんばしゃら》王は息子の阿闍世《あじゃせ》によって幽閉され、獄中の王にひそかに食物を運んでいた妃《きさき》の韋提希《いだいけ》もまた捕われてしまう。悲嘆の中で救いを求める韋提希の前に、釈迦仏が神通力で現われ、浄土の観想を教えたのが『観経』の中心部分である。この物語は父母の愛と哀しみという永遠のテーマを扱っているので、浄土教の民衆布教に当たって大きな役割を果たした。

本文の観想は十六段階を追って説かれ、十六観《じゅうろっかん》と呼ばれる。その十六観は以下の通り。

①日想《にっそう》観（日没を観想し、浄土のさまを想像する）②水想《すいそう》観（水や氷を見て極楽の大地を想《おも》う）③地想《じそう》観（極楽の大地を観ずる）④宝樹《ほうじゅ》観（極楽の宝樹を観ずる）⑤宝《ほう》池《ち》観（極楽の宝池を観ずる）⑥宝楼《ほうろう》観（極楽の宝の楼閣を観ずる）⑦華座《けざ》観（阿弥陀仏の坐《すわ》っている台座を観ずる）⑧像想《ぞうそう》観（仏像を手がかりに仏を観ずる）⑨真身《しんじん》観（阿弥陀仏の真実のすがたを観ずる）⑩観音観（脇侍《きょうじ》の観世音菩薩《かんぜおんぼさつ》を観ずる）⑪勢至《せいし》観（脇侍の勢至菩薩を観ずる）⑫普《ふ》観（極楽に生じる想をなし、極楽の様子をあまねく観ずる）⑬雑想《ざっそう》観（阿弥陀仏の大小自在の様子を観ずる）⑭上輩《じょうはい》 観（往生する上の段階の者を観ずる）⑮中輩《ちゅうはい》 観（往生する中の段階の者を観ずる）⑯下《げ》輩《はい》観（往生する下の段階の者を観ずる）

十六観は前十三観と後三観に分かれる。前十三観は極楽の様子と仏・菩薩の観想であるが、第六観までで極楽の様子を観じ、第七―十一観において仏・菩薩を観ずる。ここで第十二、十三観をはさんで、後三観においては往生する衆生の段階を分ける。ここでは、観想といっても、実際は往生の行業《ぎょうごう》を段階分けしたもので、それぞれがさらに上生《じょうしょう》・中生《ちゅうしょう》・下生《げしょう》の三段階に分かれるので、合計九段階（九品《くほん》）になり、九品段と呼ばれる。このように、きわめて整然と段階立てて説かれているのが『観経』の特徴である。

『無量寿経』において十分整理されず、内容的にも未発展だった浄土教の多様な実践が、『観経』では非常に明快、かつ総合的に説かれている。この十六段階、とりわけ前十三観は、阿弥陀仏と極楽浄土の具体的、感覚的な姿を観ずることで、後の言い方では「事観《じかん》」（事実としての仏を観ずる）と呼ばれる。しかし、それだけでなく、先に触れたように、第八観では、この心が仏であると説かれる。

諸仏・如来《にょらい》は真理の世界（法界）を身体としており、一切衆生の心の中に入りこむ。それ故、あなた方が心に仏を観想するときには、この心がそのまま（仏の）三十二の大きな特徴と八十の付随的な特徴であり、この心が仏となり、この心が仏なのである。

ここでは、仏＝心＝法（真理）という等式が明瞭《めいりょう》に示されていて、感覚的な表象を超えた絶対的な仏との一体化が示されている。後にこれは「理観《りかん》」（真理としての仏を観ずる）と呼ばれる。

それだけではない。九品段になると、さらに別の形の実践が示される。第十六観の下輩観では、悪人が臨終に「南無阿弥陀仏《なむあみだぶつ》」と称《とな》える称名念仏《しょうみょうねんぶつ》が説かれる。称名念仏は『無量寿経』には説かれておらず、それがはっきりした形で示されるのは、『観経』を待たなければならなかった。

こうして、『観経』には事観・理観・称名念仏と、さまざまな浄土教の実践が提示されることになった。また、『無量寿経』では混乱していた浄土のイメージが、きわめて整然と説かれることになった。浄土曼荼羅《まんだら》と呼ばれるものも、『観経』をもとにして描かれている。冒頭の「王舎城の悲劇」と相俟《あいま》って、『観経』は東アジアで浄土教が普及するのに中心的な役割を果たした。

しかし、それゆえにかえって、『無量寿経』の中で試行錯誤的に提示された他者論や死者論的な観念が通俗化し、平板化したという印象も否《いな》めない。『無量寿経』に示された他者との距離的な断絶、そして生と死の断絶――この二重の断絶をもう一度問い直すことが、今日再び必要となっているように思われる。

第三章　他者と関わり続ける――『法華経』

一　大乗経典の分からなさ

仏教を勉強しはじめて、最初に引っかかったのが大乗経典の分かりにくさであった。原始仏典は、たいてい読んですっと理解できる。岩波文庫には、中村元訳の『ブッダのことば』（スッタニパータ）、『ブッダの真理のことば・感興のことば』（ダンマパダ、ウダーナヴァルガ）、『ブッダ最後の旅』（涅槃経《ねはんぎょう》）など、原始仏典がかなり収められていて、読みやすい訳文が提供されている。『ブッダ最後の旅』については、相当する漢訳の『遊行経《ゆぎょうきょう》』を、第一章で取り上げた。

確かにそこにも複雑な議論を呼ぶような問題がないわけではないが、大乗経典に較《くら》べれば遥《はる》かに分かりやすく、仏教を信じているか、いないかに拘《かか》わらず、誰でも腑《ふ》に落ちるところがある。宗教というよりは、もっと普遍的な人間の叡智《えいち》とも言うべきものが展開されている。『ダンマパダ』は、もっとも多くのことばに翻訳されている仏典であるが、例えば次のような言葉を読むとき、あまりに単純でありながら、しかしこれほど端的に誰もの心を打つ言葉はないであろう。

実にこの世においては、怨《うら》みに報いるに怨みを以《もっ》てしたならば、ついに怨みの息《や》むことがない。怨みをすててこそ息む。これは永遠の真理である。（第一章第五偈《げ》、中村元訳）

しかし、考えてみると、誰にでも分かる単純な真理でありながら、他方でこれほど実際には困難なことはないとも言えるであろう。もしそれが実行可能であれば、とっくの昔に平和で理想的な社会が実現していて、歴史はそれで終わっていたはずである。それが実行できないからこそ、人々の悩みや苦しみは尽きることなく、人類の長い歴史が紆余《うよ》曲折しながら進んできたのである。そして、大乗仏教もまたある意味では、原始仏典の「永遠の真理」が現実に無力であることへの絶望から、新たに展開してきたものということができる。

それ故《ゆえ》、大乗経典は原始経典に較べてはるかに読みにくく、理解しにくい。前章で取り上げた『無量寿経《むりょうじゅきょう》』でも、いきなり菩薩《ぼさつ》たちの名前が列挙され、それからおよそ現実離れした法蔵菩薩の誓願の話へと進んでいく。よほど信心深い人ならともかく、そうでなければいきなりそんな話を持ち出されても拒絶反応を起こすだけだろう。しかし、表面のことばだけ見ればおよそナンセンスで信じがたい物語が、どこか心の奥底に引っかかって、落ち着かなくさせる。恐らく、理性で統御できない深層の何かと共鳴するのであろう。

そのことは、『法華経《ほけきょう》』においてもっとも典型的に見られる。『法華経』ほど日本で広く親しまれてきた経典はない。しかし、読んでみると何とも奇妙だ。最高の真理を説くぞと大げさに予告し、さてなにやらちょっぴり出てきて、いよいよこれからと身構えていると、その後は、「どうだ、すばらしい真理だろう、だからそれを説いている『法華経』はこんなにすばらしいのだ」と、『法華経』の宣伝が延々と続いて終わってしまう。何だか肩すかしを食わされたようだ。『法華経』は序文とあとがきだけで本文がない、などと悪口を言われるが、それももっともと肯《うなず》きたくなる。

それでも、どうも気になる経典である。それはなぜであろうか。これだけ長い間読まれてきたものならば、何かあってもよさそうだと、素朴に思い込んでしまうからだろうか。それもあるかもしれない。しかし、ただそれだけでもなさそうだ。もうちょっと違う問いの立て方をすれば、もっと違うなにかが引き出せそうだという可能性が惹《ひ》きつけるのだ。読み手次第でさまざまな相貌《そうぼう》を示し、問いが深まれば、それだけ深く輝きを増す。そこで跳ね返されてしまったら、所詮《しょせん》は自分のほうがそれだけのものでしかなかったということである。原始経典の明快さと異なるタイプの古典がここにある。それに挑んでみようではないか。

二　『法華経』の伝統的解釈と段階成立説

僕の解釈に立ち入る前に、『法華経』の概略と、その伝統的な解釈の大枠を示しておこう。『法華経』は、サンスクリット本、漢訳三種、チベット語訳が現存している。そのうち、東アジアで伝統的に用いられてきたのは、鳩摩羅什《くまらじゅう》訳の『妙法蓮華経』七巻（四〇六年）で、二十七品《ほん》（章）からなる。後に提婆達多品《だいばだったほん》第十二が加えられて八巻二十八品になったものが広く用いられる。原題の『サッダルマ・プンダリーカ』は、「白蓮華《びゃくれんげ》のような正しい教え」の意。仏の真実の教えを白い蓮《はす》の花に喩《たと》えている。

『法華経』に対して、中国でさまざまな注釈が著わされたが、中でも広く普及したのは天台智顗《てんだいちぎ》（五三八―五九七）の解釈である。それによると、『法華経』は前半の十四品と後半の十四品に二分され、前半は迹門《しゃくもん》、後半は本門《ほんもん》と呼ばれる。迹門は方便品《ほうべんぼん》を中心とし、その主題は開三顕一《かいさんけんいち》、即《すなわ》ち、小乗と大乗の三つの道（声聞《しょうもん》・縁覚《えんがく》・菩薩の三乗）を唯一《ゆいいつ》の仏の道（仏乗《ぶつじょう》）に帰着させるということであるという。本門は如来寿《にょらいじゅ》量品《りょうほん》を中心とし、その主題は開近顕遠《かいごんけんおん》、即ち、迹門の仏陀伽耶《ぶっだがや》で悟りを開いた方便の存在としての釈迦《しゃか》（伽耶近成《かやごんじょう》の釈迦）を超えて、永遠の真実の釈迦（久遠実成《くおんじつじょう》の釈迦）を顕《あら》わし出すことであるという。「本」と「迹」の対は、もともと六朝《りくちょう》期の『荘子《そうし》』解釈に基づいて仏教に導入されたもので、「本」は本質、「迹」は現象的な顕われを意味する。久遠実成の釈迦仏が「本」であり、それに対して、伽耶近成の釈迦は、その本来の仏陀が現象界に人間的な姿をとって出現した「迹」である。

　このような伝統的な解釈に対して、近代の研究は、『法華経』をその成立段階から見て三類に分けるようになった。方便品から授学無学人記《じゅがくむがくにんき》品までを第一類、法師《ほっし》品から嘱累《ぞくるい》品までと序品《じょほん》とを第二類、薬王菩薩本事《やくおうぼさつほんじ》品以下を第三類とする。第三類はさまざまな菩薩の信仰を取り込んだもので、成立が遅れ、第一類と第二類では、第一類のほうが成立が早いと考えられている。これに対しては、近年二十七品（遅れて成立した提婆達多品を除く）全体、あるいは少なくとも第一類と第二類は同時に成立したという説も有力になっている。

　段階成立か同時成立かということについては、必ずしも決定的な客観的証拠があるわけではない。サンスクリット原本を見ても、第一類と第二類の間で特にはっきりした言語的な相違はない。しかし他方で、偈《げ》（詩）と長行《じょうごう》（散文）との組み合わせ方とか、重要な概念のあり方とかが、第一類と第二類で相違していることも事実である。したがって、最終的には第一類と第二類の間に思想的な一貫性を認めるかどうかということにかかってくる。そこに一貫した意図が認められれば同時成立であり、思想的な断絶があれば、成立を異にすると見るほうが適当であろう。

同時成立の立場からは、『法華経』は菩薩の思想ということで一貫して見ることができると主張されている。第一類は基本的には迹門に相当するので、その中心は方便品の「開三顕一」である。その「一」は誰でもいずれ仏になることができるという仏の道であるから、現状では仏となる準備段階の菩薩ということになる。それゆえ、第一類の思想は、小乗・大乗の区別なく、すべての衆生はじつは大乗の菩薩だということであり、従って「一切衆生はすべて菩薩である」と定式化することができる（苅谷定彦『法華経一仏乗の思想』東方出版、一九八三、参照）。第二類は仏滅後の菩薩の実践を主題とし、第三類はさまざまな菩薩の実例を示していることになる。このように、『法華経』全体が、菩薩思想を軸として展開していると見ることができる。

この説ははなはだ魅力的で、第一類と第二類とをばらばらに見る見方よりも、『法華経』を有機的に読み解くことができる。しかし、それでも第一類と第二類の間には大きな断絶があり、最初から一貫した構想で書かれたものとは考えにくい。だから、

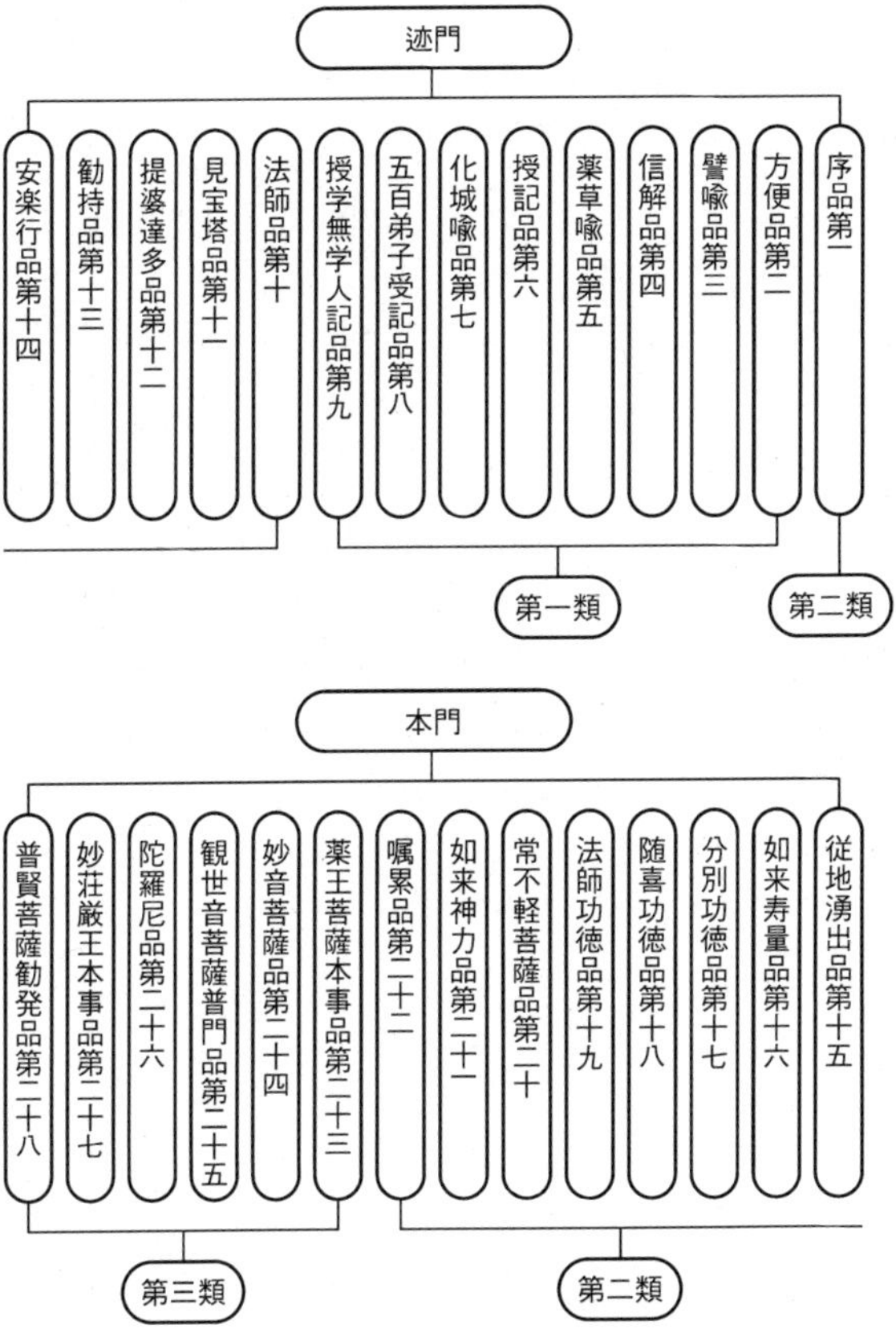
迹門
序品第一
方便品第二
譬喩品第三
信解品第四
薬草喩品第五
授記品第六
化城喩品第七
五百弟子受記品第八
授学無学人記品第九
法師品第十
見宝塔品第十一
提婆達多品第十二
勧持品第十三
安楽行品第十四
第一類
第二類
本門
従地湧出品第十五
如来寿量品第十六
分別功徳品第十七
随喜功徳品第十八
法師功徳品第十九
常不軽菩薩品第二十
如来神力品第二十一
嘱累品第二十二
薬王菩薩本事品第二十三
妙音菩薩品第二十四
観世音菩薩普門品第二十五
陀羅尼品第二十六
妙荘厳王本事品第二十七
普賢菩薩勧発品第二十八
第二類
第三類

『法華経』の構成

やはり段階成立説を採るべきではないか、というのが僕の考えである。しかし、いずれにしても伝統的な迹門と本門とで二分する見方よりも、段階成立か同時成立かはさておき、三類に分けて第一類と第二類の関係を中心に見るほうが思想を読み取りやすい。それ故、以下、この分け方に基づいて、第一類と第二類の思想についてもう少し立ち入って見ることにしよう。

三　他者と関わる――第一類

『法華経』の序品では、釈迦仏は瞑想《めいそう》に入り、光を発して奇瑞《きずい》を示す。そこで、仏弟子や菩薩たちが不思議がると、文殊菩薩《もんじゅぼさつ》が前世で『法華経』を聞いたときの経験から、仏はこれから『法華経』を説くのだと教える。文殊が過去の例を挙げるのは、『法華経』が繰り返し諸仏によって説かれてきたことを示し、『法華経』の真理の永遠性を暗示する。時間・空間を自由に駆けめぐる壮大なドラマにふさわしい幕開けだ。これが第二類に位置づけられるのは、文殊や弥勒《みろく》などの菩薩たちが中心になっているからで、この点、仏弟子（声聞）に対して教えを説く第一類と異なっている。

次の方便品は第一類の中心となる章であるが、伝統的にも迹門の根幹と位置付けられてきた。仏は弟子の舎利弗《しゃりほっ》（シャーリプトラ）に対して、「自分はこれまでさまざまに方便して衆生のために教えを説いてきたが、いちばん根本の教えは誰にも理解できない」と言い出す。

やめなさい、舎利弗よ。説くことはできない。なぜかというと、仏が成しとげたいちばん希有《けう》で解《わか》りにくい真理は、仏と仏だけが一切存在の真実の姿を究めつくすことができるのだ。

それでもぜひその真理を説いてくださいという舎利弗の懇請に対して、三回留《とど》めた上で、ついにおもむろに仏は語りだす。ここで、「仏と仏だけ」（唯仏与仏《ゆいぶつよぶつ》）といわれていることは重要である。そうとすれば、『法華経』は仏にしか理解できないはずである。それにもかかわらずそれを説いたということは、『法華経』を聞く衆生もまた、仏と同格ということである。ここでは仏と我々の間の垣根は取り払われている。

それにしても、これまで仏が説いてきた教えで十分と思っている弟子たちにとって、まだその先があると知らされることは、当然ながら混乱を招く。五千人の弟子たちは、「もう十分」と思い上がって、席を立って出て行ってしまう。そこで残った弟子たちに仏が説きだす「仏が世に出現した根本の理由」（一大事因縁《いちだいじいんねん》）こそが、一乗説といわれるものである。

それはどういうことだろうか。「仏たちは、衆生に仏の知見を開かせるために、世に出現したのだ」というのである。

諸仏・如来は、ただ菩薩だけを教化する。すべての仏のなすことは、いつも一つのこと、ただ仏の知見を衆生に示し、悟らせようということのためである。舎利弗よ、如来はただ一つの仏の乗り物（一仏乗）だけのために衆生に教えを説くのであり、二とか三とか、他の乗り物はない。

「乗」（ヤーナ）は乗り物であるが、進んでいく道と考えてもよい。もともと「智《ち》慧《え》」（ジュニャーナ）であったのではないか、という説もあり、それだともっと分かりやすい。「二とか三とか」というのは、サンスクリット本だと、「第二とか第三とか」ということで、これもそのほうが分かりやすい。伝統的な解釈はいささか面倒な議論もあるが、基本的には声聞乗・縁覚乗・菩薩乗の三つが三乗（三つの乗り物）だという。声聞は仏の教えを聞いて悟りを開く弟子たち、縁覚は自分ひとりで縁起の理法を知って悟りを開く人（独覚《どっかく》とも言う）で、彼らは小乗と呼ばれる。もっとも自分だけで悟ってしまう縁覚はあまり問題にならないから、実際に問題にされるのは声聞と言われる仏弟子たちである。仏はまた、「ただ一乗の道で菩薩たちを教化してきたのであり、声聞の弟子はいない」とも言っている。これはどういうことであろうか。

とりあえず伝統的な解釈で言えば、菩薩とは将来仏になる修行段階である。それは時間的に言えば未来のことに属する。しかし、前章で見たように、実は菩薩であるということは、単に未来に向かって修行中というに留まらない。むしろその根本は、他者と関わる存在ということであった。そうとすれば、そもそも他者と関わらない存在などありえないことであり、仏が説いてきた教えはすべて菩薩の道だということも理解できよう。それは別の言い方をすれば、自己の存立の根底に他者が必然的に埋め込まれているということである。このように考えれば、「一切衆生はすべて菩薩である」という定式化は、きわめてよく納得できることだ。

声聞たちにしても、もちろん他者なしに自分だけでは存在しえないはずなのに、彼らはそれを忘れて、あるいは他者から逃れて、自己のみで完結しているかのように思い込んでいた。そこで、それを再び思い起こさせ、菩薩の状態に引き戻すのが仏の役割である。だから、この声聞たちは自分とは関係ない小乗の人たちなのではない。他者から逃れようとする声聞たちとは、他ならぬ僕自身であり、そしてあなたたちのことだ。

方便品に続く第一類の残りの諸品で、これまで声聞として自足していた仏弟子たちが、実は自分たちも菩薩であると気付き、仏から、未来において必ず仏になるという予言（授記《じゅき》）を受けるという話が続く。これを声聞授記と呼ぶ。譬喩《ひゆ》品以下、いろいろな声聞たちが入れ替わり立ち替わり授記を受ける。

譬喩品――舎利弗
信解《しんげ》品・薬草喩《やくそうゆ》品・授記品――須菩提《しゅぼだい》・大迦旃延《だいかせんねん》・大迦葉《だいかしょう》・大目犍連《だいもくけんれん》（四大声聞）
化城喩《けじょうゆ》品・五百弟子《ごひゃくでし》受記品――富楼那《ふるな》ら五百人の声聞
授学無学人記品――阿難《あなん》・羅睺羅《らごら》ら二千人の声聞

これらの諸品は、方便品で説かれた「一切衆生は菩薩である」ということを具体例で示していると考えられる。また、そこにはいろいろな譬《たと》え話が説かれていて、それも理解の助けとなる。そこで、これらの諸品は方便品を分かりやすく説いた補助的な章と見られがちである。しかし、実はそれだけに留まらない。方便品では、「一切衆生は菩薩である」と説かれたが、そこではまだ菩薩の観念は抽象的であって、具体的に時間軸の中に置かれていない。他者との関わりとしての菩薩は、時間の中でどのように捉《とら》えられるのか。それが、これらの諸品で説かれていることである。

そこで、譬喩品を見てみよう。方便品の教えを聞いて、舎利弗は、自分は菩薩に縁はないと思っていたこれまでの誤りを認め、自分も菩薩であって、未来において仏になるのだという自覚に達する。仏は、その舎利弗の理解を正しいと認め、実はずっと過去世から舎利弗は菩薩であったのだと説く。

私は昔、二万億の仏のところで、この上ない悟りのためにお前をずっと教化し続けてきた。お前もまた、長い時間の間、私に随《したが》って学んできたのだ。

そして、舎利弗はまたこれからも気の遠くなるほど長い間菩薩としての修行を積んだ上で、華《け》光《こう》如来という仏に必ずなると授記する。ここで、未来の成仏《じょうぶつ》の授記のほうは、従来の解釈でも比較的分かりやすい。菩薩であるということは、いずれ仏になるということであるから、それを明確にするために授記が与えられるのである。それに対して、過去の因縁はともすれば軽視されがちである。しかし、実はこの過去こそが、現在を生み、未来を生むものである。驚くべきことに、菩薩の菩薩たる所以《ゆえん》は、いま突然始まったことではなく、無限とも言えるほどの過去に遡《さかのぼ》る。その間ずっと釈迦仏の教えを受け続けてきていたというのである。菩薩であることの根拠は、この無限の過去からの仏との関係以外にない。他者との関わりは、無限の過去から続いている。

それが現在の他者との関わりを作り出し、未来へ続いていく。過去・現在・未来を通して、他者たる仏と関わり続けること以外に、菩薩《ぼさつ》の菩薩たることを作り出すものは何もない。

このことは、しばしば混同される如来蔵・仏性説と比較してみるとよく分かる。このような理論では、仏性とか如来蔵と呼ばれる仏の要素が衆生の中に内在し、それが現実化することによって仏の悟りに達するというのである。即ち、この理論によると、他者（＝仏）との関わりはまったく不要となり、衆生は自己のうちに内在する本質的な原理のみによって必然的に悟りへと導かれることになる。『法華経』の一乗説は如来蔵・仏性説と結び付けられ、「一切衆生、悉《ことごと》く仏性（如来蔵）あり」と主張されるようになる。しかし、『法華経』自体には、そのように解釈される余地はない。菩薩の菩薩たる根拠は、徹頭徹尾、仏という他者との関わりに求められているのである。

如来蔵・仏性説にとって時間性は本質的ではない。如来蔵・仏性は時間超越的に衆生に内在する。それに対して、『法華経』の菩薩論では、時間が決定的に重要である。過去が現在を規定し、そして未来を産み出してゆく。ただし、ここで言われる過去とは、物理的時間として過ぎ去ってしまった過去ではない。むしろ禅で言われる「父母《ぶも》未生以前《みしょういぜん》」（父母が生まれるよりもっと昔）と似ている。時間はただ等質的に流れ去っていくだけではなく、過去は現在の中に埋め込まれ、現在の根拠として生きている。

未来の成仏は、はるか先のことのようでありながら、すでに現在において先取りされていて、菩薩が菩薩として自覚されたとき、「仏と仏だけ」の世界に参入することになる。その点から言えば、仏と菩薩は決定的な区別を持たない。仏は理想態としての菩薩であり、声聞は自覚されない菩薩に他ならない。それ故《ゆえ》、仏と声聞の関わりも、突き詰めれば菩薩と菩薩の関わりであり、先に目覚めた菩薩が遅れてくる菩薩を導くという連鎖である。未来においては、遅れて来た菩薩たちが今度は先進者となって、さらに後進の菩薩たちを導くことになるだろう。

こうして、譬喩品で、舎利弗は過去世以来の仏との関係を認めることになるが、仏はそれを譬喩によって説明する。この譬喩は、三車《さんしゃ》の喩《ゆ》とか火宅《かたく》の喩とか呼ばれてよく知られている。それは次のような話である。

ある長者の家が火事になった。そのとき、子供たちは家の中で遊んでいて、外に出ようとしなかった。そこで長者は何とか子供たちを外に出そうとして、「外に羊《よう》車《しゃ》・鹿車《ろくしゃ》・牛車《ごしゃ》があって、遊ぶことができる」と言ったところ、子供たちは喜んで外へ飛び出し、助かることができた。そこで長者は三つの車よりはるかに素晴らしい大白牛車《だいびゃくごしゃ》を子供たちに与えた。三つの車は方便としての三乗であり、大白牛車が

仏乗である。（取意）

この譬喩が適当かどうかは微妙である。どんなに立派でも、子供たちが欲しない車を与えて子供たちが喜ぶものかどうか、どうも大人の身勝手な論法のような気がしないでもない。また、この譬喩では、過去からの因縁は必ずしも明白ではない。それに、仏と衆生の関係が父と子に喩《たと》えられているのは、いかにも家父長制的権力構造を露骨に示しているように見える。しかし、そこに仏と衆生の切りたくても切れない関係が示されている点では、分からないではない。

譬喩品の舎利弗の話はこれで一応筋が通る。それでは、信解品以下の四大声聞の場合はどうであろうか。四大声聞の授記に関しては、過去の因縁は明示されない。しかし、ここでも長者窮子《ぐうじ》の喩《ゆ》といわれる譬喩が説かれている。

ある長者の息子が父を捨てて他国に行き、貧窮して散々苦労した。放浪して父のいるところに至ったが、大金持ちの父を見てもそれと解《わか》らず、恐れるばかりであった。父はそれと知って、息子を雇い、まず卑《いや》しい仕事に就かせ、次第に自分に親しむようにさせた。臨終のとき、はじめて親子であることを名乗り、その財産をすべて譲った。この父が仏であり、息子が声聞である。（取意）

聖書に出る放蕩《ほうとう》息子の話とよく似た話として知られる。ここでも、仏と声聞の関係は父子関係として設定されている。つまり、仏と声聞たちとは最初から決して切ることのできない必然的関係の中に置かれていて、それが声聞たちの離反によって一時的に見えなくなっていたのが、仏の方便を経て、最後にようやく自覚に達するというのだ。このように、四人の声聞の場合、直接には過去からの釈尊との関わりは述べられていないが、譬喩の方にそれが示されている。化城喩品・五百弟子受記品の富楼那たち、授学無学人記品の阿難たちの場合は、過去の因縁も示されており、その点はっきりしている。

こうして、他者である仏と衆生の関係は、どう逃げ出そうとあがいても、逃げ出すことのできない関わりとして、最初から〈私〉の中に埋め込まれているのだ。

四　死者との合体――第二類

『法華経』の第一類は、一切衆生は菩薩として他者との関係の中に取り込まれていること、そこから孤＝個に逃げ出そうとした声聞たちも、結局は菩薩であることを認めざるを得ないことが示され、ほぼ一貫したテーマをうかがうことができる。ところが、第二類の法師品に入ると、だいぶ様子が異なって、『法華経』の自己宣伝が多くなる。もっとも、法師品だけならば分からないわけではない。大乗経典の終わりには、その経典を信じ、広めるべきことを説く流通分《るずうぶん》という部分が付くのは、一般的なことだからである。『法華経』の第二類は、この流通分が拡張し、そこに新たな思想が盛り込まれたと見ると、分かりやすい。

第二類の構成は第一類ほど一貫しておらず、やや複雑である。中心のテーマとして仏の滅後に『法華経』を信じ、広めようとする菩薩たちの実践の問題がクローズアップされるが、その中に、彼らに対して仏が永遠の真実の姿を示すというテーマが織りあわされている。また、提婆達多品は後から付加されたとされるが、悪人の提婆達多と竜女《りゅうにょ》に象徴される女性の成仏を説いていて、日本ではかえって他の品よりも重視された。

伝統的な解釈で、安楽行《あんらくぎょう》品までを迹門《しゃくもん》に入れ、従地涌出《じゅうじゆじゅつ》品からを本門とするのは、前半と後半でぴったり二分しようとしたため、機械的になってしまったからであろうが、経典自体、構造が捉《とら》えにくいことも事実である。伝統的解釈では、本門の中心を如来寿量品に見て、久遠《くおん》の本仏ということに重点を置くが、むしろ第二類を一貫して仏滅後の菩薩の問題と捉えて、その中に仏の問題も含みこむほうが理解しやすい。そのように取れば、第一類の「一切衆生は菩薩である」という原理の展開上に第二類が形成されたという流れがわかりやすい。

ここで、仏の滅後の実践が問題になっていることは注目される。すでに指摘してきているように、仏の死こそが仏教が展開していく原点であり、とりわけ大乗仏教は仏の死に対してどう立ち向かうかというところから、新たな可能性を見出《みいだ》そうとしてきた。大乗仏教が仏の滅後数百年経てから形成されたことを考えれば、すでに記憶も遠くなってしまった死者としての仏といかに関わることができるかということは、切実な課題であった。仏が亡《な》くなり、過去の存在となったからといって、仏から離れることができるわけではない。死者はその不在をもって迫る。『法華経』の第二類もまた、紛れもなく仏の死を大きなテーマとして生まれている。

第二類の最初の法師品は、第一類の流通分として読む限り、比較的すっきりしている。そこでは、仏の滅後、『法華経』（ここでは第一類の範囲が考えられているのであろう）こそが、不在の死者である仏の代わりとなるものであり、『法華経』を「受持《じゅじ》し、読《どく》・誦《じゅ》し、解説《げせつ》し、書写する」ことを勧めている（これを、五種法師行《ごしゅほっしぎょう》という）。『法華経』に関わることによって、はじめてその人は「如来使」として、ブッダとの関わりを新たにしうるというのである。『法華経』を祀《まつ》った塔の中に、「如来の全身」がいますからである。

だが、法師品で終わらずに、そこから新たな思想が展開してくるところに、他の経典と異なる『法華経』の特徴がある。法師品の延長として、仏滅後の菩薩《ぼさつ》のあり方は、勧持品《かんじ》・安楽行品などに説かれ、従地涌出品でクライマックスとなる。勧持品・安楽行品によれば、仏滅後の悪世には、『法華経』を説く人たちに対して、「無知な人たちが、汚い言葉で罵《ののし》ったり、刀や杖《つえ》で打ったりするものもいる」が、それを耐え忍ばなければならない。このような中で、『法華経』の担《にな》い手として新たに登場するのが、地涌《じゆう》の菩薩たちである。

菩薩たちの様相が変わっていくのと同時に、もう一方で、菩薩が関わる仏も新たな相貌《そうぼう》を示すようになる。その手がかりとして重要なのは見宝塔品《けんほうとう》である。ここでは、死者そのものである多宝如来が出現する。多宝如来は、東方の無限と言えるほど遠くの世界宝浄《ほうじょう》国に過去に出現した如来であり、すでに亡くなっていながら、その身を宝塔の中に遺《のこ》していた。

その場のすべての人々は皆、多宝如来が宝塔のうちに、（獅子《しし》のような）高座に坐《すわ》り、全身は散らばることなく、禅定《ぜんじょう》に入ったかのようであるのを見た。

と書かれているから、一種のミイラ仏である。それは、『法華経』を説くところがあれば、死後であってもどこにでも出現しようという誓いのためであって、釈尊が『法華経』を説くと聞いて、はるばるやってきたのである。

このように、多宝如来は死者そのものである。なぜここで文字通り死者としての仏が出現するのか、従来の解釈では必ずしも明らかでなかった。『法華経』の永遠性と、この世界の外の世界でも通用する普遍性を象徴するものだとしても、あえて塔の中に坐ったままのミイラ仏を持ち出すのは、グロテスクな感がしないでもない。しかし、ここで死者そのものが登場するのは、まさしく第二類のテーマが死者としての仏であることを端的に示して、強烈なインパクトがある。

その多宝如来の招きに応じて、釈迦《しゃか》仏は、その宝塔に入り、多宝如来と並んで坐る。これは二仏並座《にぶつびょうざ》と呼ばれ、絵画や彫刻でよく表わされる場面であるが、このように多宝如来は釈迦仏とまったく同等の位置づけを与えられていて、決して単に釈迦仏を讃《さん》歎《たん》するだけの補助的な存在ではない。いわば、生者である釈迦仏は死者である多宝如来と一体となることにより、（何だかアニメの主人公っぽいが）合体・変身して巨大なパワーを発揮することになる。それが如来寿量品の久遠の実仏なのである。死者は単に不在で、無力なのではない。もしそれを言うならば、常に死に脅《おびや》かされる生者こそ無力ではないのか。生者は死者と合体することによって、はじめて永遠の力を獲得する。

私が仏となってから　経てきた劫《こう》の数は
無量百千万億載阿僧祇《むりょうひゃくせんまんおくさいあそうぎ》にもなる
常に教えを説いて無数億の衆生を教化して
仏の悟りに入らせて　それから無量劫を経た

その間、仏は活動をやめることがない。漢訳でははっきりしないが、サンスクリット本では、「私の過去の菩薩としての修行は完成されていない」（松濤誠廉《まつなみせいれん》他訳）と、その活動はまさしく菩薩として他者と関わり続けていることを明言している。仏と菩薩は本質的に同一だ。菩薩としての他者との関わりは永遠に終わらない。

ここに至って、第一類の仏と声聞たちの関係が、より深い次元から明らかにされる。仏と声聞たちの関係が無限の過去から無限の未来へと続いていくのは当然のことだ。仏の活動は生と死を呑《の》みこみながら、永遠に続いていくのだから。そして、そのことは、今度はその仏と関わり続ける菩薩の側も、同じように永遠の活動を続けていくことを意味する。仏が第一類から第二類へと質的に転換したのと同様に、菩薩たちも質的な転換を要求される。それが、新たに大地から涌出した地涌の菩薩である。彼らは、釈迦仏が成仏して以来、この世界で関わり、教化してきた菩薩たちである。

しかし、仏が過去世以来教化してきたということだけであるならば、第一類の舎利弗たちも同じである。それならば、地涌の菩薩だからといって、特別違いがなく、改めて新たな菩薩たちが地から涌出する必要はないかのように思われる。実際、僕は地涌の菩薩をそれまでの菩薩と別の存在と見るのは不適切と考える。そうではなく、第一類のときと、菩薩の性質が違っているということである。一方で生死合体の永遠の仏と関わり、他方では、同じように他の衆生と関わり続けなければならない。釈迦だけが特別なのではない。誰もが永遠に他者と関わり続けるという点で、同じように仏であり、菩薩であるのだ。

従地涌出品から如来寿量品へ続くところは、伝統的な解釈でも本門の核心とされるが、新しい解釈でも第二類の中心に位置することになる。その後、分別功徳品《ふんべつくどく》・随喜《ずいき》功徳品・法師功徳品は、このような地涌の菩薩の実践を体系化して説いている。とりわけ、随喜功徳品は、次第に教えが伝えられ、広められていく様を述べ、菩薩の行が他者に関わり続けることを明らかにしている。常不軽菩薩品《じょうふきょう》は、どんなに馬鹿にされ、迫害されても、「私はあなた方を軽蔑《けいべつ》しない、あなた方は将来仏となるはずだから」と人々を礼拝し続けた常不軽菩薩の話を説いて印象深いが、全体の流れの中では、やや挿入的である。そして、如来神力品《じんりき》・嘱累品《ぞくるい》は、第二類の流通分としてなっている。

第三類は、捨身供養を説いた薬王菩薩本事品、観音信仰を説いた観世音菩薩普門品《かんぜおんぼさつふもん》などの、具体的な菩薩の実践や信仰を説いていて、後への影響が大きい。

『法華経』は中国でも天台などで重視されたが、それ以上に広く親しまれたのは日本においてであった。奈良時代に国分尼寺《こくぶんにじ》が建てられたとき、正式には法華滅罪之寺《ほっけめつざいのてら》と言われている。平安時代に比叡山《ひえいざん》で広く実践されたのは、法華懺法《ほっけせんぼう》であり、これは『法華経』を読誦《どくじゅ》することによって、罪を懺悔《ざんげ》し、清浄になろうというものであった。このように、懺悔滅罪の行として重視されたが、これは主として法師功徳品に、『法華経』を受持・読・誦・解説・書写することによって、六根（眼《げん》・耳《に》・鼻《び》・舌《ぜっ》・身《しん》・意《い》）が清浄になると説かれていることによる。その他、第二類のさまざまな苦行に近い菩薩行を実践しようという修行者たちが数多く出現し、彼らは山に籠《こも》って厳しい修行に励み、持経者《じきょうしゃ》と呼ばれてその呪術的《じゅじゅつ》な力が頼みとされた。後に取り上げる日蓮《にちれん》もまた、そのような持経者の流れを汲《く》む法華信仰者であった。

生者と死者の力を合体させた『法華経』第二類の仏と、その仏に関わっていく地涌の菩薩の激しい実践は、平和な安らぎをもたらす類《たぐい》の仏教とは別種の魅力をもって迫ってくる。

第四章　否定のパワー――『般若心経』

一　「空」の思想と『般若心経』

I　般若の智慧と「空」

これまで、ブッダの死からはじまり、死と死者をめぐる新しい世界を開いたものとして、初期の大乗仏教の経典を取り上げた。しかし、これは通常の仏教史の常識とはかなり相違する。一般の仏教史を見れば、原始仏教の説として無常・無我の説や四《し》諦《たい》・縁起などの教説が挙げられ、それが部派仏教のアビダルマと呼ばれる哲学理論書において固定化されたのに対して、その固定化を批判し、原始仏教の精神を取り戻す運動として大乗仏教が興《おこ》り、その中核に「空《くう》」の哲学があるとされる。「空」の哲学は般若経典において説かれ、竜樹《りゅうじゅ》（ナーガールジュナ）によって理論化される。その流れは中観《ちゅうがん》派と呼ばれ、唯識《ゆいしき》派と並ぶインド大乗仏教の二大学派となるが、唯識派ももともとは「空」の哲学のひとつの展開として出てくるものであるから、「空」の哲学こそ大乗仏教全体の根幹をなすものとされる。

このようなインドの仏教史の描き方は、もちろん間違っているわけではなく、教科書的に言えば、一応そのように言ってよいであろう。しかし、それでは僕がここまで描いてきた仏教観から見たとき、「空」の哲学はどのように位置づけられるのだろうか。この章ではその問題を考えてみたい。

これまで見てきたように、初期の大乗経典にはさまざまな傾向のものがあり、大乗仏教は決して統一的な運動としてでてきたものではない。『無量寿経《むりょうじゅきょう》』や『法華経《ほけきょう》』は、もともと「空」の哲学とは無関係であった。「空」だけでなく、東アジアの仏教の基礎となる「仏性」とか「如来蔵《にょらい》」(すべての衆生に内在する、仏になる可能性)の思想もまだ入っていない。そもそも最初は「大乗」という自覚さえもなかったと思われる。そうしたさまざまな改革運動が統合され、「大乗」として自覚されていく中で、次第に「空」の哲学がその中核に置かれるようになり、その際に、哲学者竜樹の果たした役割は大きなものがあったと考えられる。「空」の哲学は、東アジアにおいてもすべての仏教思想・宗派に共通する根底の哲学とされ、竜樹は「八宗の祖」と呼ばれて、すべての宗派のもとを作った祖師とされる。

「空」を中心に据えて説く経典群は、一括して「般若経典」と呼ばれる。「般若」（プラジュニャー）というのは、菩薩《ぼさつ》の実践である六つの波羅蜜《はらみつ》（パーラミター）の第六番目であり、詳しく言えば「般若波羅蜜」で、悟りの智慧《ちえ》のことである。その前の五つの波羅蜜も最終的には般若波羅蜜に帰着する。その般若の智慧によって体得されるのが「空」の真理にほかならない。

Ⅱ　「般若経典」と『般若心経』

「般若経典」というのは非常にたくさんあって、グループを形成しているが、その中でも『八千頌《はっせんじゅ》般若経』（漢訳の『小品《しょうぼん》般若経』）というのがもっとも古く、その後、それをさらに増広したり、逆に縮略したりして、いろいろな般若経典が作られた、というのが大体の道筋のようである。それらは玄奘《げんじょう》が訳した『大般若経』六百巻として集大成されている。

今回はもっとも短く、かつ親しまれている『般若心経《はんにゃしんぎょう》』（以下、『心経』）を手がかりに検討してみたい。『心経』はわずか二百六十字という短さ故《ゆえ》に、読経《どきょう》や写経に広く用いられる。ただし、『大般若経』の中には入っておらず、玄奘訳と言われながら、その成立にも問題がある。現行のテキストは、そもそも経典の基本的なパターンである「如是我聞《にょぜがもん》」の書き出しもないし、短すぎて文意も取りにくい。経典としてはあまり優れたものとはいえない。最後に呪《じゅ》がかなり重要な位置づけで加えられていることも他と異なっている。『心経』が広く用いられたのは、短いということと同時に、この呪のもつ呪術的効果によるものと思われる。

そのようなわけで、『心経』はわざわざ取り上げるべき経典かどうか、疑問ではある。しかし、ポピュラーであるということとともに、「無」を繰り返す否定のインパクトは、やはり強烈である。それ故、ここでは『心経』を手がかりとして、他の経典や論を参照しながら、「空」の問題に迫ることにしたい。

まず、『心経』全文とその訳を提供しておこう。訳には仮に段落を切って、番号を付ける。また、原漢文のニュアンスを生かすために、やや生硬な訳とするが、細かい意味にはこだわらなくてもかまわない。

観自在《かんじざい》菩薩《ぼさつ》。行深般若波羅蜜多時《ぎょうじんはんにゃはらみったじ》。照見五蘊皆空《しょうけんごうんかいくう》。度一切苦厄《どいっさいくやく》。舎利子《しゃりし》。色不異空《しきふいくう》。空不異色《くうふいしき》。色即是空《しきそくぜくう》。空即是色《くうそくぜしき》。受想行識亦復如是《じゅそうぎょうしきやくぶにょぜ》。舎利子《しゃりし》。是諸法空相《ぜしょほうくうそう》。不生不滅《ふしょうふめつ》。不垢不浄不増不減《ふくふじょうふぞうふげん》。是故空中《ぜこくうちゅう》。無色《むしき》。無受想行識《むじゅそうぎょうしき》。無眼耳鼻舌身意《むげんにびぜっしんい》。無色声香味触法《むしきしょうこうみそくほう》。無眼界《むげんかい》。乃至無意識界《ないしむいしきかい》。無無明《むむみょう》。亦無無明尽《やくむむみょうじん》。乃至無老死《ないしむろうし》。亦無老死尽《やくむろうしじん》。無苦集滅道《むくしゅうめつどう》。無智亦無得《むちやくむとく》。以無所得故《いむしょとくこ》。菩提薩埵《ぼだいさった》。依般若波羅蜜多故《えはんにゃはらみったこ》。心無罣礙《しんむけいげ》。無罣礙故《むけいげこ》。無有恐怖《むうくふ》。遠離《おんり》〔一切《いっさい》〕顛倒夢想《てんどうむそう》。究竟涅槃《くきょうねはん》。

三世《さんぜ》諸仏《しょぶつ》。依《え》般若波羅蜜多《はんにゃはらみった》故《こ》。得阿耨多羅三藐三菩提《とくあのくたらさんみゃくさんぼだい》。故知《こち》般若波羅蜜多《はんにゃはらみった》。是大神《ぜだいじん》呪《しゅ》。是大明呪《ぜだいみょうしゅ》。是無上呪《ぜむじょうしゅ》。是無等等呪《ぜむとうどうしゅ》。能除一切苦《のうじょいっさいく》。真実不虚故《しんじつふここ》。説般若波羅蜜多《せつはんにゃはらみった》呪《しゅ》。

即説呪曰《そくせつしゅわっ》。

掲帝《ぎゃてい》　掲帝《ぎゃてい》　波羅掲帝《はらぎゃてい》　波羅僧掲帝《はらそうぎゃてい》　菩提僧莎訶《ぼじそわか》

般若波羅蜜多心経《はんにゃはらみったしんぎょう》

『般若心経・金剛般若経』（中村元・紀野一義訳註、岩波文庫）より引用。一部修正。

①観自在（＝観音）菩薩は、深い般若波羅蜜多を行じた時、五蘊《ごうん》（色《しき》・受・想・行・識の五つの要素）は皆空であると照見して、一切の苦厄を済度された。

②舎利子（シャーリプトラ）よ、色（物質的要素、現象的な事物）は空と異ならず、空は色と異ならず、色は即《すなわ》ち空であり、空は即ち色である。（精神的要素である）受・想・行・識も同様である。

③舎利子よ、これら諸法は空のすがたをしていて、生ぜず、滅せず、垢《けが》れず、浄《きよ》くもなく、増さず、減らない。それ故、空の中には（五蘊の）色もなく、受・想・行・識もない。（六つの器官である）眼《げん》・耳《に》・鼻《び》・舌《ぜっ》・身《しん》・意《い》もなく、（それらの対象となる）色・声《しょう》・香・味・触《そく》・法もなく、眼界（眼の対象領域）から意識界

もない。（十二縁起の）無明《むみょう》もないし、無明が尽きることもない。（十二縁起の他の項目も同様であり）老死もなく、老死が尽きることもない。（四諦の）苦・集・滅・道もない。智もなく、（悟りを）得ることもない。

④得ることがないから、菩提薩埵《ぼだいさった》（菩薩）は、般若波羅蜜多に依《よ》るのであるから、心に罣礙《さまたげ》がない。罣礙がないから、恐怖がなく、一切の顚倒《てんとう》した夢のような想念を遠く離れ、究極の涅槃《ねはん》に達する。（過去・現在・未来の）三世の諸仏も般若波羅蜜多に依るが故に、阿耨多羅三藐三菩提《あのくたらさんみゃくさんぼだい》（この上ない完全な悟り）を得たのである。

⑤それ故に、般若波羅蜜多は偉大な神秘的な呪であり、偉大な智慧《ちえ》の呪であり、無上の呪であり、等しいもののない呪である。一切の苦を除き、真実であって、虚偽ではないから、般若波羅蜜多の呪を説くのである。即ち、呪を説く、

掲帝《ぎゃてい》　掲帝《ぎゃてい》　般羅《はら》掲帝《ぎゃてい》　般羅《はら》僧掲帝《そうぎゃてい》　菩提《ぼじ》僧莎訶《そわか》

段落に従って見ると、以下のような展開になっていることが分かるだろう。

①観自在菩薩に託して、般若波羅蜜多の行により「空」が体得されることを説く。

②「空」と「色」などの諸要素の一体性。

③否定的表現により「空」を示す。

④「空」の実践性とそれによって到達する境地。
⑤般若波羅蜜の呪。

まず①では般若波羅蜜多（＝般若波羅蜜）によって「空」の真理が明らかにされる。このことは、すでに述べたとおりである。その「空」の理論的側面を明らかにしたのが、②と③である。そこでは、②で「色即是空、空即是色」と言われるように、現象的な世界と「空」の一体性を言う肯定的な表現がなされる一方、③では事物の現象的なあり方がすべて「不」や「無」によって否定されている。その上で、④で「心に罣礙がない」という「空」の実践的側面が示され、それによって到達される完全な悟りの境地が述べられる。⑤の呪は、「往《い》ける者よ、往ける者よ、彼岸に往ける者よ、彼岸に全く往ける者よ、さとりよ、幸あれ」（中村元・紀野一義訳）の意とされ、悟ったもの（＝仏）への賛美と考えられるが、意味よりも、「空」を体得する般若波羅蜜の力を呪として示したものと考えられる。

ここで、理論的な解明をしている②③についてさらに見ると、端的な肯定である②と端的な否定である③とはまったく矛盾しているように見える。その関係はどうなるのであろうか。『心経』だけではそのあたり必ずしもはっきりしない。もう少し他の経論を使って検討することにしよう。

二　否定と肯定のたわむれ――『金剛般若経』

Ⅰ「即非の論理」

般若経典で肯定と否定が矛盾しながら結びつくことをもっとも端的に指摘したのは、近代の禅思想家鈴木《すずき》大拙《だいせつ》であった。大拙は『金剛般若経《こんごうはんにゃきょう》』（以下、『金剛経』）の根幹をなす論理構造を「即非の論理」と名づけた。『金剛経』というのは、『心経』ほどではないものの、般若経典の中では比較的短いもので、『八千頌般若経』よりも古い成立と見る説もある。東アジアでは鳩摩羅什《くまらじゅう》訳が多く用いられ、禅宗で重要視される。さて、大拙は「即非の論理」を次のように定式化した（鈴木大拙『日本的霊性　完全版』）。

Aは Aだというのは、
Aは Aではない、
ゆえに、Aは Aである。

これはいささか煩雑《はんざつ》なので、もっと簡略には「Aは Aでない、ゆえにAである」と定式化することができる。「色即是空」の肯定と「不」「無」の否定が同居する『心経』の構造も、基本的にいえば、この「即非の論理」を踏襲しているものといえる。

そうすると、これは明らかに矛盾律を犯している。論理学の大原則によると、「AはAである」という同一律は、「Aは非Aでない」という矛盾律と同等であって、それを否定して「Aは非Aである」と言ってしまうと、そもそも推論もできなくなるし、議論も不可能となる。「山は山でない。だから山である」などといっても、それこそわけのわからない禅問答だ。もちろん大拙の言いたいことは、その禅問答が決してわけのわからないことではなくて、そこにこそ宗教の本質があるということだ。

もっとも、あえて禅問答を持ち出さなくても、それほど論理学の法則通りに世界が動いているわけではないことは、今日ではむしろ常識になりつつある。「私は私であり、私以外の何ものでもない」という「私」のアイデンティティは、今日ではだいぶ危なくなってきて、それほど自信をもって言えなくなってきた。だから、「即非の論理」もそんなに違和感なく受け入れられるかもしれない。もっとも、あんまりすんなり「即非の論理」を認めてしまっても、何でもありの無責任でアナーキーなことになってしまうだろう。

ところで、実際に『金剛経』を読んでみると、それほどきれいに「即非の論理」が用いられているわけではない。とりわけ、経典の古層に属するはじめのほうでは、その定式化は不十分である。例えば、こう言われている。

諸《もろもろ》の菩薩《ぼさつ》たちは次のように心を統御しなければならない、「すべての衆生たち（中略）を、私は皆、残余のない涅槃《ねはん》に入らせ救済した。このように無数無辺の衆生たちを涅槃に入らせたが、実際には涅槃に入った衆生はいない」と。なぜならば、須菩提《しゅぼだい》よ、もし菩薩に、我とか、人とか、衆生とか、生命をもつものという観念があれば、菩薩ではないからである。

ここでは、カギ括弧の中が「即非の論理」に近い構造になっている。つまり、ここは、「菩薩が衆生を涅槃に入らせるということは、菩薩が衆生を涅槃に入らせることではない。それ故、菩薩が衆生を涅槃に入らせるのである」と言っても、それほど大きく食い違ってはいないであろう。A＝「菩薩が衆生を涅槃に入らせること」と解すれば、「AはAでない、故にAである」という「即非の論理」に合致することになる。

これだけだと禅問答的なナンセンスになりそうだが、その後に、種明かし的にその理由が述べられている。つまり、菩薩には「我とか、人とか、衆生とか、生命をもつものという観念」がないから、「衆生を涅槃に入らせる」ということも成り立たないというのである。

このように理論的に説明されると、「即非の論理」などと神秘めかして言うまでもなく、そんなに難しいことを言っているわけではないことが分かるだろう。「観念」（相）というのは、対象を固定して執着することと解することができる。従って、ここで言われているのは、菩薩は衆生を導いて涅槃に入らせるけれども、その衆生に対して執着しない、ということである。論理的に言えば、もし衆生の存在が固定的なものであれば、衆生の存在に変化はありえないことになって、救済の可能性はなくなってしまう。あるいは、初めから素質や能力に差別をつけてしまえば、だめな衆生ははじめからだめと切り捨てることになる。

衆生という固定観念がないから、そこに可能性が生まれることになる。誰それだから、と特別視することもなく、衆生を救済したからといってそれを誇ることもないのが菩薩の理想である。『心経』でいえば、「心に罣礙がない。罣礙がないから、恐怖がなく、一切の顚倒した夢のような想念を遠く離れ、究極の涅槃に達する」と言われるように、心に障碍《しょうがい》のないことが言われている。

一応、こんなところが公式的な説明であるが、はたしてそううまくいくだろうか。あくまでそれは理想であるかもしれないが、現実にはなかなかそうはうまくいかない。もっともそれを目指して進むのであって、そういう理想がなければ、そもそも目標がないではないか、ということになるかもしれない。大拙の言葉を借りれば、日常的な「感性的直感」から、宗教的な「霊性的直感」に至る大転換がそこにあるのであって、だからこそ、日常的な「感性的直感」は一度否定されなければならない、ということになるのであろう。

じつは『金剛経』において、「即非の論理」は何にでも適用されるわけではない。例えば、「我とか、人とか、衆生とか、生命をもつものという観念」には、「即非の論理」は適用されない。「我（＝自我）が我であるのは、我が我でないからである。それ故に、我は我である」とは言われない。何故《なぜ》ならば、「我」は仏教では否定されるべきものであるからである。それは原始仏教において「無我」の原理として立てられ、大乗仏教においても、さまざまな問題は孕《はら》みつつも、基本において踏襲されているからである。まさにそれが「空」と呼ばれることである。もっとも興味深いことに、『金剛経』には「空」という言葉はまったく使われていない。

ここで原始仏教に戻って、その原理を簡単に説明しておこう。それは、苦・無常・無我・涅槃という四つの中心原理を立てるのが分かりやすい。この世界を「苦」と見、その原因を、万物が変化するという「無常」に求める。なぜ万物が変化するかというと、万物の根底には不変の本質（我）がないからであり、それが「無我」の原理となる。しかし逆に言えば、万物が変化するからこそ、「苦」から脱し、理想状態である「涅槃」（＝楽・幸福）に達する可能性も生まれる。なぜ同じ「無常」から「苦」と

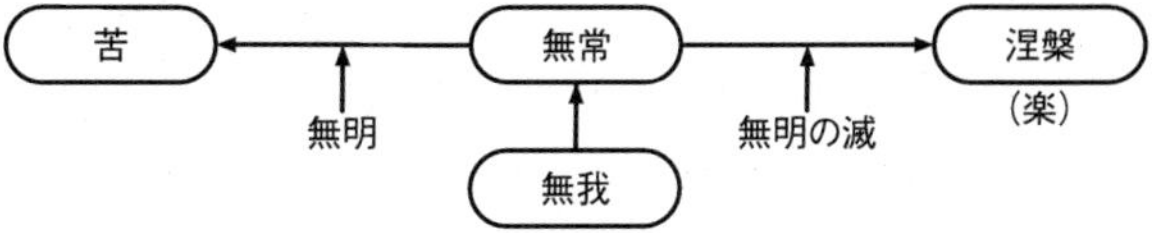

原始仏教の中心原理の相関

「涅槃」という逆の結果が生まれるのかというと、変化するのにその変化を認めようとせずに執着するから「苦」が生ずるのであり、その執着（貪愛《とんあい》）の根源はさらに、無常・無我に対する無知である「無明」に求められる。

「無明」から「苦」が生まれる過程が十二縁起として整理されている。逆に、その「無明」を滅すれば「苦」もなくなり、それが「涅槃」の理想状態である。このように、「無我」であり、事物に固定した本質がないということは、万物の変化が原因・結果の鎖によって生ずることを意味するのであり、「縁起」と同義であるといわれる。「苦」の状態を認識し（苦諦《くたい》）、その原因を縁起に従って求め（集諦《じったい》）、その逆に「苦」を滅するにはどうすればよいかを知り（滅諦《めったい》）、その具体的な実践法を提示する（道諦《どうたい》）のが、四諦《したい》である。

以上、駆け足で原始仏教の原理をざっと見渡した。ただし、あくまで僕なりに解釈を加えて整理したもので、実際にこのようにきれいにいくわけではない。例えば、「無常」が「涅槃」というプラスの方向に向かうということは、原典でははっきりとは言われていない。また、「無我」や「涅槃」は教理的に大きな問題を含む。その一端には第一章でも触れたが、問題が複雑になるので、ここでは深く立ち入らない。以上のことを図式化して示すと、前頁の図のようになる。

「空」は基本的に言えば、この「無我」の原理の展開である。「空」とは不変の本質がないことであり、だからこそ、そこに執着から離れた自由な活動があり、悟りの理想に向かう積極性が生ずる。『金剛経』では、基本的に「即非の論理」によって肯定されるのは、原始仏教や初期大乗仏教において認められた実践であり、その点では必ずしも新しいことを言っているわけではない。それは、部派によって原始仏教の教説が固定化し、形骸《けいがい》化したことへの批判であり、その点では原始仏教への回帰を目指すものと言ってもよい。固定化・形骸化を否定し、その否定を通して、もともとの実践性を肯定的に回復すると考えれば、否定→肯定という「即非の論理」も納得しやすい。

Ⅱ　否定の徹底

ところで、その「即非の論理」が成り立つためには、「我とか、人とか、衆生とか、生命をもつものという観念」は全面的に否定のみで肯定に戻ることがないが、それだけではない。

これらの諸の衆生には、我とか、人とか、衆生とか、生命をもつものという観念はなく、真理という観念もなく、真理でないという観念もない。（中略）それ故《ゆえ》に如《にょ》来《らい》はいつもお説きになった、「お前たち比丘《びく》よ、私の説法は筏《いかだ》のようなものだと知る人は、真理を捨てなければならない。ましてや真理でないものはいうまでもない」。

ここでは、真理とか真理でない（非真理）ということも否定されている。「筏のようなもの」というのは、筏はあくまで川を渡るためのもので、渡り終わったら無用になる。それと同じように、ブッダの教えもあくまで悟りに至るための手段であって、悟りに至ればもう用はないというのである。

こうなると、「即非の論理」のように、否定を通して肯定に至るというのではなく、肯定であれ、否定であれ、すべては悟りに至る手段であって、最終的には肯定も否定もみな捨て去られることになる。肯定と否定とは、言語で表現される二項対立であり、その点では同次元のことである。本当の悟りはそのような言語を超えた境地でなければならない。そうして求められる最終的な境地もまた、あえて呼べば、「空」としか呼びようがない。

こうして、「空」には二つの意味があることになる。一つは、原始仏教の「無我」

を継承するもので、固定的な本質（我）を否定し、そのことによって執着を去り、原始仏教の実践性を取り戻そうとするものである。もう一つは、そうした実践の道も含めて、言葉による説明をすべて否定した悟りの体験そのものである。前者は否定を通してふたたび肯定に戻ってくる。しかし、後者は、否定をさらに突き抜けて、否定をも否定してもう一段上のレベルに跳び出してしまうのである。

　肯定に戻る否定と、否定をも否定する否定と——それは『心経』において、「色即是空、空即是色」という肯定に戻っていく方向と、「不生不滅、不《ふ》垢《く》不浄《ふじょう》」以下、「不」と「無」によって、徹底的に否定を連ねていく方向とに対応する。その二つの側面はまったく別物というのではない。肯定と否定とは表裏にぴったりくっついて緊張関係にある。「色即是空、空即是色」の「即是」は、単に肯定に戻るだけではなく、その中に否定を含みこんでいる。

　僕たちの日常は、一見それ自体で成り立っているように見えながら、じつはその裏に常に否定が貼《は》り付いている。安全で安穏に見える日常は、得体の知れない非日常とじつはコインの裏表になっているのだ。「空」とはまさにその重層性をそのまま言い留《とど》めようとしたものではないのか。「空」の強力な否定性は他者をも無化し、その存立を許さない。だが、それでもその無化の中になお他者は立ち顕《あら》われる。徹底的に逸脱し、無化してゆく中に放り出されながら、その中で異形の他者と出会うとき何が生まれるのか。それこそが、僕たちが直面している裸形の事態なのだ。

三　否定の論理――『中論』

『金剛経』においては、実践的な立場から、否定と肯定との関係が述べられ、「即非の論理」といいながらも、むしろ直感的なものであって厳密な論理というわけではない。それをより精密に論理化し、哲学的な議論に耐えうるようにしたものが二―三世紀の大学者竜樹の『中論《ちゅうろん》』である。『中論』は「空」の問題を言語と存在という次元において突きつめようとする。『中論』の冒頭の序には、「八不《はっぷ》」といって、八つの否定が提示されている。

生じもせず滅しもせず　永遠でもなく断絶もしない
一つでもなく異なるのでもなく　来たりもせず出てゆくこともない
（仏は）このような因縁（縁起）を説くことができ　言語分別を滅することができる
私は仏に礼したてまつる　諸の説の中の第一である（方に）

「八不」は、不生・不滅・不常（永遠）・不断（断絶）・不一・不異・不来・不出である。こうしてまず否定が繰り返される。「即非の論理」が否定と肯定のダイナミズムを提示していたのに対して、ここではよりラディカルに正面から否定がぶつけられる。それはすべてを否定するニヒリズムなのであろうか。竜樹はほとんど過激といってよいくらい厳しく、詭弁《きべん》とすれすれの論法を駆使して、我々の常識に挑戦する。しかし、それが「言語分別を滅すること」と言われるのは分かるとしても、「因縁」と呼ばれるのはなぜであろうか。

ともあれまず、第一章の最初を見てみよう。第一章はまさに「観因縁品」と名づけられ、因縁（縁起）に挑戦する。

諸法は自より生ぜず
また他より生ぜず
（自と他の）共同（から生ずるの）でもなく、原因がないのでもない
それ故にものが生ずることがないと分かる

もしAというものがA自体から生ずるとしたら、Aははじめから存在したことになって、いまはじめて生じたとは言えない。ところが、AがBという別のものから生ず

ることもありえない。なぜならば、Bはあくまで Bであって、そこにはAの本質は存在しないからである。AとBの結合からAが生ずることもないし、まして、原因なくしてものが生ずるはずもない、というのである。これは奇妙な論法である。縁起の理法からすれば、存在するものは生じては滅するはずである。ところが、ここではものが生ずるということを否定してしまっている。これでは、因縁の否定になってしまうのではないだろうか。

次の第二章では、同様の論法で、過ぎ去るという運動を否定する。

すでに去ったものは去ることがない
まだ去らないものも去ることはない
すでに去ったこととまだ去らないことを離れて
去りつつある時もまた去ることがない

過去のものはもはや現在において過ぎ去るということはない。未来のものはまだ現前していないのだから、いまここで過ぎ去るということはない。しかし、過去と未来から切り離された一瞬間の現在だけでは、過ぎ去るという運動は成り立たない。従って、過去・現在・未来のどこを取っても運動は成り立たないというのである。

また、同じ章では、過ぎ去るという運動を、「過ぎ去るもの」と「過ぎ去ること」に分けて、運動の不可能性を論証している個所もある。「過ぎ去るもの」は「もの」であるから、そこに「過ぎ去る」という運動は含まれていない。他方、「過ぎ去るもの」がなくて、ただ「過ぎ去ること」だけがあるはずがない。それ故、「過ぎ去るもの」においても「過ぎ去ること」においても過ぎ去る運動は成り立たないというのである。

このような論法は、「飛ぶ矢は飛ばない」とか、「アキレスは亀に追いつけない」といった古代ギリシャの哲学者ゼノンの論法を思い起こさせる。飛んでいる矢もある一瞬間をとれば、一定の空間を占め、そこに静止している。どの一瞬間をとっても同様であり、従って矢はずっと静止しているはずだというのである。また、足の速いアキレスが足の遅い亀を追いかけたとして、アキレスが亀のいたところまで到着すると、亀はどんなに遅くても少し先に進んでいる。そこでまたアキレスが亀のいるところまで行くと、亀のほうもまた少し進んでいる。これもまた無限に続くから、アキレスは亀に永遠に追いつかないことになる。何だかいかにも詭弁的だが、ゼノンはその論法によって、あたかも運動があるかのように見える現象世界を否定し、師のパルメニデスが提出した不動の存在の唯一《ゆいいつ》性を主張したのである。

竜樹の場合もまた、論法こそ少し違うが、それに似ていて、運動や因果を否定しているように見える。ところが、先に触れたように、序《じょ》で竜樹は仏を「因縁を説くこと」ができたと言っている。それは矛盾しているかのように思われる。どうして運動や因果を否定するような論法から、「因縁を説くこと」ができるのであろうか。

ゼノンの論法について、僕たちは裏返しの態度を取ることができる。ゼノンは論理を現実に優先させ、論理に背く現実のほうを否定した。しかし、現実にものが生じ、あるいはものが運動して過ぎ去っていくことを僕たちは目《ま》の当たりにしている。そのことはどうにも動かせないことではないのか。そうだとすれば、ゼノンとは逆に、そのような現実と相反する論理のほうがおかしい、と考えることもできるはずだ。

どうやら竜樹の言いたいことはそちらのようである。その論法は、相手の前提に従うと奇妙な結論が出ることを指摘して、それによって相手を論破しようという、いわゆる帰謬法《きびゅうほう》に近いもので、それによって相手の論理の前提が間違っていたことを証明するのである。竜樹が論破しようとした部派のアビダルマの立場では、それぞれの存在の要素は固定した本質を持つ独立の実在と考えられるが、そう見ると相互の因果関係が成り立たず、物の運動さえも認められないことになってしまう。それではおかしいではないか、というのが竜樹の言いたいことである。運動もまた、過去の「去ったこと」と現在の「去るということ」と未来の「まだ去らないこと」が、固定して動かないものであれば、それこそ運動などありえないおかしなことになってしまう。

そうだとすると、竜樹の立場は、部派による原始仏教教理の固定化に対して、もう一度原始仏教の現象主義的な「無我」の立場を取り戻そうとするものであり、その点で『金剛経』などとまったく同じことになる。現象の世界においてはじめてものの生成や運動を認めることができるのであり、その根底に何らかの固定的な実在を想定すると、生成や運動が成り立たなくなるというのである。

このような実在のことを「自性《じしょう》」と呼ぶ。自性というのは、それ自体で存在し、他に依存しないような実体、あるいは物の本質のことで、竜樹の立場は、そのような自性を否定する無自性の立場と呼ばれる。無自性であって、はじめてものは相互に関連しあい、縁起ということも成り立つ。それ故、無自性の立場は原始仏教の「無我」や縁起の思想を新たに哲学的に捉《とら》え直したものであり、そのことをまた「空」とも言うのである。

それはまた「かりに設定されたもの」（漢訳は「仮《け》」）とも言われる。「かりに設定されたもの」は、具体的には言語による設定を意味する。ものの区別は言語との関係において成り立ち、それを離れて実在としてあるわけではない。例えば、手許《てもと》にある本が本として認識されるのは、「本」という言葉に対応することによるもので、その言葉を離れて何か「本」という実体があるわけではない。当たり前のことのようであるが、哲学的にものを考えていくと、このような実体論的な考え方に陥りやすい。西洋の哲学では、概念に対応する対象が実在するという実念論と、それを否定して言語に対応する実体はないとする唯名論の論争が長い間行なわれたが、仏教は基本的に唯名論の立場に立つ。

無自性の立場は、このような哲学的な議論の地平だけに位置するものではない。それは原始仏教の実践主義の立場を取り戻すことを目的としている。この点もまた、『金剛経』における「我」の否定に連なるものである。

我々がものに執着するのは、それが言葉に対応して設定された現象であることを忘れ、その対象があたかも永遠の実在性を持つかのように考え、それを他のものとの関係から切り離して、他のものは変わっても、それだけは変わらずに所有していたいと考えるからである。そのような執着の典型が自分自身に対する執着に他ならない。死すべき無常の存在で、永続的な自性を持たない自分自身を、あたかも何か永続的なもののように考えるところから、自己に対する執着が生じ、苦しみが生ずる。無自性の立場は、そのような執着の対象となるような永続的な存在がないことを正しく知り、それによって執着をなくし、苦なる状態を脱しようとするのである。

四 「空」とは結局何なのか

以上のように竜樹の思想を見るとき、それでは彼が最終的に求めたのは何だったか、ということが問題となる。この点に関して注目されるのは、『中論』第二十四章に説かれている二つの真理（二諦《にたい》）説である。二つの真理というのは、第一義諦（真諦《しんたい》）と世俗諦（俗諦《ぞくたい》）である。第一義諦というのは根本の真理であり、世俗諦というのは第一義諦を説明するための言語表現である。その関係について、『中論』第二十四章では次のように言われている。

もし世俗の真理（俗諦）に依らなければ第一義（諦）を得ることができない
第一義（諦）を得ることができなければ涅槃《ねはん》を得ることができない

世俗諦によらなければ第一義諦は把握されないと言うが、最終的に第一義諦そのものがどのように把握されるかは何も言っていない。そこで解釈が分かれることになる。一つの解釈は、第一義諦といっても俗諦としての言語を超えたところに何か特別なものがあるわけではなく、「空」、すなわち無自性の立場が正しく理解され、それに従って修行が行なわれればよいとするものである。もう一つの解釈は、そのように言語で説明できる秩序だった理論や修行を超えて、第一義諦としての悟りの体験があるはずだ、とするものである。

竜樹自身はこの問題に関してこれ以上のことは言っておらず、二諦説をめぐってはその後さまざまな議論が展開することになる。しかし、理論的にはともかく、実際の信仰や実践の場においては、何か言語を超えた体験を求めようという方向がどうしても強くなる。

「空」が縁起であり、無自性であるとすれば、それを超えるものは想定されていないが、実際には何か「空」という特定のものが体験されるように考えられることが少なくない。『中論』のはじめの「八不」で言えば、「不生不滅」等で表現されるのは、単なる否定ではなく、そのような二元対立を超えた何かの実在を指示すると見ることもできる。そうなると、これは新たな実在論へと導く可能性も出てくる。それは一種の神秘主義とも言うべきものに近くなり、密教などはその方向を強く推し進めることになる。

このように見てくると、「空」と一口に言っても、その解釈にはかなり大きな幅があることが分かる。「空」は曖昧模糊《あいまいもこ》として、「一切皆空」と言えば、何をしようがすべて許されることになりかねない。実際、東アジアでしばしば用いられた懺悔《さんげ》の方法は、すべての罪障の「空」を観ずることによって、罪を滅するというものである。また、「第一義諦」と「世俗諦」の二重性は、しばしば仏教者に都合のよい二枚舌の弁明として使われるようになった。どんなに世間に妥協しようが、あくまで「世俗諦」の範囲だと言えば、それで認められてしまう奇妙な論理も横行した。

しかし、「空」を俗流化した「何でもあり」の無責任主義に貶《おとし》めてしまうのは、あまりにもったいない。『中論』のインパクトも、やはりその否定的表現の強烈さにある。それが言外に何か肯定的なものを含むかどうかまで考える必要はない。そのことは、再び『心経』に戻っても同じである。そこでも言われている「不生不滅」以下の「不」や「無」は、無限の底なしの否定へと引きずり込む。その無限の底なしの否定と逸脱の中から「三世の諸仏」が立ち顕《あら》われる。そこでは、「即非の論理」のように、否定→肯定というきれいな転換さえも成り立たない。『心経』の短い中に含まれたものは、やはり並ではないようだ。

第五章　心の中の地獄と仏——智顗『摩訶止観』

一　仏教の中国伝来と定着

インドの仏教には、唯識《ゆいしき》とか密教など、まだ取り上げなければならない重要な思想動向があるが、そろそろ中国へと進むことにしよう。

東アジアの仏教の大きな特徴は漢文の仏典を基にして展開しているところにある。漢文仏教圏は中国だけでなく、朝鮮・日本・ベトナムに広がり、スリランカから東南アジアに広がったパーリ語仏教圏、チベット・モンゴルなどに広がるチベット語仏教圏とともに、三つの大きな仏教文化圏を形成している。インド大乗仏教ではサンスクリット語が用いられていたが、インドで仏教が滅亡したため、サンスクリット語仏教圏は消滅してしまい、従ってサンスクリット語仏典はまとまった形でのセットが現存しない。

本書ではインドの仏典も漢訳を用いて、あくまで東アジアの漢文仏教圏につながっていくという観点から読み込んできた。しかし、中国の仏典に移るにあたって、異なる文化圏に仏教が導入され、定着することの意味について、ここで改めて少し考えてみたい。

仏教が中国に伝来したのは、シルクロードを通る陸路と、南方経由の海路の二つの経路があるが、何と言っても前者が圧倒的に多く、とりわけ初期にはほとんどすべてシルクロード経由である。紀元一世紀には仏教は中国に伝わったが、最初は主に西域の人たちが信仰する奇異な宗教に過ぎなかった。それが、次第に経典が漢訳され、漢人の中にも信者が出るようになるとともに、経典を基にして漢人の間でも仏教の実践が行なわれ、また哲学的な議論が交わされるようになってきた。こうしてはじめて仏教は中国の思想宗教の問題として深く浸透していくようになるのである。

仏典の翻訳には通常三つの段階があるとされる。古訳・旧訳《くやく》・新訳である。大まかに言えば、古訳は後漢から西晋《せいしん》まで（二世紀―三一六）、旧訳は東晋《とうしん》から隋《ずい》まで（三一七―六一八）、新訳は唐以後（六一八―）の訳である。

①古訳時代――安世高《あんせいこう》・支婁迦讖《しるかせん》らの訳者が翻訳に従事したが、まだ試行錯誤の段階

で、その訳文は読みにくく、また、西域から来た僧が暗記していたり、持っているものを訳していったので、必ずしも本格的な経典や論書が体系的に翻訳されたとはいえない。受容する際に、儒教や道家のような中国の古典の用語や思想を使って理解しようとしたため、偏《かたよ》った理解に陥りがちであった。

②旧訳時代——訳語が工夫されて急速に読みやすくなるとともに、仏教の根本思想が本格的に紹介され、理解されるようになった。鳩摩羅什《くまらじゅう》（三五〇—四〇九）を代表とする。羅什は『法華経《ほけきょう》』などの主要な大乗経典を翻訳するとともに、『大智度論《だいちどろん》』『中論《ちゅうろん》』などの論書を翻訳して大乗仏教の「空」の哲学を本格的に紹介した。その弟子には僧肇《そうじょう》など優秀な仏教者が集まり、「空」の哲学を中国に根付かせることになった。また、『華厳経《けごんきょう》』などの大きな経典もこの時代に翻訳された。

③新訳時代——玄奘《げんじょう》（六〇二—六六四）を代表とする。玄奘は、『大般若経』のような大きな叢書《そうしょ》を翻訳するとともに、『大毘婆沙論《だいびばしゃろん》』『倶舎論《くしゃろん》』のようなアビダルマ論書や『成唯識論《じょうゆいしきろん》』のような唯識の論書を翻訳した。その訳は正確さを旨《むね》としたため、羅什訳のような漢語としての美しさを犠牲とすることになった。玄奘の訳したものの中では、とりわけ『成唯識論』による唯識説の紹介が大きな影響を与えた。玄奘の他に、善無畏《ぜんむい》・金剛智《こんごうち》などにより密教経典も翻訳された。翻訳活動は宋《そう》代まで続くが、新しい訳経への関心が次第に減じ、訳経活動も衰えることになった。

新訳時代に訳されたものでも重要なものは多いが、例えば唯識説にしても、当時大きな反響はありながらも、その流れは間もなく衰退してしまう。むしろ旧訳時代の経論のほうが長く親しまれることになった。旧訳時代の経論に基づく理論は六朝《りくちょう》末期から隋代に大成される。その時代の仏教思想の頂点に位置するのが、隋の三大法師といわれる慧遠《えおん》・吉蔵《きちぞう》・智顗《ちぎ》の三人である。慧遠は地論学派という一派の流れを受けながら、膨大な注釈書や体系的な理論書を著わし、吉蔵は「空」の思想に基づく三論学派を完成させた。このふたりが理論に偏っていたのに対して、理論と実践の両方を統合しようとしたのが、ここで取り上げる智顗（五三八—五九七）であった。

二　禅と止観

智顗《ちぎ》は、天台大師とも言われるように、天台宗の祖として、中国のみならず、日本の仏教にも大きな影響を与えてきた。智顗の師である慧思《えし》は『法華経』に基づいて独自の法華三昧《ほっけさんまい》という修行法を開発して悟りを開いたといわれる。高僧として中央で活躍することもなく、一種の民間の修行者として活動し、その過激な言動はしばしば迫害を招いたという。智顗はその慧思に師事し、二十三歳のときに大蘇山《だいそざん》（河南省）で悟りを開いた。その後、一時期南朝の陳の都金陵《きんりょう》で活躍したが、やがて天台山（浙江《せっこう》省）に籠《こも》って再び学問と修行に専念した。その後、隋の統一（五八九）後、皇帝の帰依《きえ》も受けたが、驕《おご》ることなく、また天台山に戻り、最期《さいご》まで実践者として修行に励んだ。後に日本の天台宗を開いた最澄《さいちょう》が比叡山に籠って厳しい修行に励んだのも、このような智顗の実践を見習ってのことであった。また、天台山は天台宗の聖地として、日本から中国にわたった僧たちが憧《あこが》れ、訪れる地となった。

智顗の主著は『法華玄義《ほっけげんぎ》』『法華文句《ほっけもんぐ》』『摩訶止観《まかしかん》』の三つで、天台三大部といわれる。各十巻で計三十巻に上る大きなものである。そのうち、はじめの二つが『法華経』解釈に関わるものであるのに対して、『摩訶止観』は実践法の体系化を試みたものとして注目される。ただし、これらはいずれも智顗自身が筆を執った著作ではなく、門人の灌頂《かんじょう》が筆録した講義録である。智顗自身の著作も数多いが、この三書が智顗の理論と実践の両面をもっともよく表わしたものとして、後世広く研究されることになった。とりわけ中国天台六祖の湛然《たんねん》（七一一―七八二）が三大部に関する詳しい注釈を著わして、後の解釈の基準を作った。

ここでは、その中でも実践を説く『摩訶止観』を中心に見ていくことにしよう。『摩訶止観』の「摩訶」はサンスクリット語の「マハー」の音写で、「大」ということ。大乗の「大」であるし、もっと一般的に言えば、ここで説かれる「止観」の広大さ、偉大さを意味する。そこで肝腎《かんじん》の「止観」であるが、文字通り「止」と「観」からなる修行法である。「止」は、外界の動きに左右されて落ち着かない心のはたらきを止めて、精神を安定させることである。それに対して、「観」はそのように安定させた心で対象に向かい、精神を集中させることである。「止」と「観」は中国にはじまるものではなく、インドの仏教においてもセットとして重視されたものである。

精神を安定させ対象に集中させることは仏教のもっとも根本となる修行法で、戒《かい》・定《じょう》・慧《え》の三学のひとつ、定（サマーディ＝三昧）に当たる。三昧と近い意味で、禅（ディヤーナ）という語も用いられる。中国や日本の仏教で重視される禅の源流はここにある。実は智顗もまた、はじめは自らの実践を「禅」と呼んでいたが、後になって「止観」と呼ぶように変えている。インドの宗教実践として知られる「ヨーガ」もまた、同類の意味を表わす言葉である。

それでは具体的にどのような対象に心を集中させるのであろうか。例えば、アビダルマでも説かれる五停心観《ごじょうしんかん》という五つの観法がある。

1　不浄観――この身や外界の事物の不浄な様子を観じ、貪欲《とんよく》を止める。
2　慈悲観――一切衆生を慈悲の心で観じ、怒りを止める。
3　因縁観――因縁の理を観じ、愚かさを止める。

4　界分別観《かいふんべつかん》――五蘊《ごうん》・十八界などを観じ、物に実体があるという見解を止める。
5　数息観《すそくかん》――呼吸を数えて、乱れた心を止める。

数息観は今日でも坐禅《ざぜん》の際に用いられる。このように特定の対象に精神を集中する瞑想《めいそう》によって煩悩《ぼんのう》を断じ、心を清浄にしていくのである。智顗の止観も基本的にはこのような観法の流れを受け、それを総合するところに成り立つのである。それは、後に発展したいわゆる禅宗の禅が無念無想を重んじ、具体的な対象を思念することを否定し、また、特定の目的を順次に段階的に修行していくことを認めないのと対照的である。

三　心の探求

中国仏教の中にも多種多様な修行法があり、理論的著作がある中で、ここであえて『摩訶止観』を取り上げるのは、それが日本の仏教にも大きな影響を与えているからというだけではない。自らの心を精神集中の対象として、それによって心の本性を深く分析しようとしているからである。自らの心こそ、もっとも身近でありながら、実はもっともわけの分からないものであり、「私」のもっとも近くにある他者である。その心の分析は、インドではアビダルマから大乗の唯識の哲学への展開の中で深められた。唯識哲学における無意識の発見は、仏教の理論の中でももっとも精緻《せいち》なものである。

インドにおける心の探求がきわめて理論的に進められていったのに対して、『摩訶止観』はあくまでも止観の実践の中で、次第に心の構造に分け入っていくところに特徴がある。僕たち自身の日常の心はどのように活動しているのか、それを観察していくと、ごくふつうに当たり前のことと思っていた心のはたらきが、じつは複雑に入り組み、驚くべき姿を明らかにしてくる。それをあたかも現象学者のように観察し、記述していくのである。読者は智顗と一緒にきわめてスリリングな自らの心の解明に立ち会うことになる。

ところで、『摩訶止観』の体系に入る前に、もうひとつ、ここで大乗仏教における心の解明の原点ともいうべき経典の一節に触れておきたい。それは『華厳経』十地品《じゅうじぼん》に出る三界唯心説《さんがいゆいしん》である。十地品は菩薩《ぼさつ》の修行を十の段階（十地）に分けてその進展の過程を示すもので、『華厳経』の中でももっとも重要な箇所であるが、そのうち、第六現前地《げんぜんじ》で三界唯（一）心が説かれる。第六現前地は修行を進めて一応の成果に達した境地であるが、ここでは十二縁起を観察すべきことを説き、その上で、十二縁起はあくまで実体を持たず、その一々の項は縁が集まれば成り立ち、縁がばらばらになればなくなるものだとした上で、

三界は虚妄《こもう》であって　一心の作りだしたものである
十二縁起の各項は皆な心に依《よ》っている

と説いている。三界というのは、欲界（欲望に満ちた領域）、色界（欲望はないが、まだ物質的な要素の残る領域）、無色界（物質的な要素が全《すべ》てなくなった純粋に精神的な領域）の三つで、実質的には全世界というのと同じであるから、この全世界はすべて心の作ったものだということになる。この箇所と並べて重視されるのは、夜摩天宮菩《やまてんぐうぼ》薩説偈品《さつせつげほん》に出る偈である。

心は巧みな画師のようなもので　種種の五陰《ごおん》（＝存在の要素）を描き出す
一切の世界のうちで　造りださないものがない

このような説は唯心論と呼ばれ、文字通り心の外に何もなく、外界も心の作り出し

たものだという観念論を表現したものと解されるが、もともと客観的な意味で外界の実在を否定するわけではない。あくまで瞑想を通して悟りに向かう過程で、心が全世界に開かれていく境地を述べたものと見るべきである。

ところで、心は迷妄によって歪《ゆが》んだ世界像を描き出すのであるが、同時にそのことを正しく知ることが悟りの原点ともなるから、その心は悟りのもとになるとも言える。そこで、以後の展開において、根本になる心を迷いの原理となる心と見るか、それとも悟りの原理となる心と見るか、二つの方向に分かれることになる。前者はいわば悲観論ともいうべきもので、我々の心は常に迷いを生み出し、それを根本的に転換させなければ悟りに至ることはできないとする。後者は楽観論ともいうべきもので、我々の内なる悟りの心を伸ばしていけば、自《おの》ずから悟りに至るとする。

インドにおいて、前者の立場は唯識説として展開し、後者の立場は如来蔵《にょらいぞう》・仏性説として展開する。東アジアでは、如来蔵・仏性系の思想を受けて、全体的に後者の立場が強くなる。その面をもっとも強く展開させるのが中国の華厳哲学で、そこでは「三界唯一心」という場合の心は我々日常の心を超えた絶対的、宇宙的な心と解されるようになる。それに対して、天台の立場ではあくまで我々の日常のありのままの心を見つめ、迷いと悟りの両面を含むものとしての心を解明しようとする。ごく当たり前の日常の心に、地獄と仏の両面を見出《みいだ》そうというところに智顗の深い洞察がある。

四　止観の体系

『摩訶止観』は全十章の構成を取って、きわめて体系的に心の観察を説いていく。

第一章　大意（五節に分けて止観の大意を説く）
第二章　釈名《しやくみよう》（止観という名を解釈する）
第三章　体相（止観の本質と性状）
第四章　摂法《しようほう》（止観に一切の教えや存在を摂《おさ》め取る）
第五章　偏円（止観において偏った立場と円満な立場があること）
第六章　方便（止観を実践するための二十五種の前方便）
第七章　正修止観（正しく止観を実践する）
第八章　果報（止観の結果得られた境地）
第九章　起教《しき》（衆生のために教えを立てる）
第十章　旨帰（最終的な帰着点）

ところが、ここで厄介なのは、実際には第十章まで完全に説いているわけではないということで、第七章の途中までで終わっている。第七章は本書のいちばんの中心となる章で、それだけに本書全体の過半を占めているが、十境《じっきょう》といって十の止観の対象を挙げている。それは以下の通りである。

1 陰入界《おんにゅうかい》（現象世界を対象として日常の心が働いているさま）
2 煩悩（日常の心を観察するうちに激しい煩悩が起こったら、それを対象とする）
3 病患《びょうげん》（修行中病気になったならば、病気についてよく観察し、治療法を知る）
4 業相《ごうそう》（修行中に過去の業の果報が現われることがあるが、それをよく観察する）
5 魔事（修行中に障害となる怪奇な現象があるが、それをよく観察する）
6 禅定《ぜんじょう》（修行中に禅定の境地が出現するが、適切に弁別する）
7 諸見（修行により諸種の知見が身につくが、それを十分に反省する）
8 増上慢《ぞうじょうまん》（修行によって起こる慢心に対処する）
9 二乗（修行の結果、小乗の声聞《しょうもん》や縁覚《えんがく》の境地に達する）
10 菩薩（さらに大乗の菩薩の境地に達する）

そのうち、第七までで終わっていて、増上慢以下が説かれていない。それとともに、それ以後の章、即《すなわ》ち第八章・果報、第九章・起教、第十章・旨帰が説かれていないことになる。このように未完であるが、その先まで説く予定でいたのができなかったというわけではなく、はじめからそこでやめる計画だったようである。増上慢以下と第八―十章は、修行がかなり進んでからはじめて問題になることで、むしろ修行の結果といってよいことである。それ故《ゆえ》、止観の実践段階ではただちに論ずる必要のないことである。智顗はあくまで実践のために必要なことを論じてゆくのであり、抽象的に理論のための理論を論ずるわけではない。その姿勢はきわめて一貫したものであり、ここにもその態度が顕著に現われている。

五　心を見つめる

十境のうち、第一の陰入界（または陰界入）が巻五―七を占め、もっとも中心的に論じられている。陰・入・界は五陰（五蘊）・十二入（十二処）・十八界のことである。五陰は色《しき》・受《じゅ》・想《そう》・行《ぎょう》・識《しき》の諸要素、十二入は眼《げん》・耳《に》・鼻《び》・舌《ぜっ》・身《しん》・意《い》の六つの受容器官とその対象となる色《しき》・声《しょう》・香《こう》・味《み》・触《そく》・法《ほう》、十八界は、十二入にそれぞれの知覚認識に当たる眼識《げんしき》・耳識《にしき》・鼻識《びしき》・舌識《ぜつしき》・身識《しんしき》・意識《いしき》を加えたものである。即ち、陰・

入・界で、外界とそれを受容する精神作用の全体を意味する。

ここで先の『華厳経』の文句が物をいう。即ち、外界の事物もすべて心に拠《よ》るとすれば、外界を対象として精神を集中するよりは、自らの心を対象とするほうが精神を集中しやすいであろう。こうして止観の実践は、何よりも自らの心を省み、心を観察していくことから出発する。それも、何か特別な心ではない日常のふつうの心のありさまである。この点、後の禅宗が心の本性を観ぜよ、などというのとまったく違っている。日常の心は手がかりとしてもっとも手近にあり、誰にでも容易に近づけるはずである。

しかし、いちばん手近にあるものが、本当はいちばん分かりにくく、厄介である。日常の心は外の対象に惹《ひ》かれて、あちらに飛び、こちらに飛び、一瞬とて落ち着かない。それを見極めようとするとき、心の観察者もまた一緒にあちこち散漫に飛び回っていては観察者としての役割を果たせない。観察者はじっと心を集中させて対象の微細な動きを注視しなければならない。だが、観察者と観察される対象が同一の心であるとき、これははなはだ難しい、というか不可能である。なぜならば、心を統一して対象に沈潜するとき、その同じ心が対象であるから、対象である心もまた統一され、集中されることになって、日常の散乱した心とはまったく違ってしまう。それでは日常の心の観察にならないではないか。

ここで思い起こさなければならないのは、智顗が追求しようとしているのは、あくまで宗教的に心を浄《きよ》めて悟りへと向かうことであり、煩悩に満ち、散乱した日常の心を高め、転換していくことが目標である。そこが、自らの心の観察から絶対確実な原理を求めようとしたデカルトや、認識する心の構造を解明しようとしたフッサールのような哲学者の営為と似ていながら、相違するところである。観察される側の心がそれによって純化され、統合されていくとしたら、まさしくそのことこそ目的である悟りに向けて一歩進んだことになる。心を観察し、そのありのままの姿を明らかにしていくことが、そのまま心の迷妄を取り去り、心のステージを高めていくことになる。

しかし、止観を深め、境地を進めていくことについて、智顗の足取りはきわめて慎重である。ともすれば、中国仏教は現世主義的になって禅の頓悟《とんご》のように悟りが身近になると思われがちであるが、智顗はそのように一気に悟りに突き進むという安易な道を取らず、一歩一歩地を踏み固めるように、ゆっくり過ぎるくらいゆっくりと進んでいく。

十境を見ていけば、そのことが理解できよう。陰入界に続いて煩悩《ぼんのう》が取り上げられる。心を自らの心に集中していくとき、決して単純に心が純化されていくわけではない。むしろふだん覗《のぞ》き込むことをしない心の奥底へ沈潜するとき、そこからかえって醜い煩悩が暴発するかもしれない、というよりは、必ずそうなるであろう。そのとき、無理やり煩悩を押さえ込んではいけない。むしろ今度は起こってくる煩悩をしっかりと観察の対象として、それを見きわめていくことによって、はじめて煩悩の呪縛《じゅばく》から少しずつ解放されてゆくのだ。そのことは、今日の精神医学から見ても、きわめて納得のいくことである。

煩悩の次には病気がくる。厳しい修行はともすれば身心の不調を生む。病気になったらどうしたらよいのか。その間は修行を休んで治療に専念すべきであろうか。そうではない。病気もまた得がたい修行の機会である。とはいえ、病気を無視してやみくもに瞑想《めいそう》するというわけではない。きちんと病気の原因を見きわめ、合理的に治療を考えながら、病気に心を集中させよというのである。

このように、心の観察といっても、ある特定の場合だけに限られるわけではなく、その場その場で出会う心のあり方から逃げることなく、そのまま正面から対象として真向かうことが求められているのである。そのことの根底には、日常の心や煩悩、あるいは病気の状態が決して低いレベルのことではなく、実はそのような一見低俗で煩悩に満ちた心の状態を別にして真理はない、という根本的な洞察がある。何か高度な悟りに至ってはじめて真理が顕現するのではない。煩悩まみれのいまの現実こそ真理そのものなのだ。

こう見てくると、一方で煩悩に満ちた心を純化していかなければいけないといいながら、他方で煩悩に満ちた心にこそ真理があるといっていて、何だか矛盾して混乱しているかのように思われるかもしれない。しかし、その矛盾した二重性を自覚的に捉《とら》えていくところに智顗の独創性がある。例えば、智顗は修行に六即《ろくそく》という段階を立てる。

1　理即《り》――仏教に触れる前の段階。しかし、あるがままで真理を具足している。
2　名字即《みょうじ》――仏法を耳にして知的に理解した段階。
3　観行即《かんぎょう》――実際に観心の行を行なう段階。
4　相似即《そうじ》――観心の行によって悟りに相似したところまで至った段階。
5　分真即《ぶんしん》――部分的に無明を破して悟りに達する段階。
6　究竟即《くきょう》――最高の仏の悟りに至った段階。

このように段階を立てていくと、最後の仏の段階にまで至るのはきわめて大変なことであると知られよう。実際、それは恐らく何度も輪廻《りんね》を繰り返してはじめて到達されることになる。しかし、このような段階性とともに、「即」といわれるように、最初の段階から一面では真理そのものに対応している。たとえ仏法を全然知らなくても、最それでもまったく自覚のないままに真理の中に生きているのである。孫悟空《そんごくう》がお釈迦《しやか》様の手のひらから抜け出せないように、真理そのものから抜け出すことはできないのである。

単純に段階性を追う止観のやり方を智顗は「漸次《ぜんじ》の止観」と呼び、それに対して、最初から真理そのものに入り込んでいるような止観のやり方を「円頓《えんどん》の止観」と呼んでいる。天台の名文句として、日本でもしばしば引用されるようになった言葉に、次のようなものがある。

ちょっとした色形や香りであっても、中道(の真理)でないものはない。(一色一香無非中道)

どんなところにも真理は満ち満ちている。要はそれを正しく見ることができるかどうかということだけだ。「ある」ことから、「見る」こと、「知る」ことへ進んでいく中で、次第に質的な転換が遂げられていく。その転換も、実ははじめから真理の中で行なわれていくのである。だからこそ、どんなに歩みが遅くても、焦《あせ》ることなくじっくりと境地を深めていくことができるのである。そこに真摯《しんし》かつ雄大な智顗の真理観を見て取ることができる。

六　日常の心の不可思議

止観の実践は、まず二十五種の予備的な修練から始まる。今その詳細には立ち入らないが、戒律を守り、衣食を整え、閑静なところに住んで、雑務を離れ、よい指導者につくということから、欲望や煩悩を離れて生活を規則正しく行なうように、厳格だがしっかりした日常生活を確立することが要求される。その上で、十境の第一である陰入界の日常の心の観察へと進むのである。その際にも、十乗観法《じゅうじょうかんぼう》といわれるように、十種の方法を立てて、ありとあらゆる方面に細心の注意を払いながら進めている。

こうして智顗は、どんなわずかな日常の心にも、実は複雑な構造が秘められていることを示し、それに心を専注するように求めるのであるが、それを端的に表現したのが一念三千といわれるもので、智顗が示す心の構造の中でももっともよく知られたものである（厳密に言うと、智顗自身がはっきりそのように説いたかどうか疑問が出されているが）。それは次のように定式化される。

一心に十法界を具《そな》えている。一法界がまた十法界を具えて、百法界である。一界に三十種の世間を具えているから、百法界は三千種の世界を具えていることになり、この三千は一念の心の中にある。

まず十法界（十界）であるが、これはすべての生き物が輪廻する六道（六趣）の世界に、何らかの悟りに達した四種の聖者を加えたものである。六道とは、地獄・餓鬼・畜生・修羅・人・天の六つの生存領域である。地獄・餓鬼・畜生は三悪道（三悪趣、三途《さんず》）と呼ばれて、悪行を犯した人が堕《お》ちるもっとも悲惨で苦しい境涯であり、それに対して修羅・人・天は善行を行なった人が生まれる多少は住み心地のよい状況である。いずれにしても六道が輪廻を繰り返す状態であるのに対して、上の四つの段階はその輪廻から脱した境地である。それらは、小乗の悟りを開いた声聞《しょうもん》（仏陀《ぶっだ》の弟子）・縁覚《えんがく》（師に就かず自ら縁起の真理を悟った人）と、大乗の菩薩《ぼさつ》、並びに究極的な存在としての仏である。それらが「法界」と呼ばれるのは、たとえ六道であっても単に迷いの世界というだけではなく、真理に包み込まれていることを現わしている。

一心が十法界を具えているというのは、瞬時のどんなに小さな心の動きであっても、その中に地獄の要素から仏の要素まですべてが含みこまれている、ということである。どんな善人であってもきれいなだけの心はないし、また、どんな悪人であっても悪い心ばかりということもない。誰の心にも、仏のような純粋さと地獄のような悪虐《あくぎゃく》さが同居している。しかもそれがどんな一瞬間の心の中にも潜んでいる。表面に出てきた心だけがすべてではない。表面の綺麗事《きれいごと》の背後に醜い欲望が潜んでいる一方、これ以上ない悪行の中にも奥深く純粋な心が隠されている。

極言すれば、仏の心にも地獄の要素があり、地獄に蠢《うごめ》くものの心にも仏の要素があるということだ。仏の中にも地獄の心があるという説は、後に性悪説《しょうあく》（いわゆる性悪《せいあく》説とは違う）と呼ばれて、天台の特徴的な説として喧伝《けんでん》されることになる。完全な善そのものであるはずの仏の中に、たとえ顕現していないとしても、悪の要素が含まれているという説は、きわめてショッキングな極端な説のように見られるかもしれない。しかし、もし仏の心の中に悪の要素がなければ、仏には地獄に蠢くものの心は理解できないことになり、地獄の衆生を救うことはできないであろう。他方、地獄の衆生もまた、その中に仏の要素がなければ永遠に救われないままでいることになってしまう。地獄の衆生であっても、どれだけ輪廻を繰り返した末になるかはわからないが、それでも仏となる可能性は残されている。そう考えれば、このような智顗の説はきわめて深い人間洞察に裏付けられていることが知られるであろう。

こうして十法界の心は相互に入り組みあっている。それを十界互具《ごぐ》という。ほんの一瞬間のごくつまらない心の動きの中に、このように十法界が含まれ、その十法界のそれぞれがまた十法界と通じ合う。それ故、百法界となる。その一界がまた、三十種の世間（＝世界・領域）を具えているという。

まず、それぞれの法界は三種の世間を具えている。三種の世間というのは、五陰《ごおん》世間・衆生世間・国土世間である。五陰世間は、陰・入・界といわれたもので、要するに一切のものを成り立たせる根本の要素である。しかし、要素がばらばらにあるのではない。要素が集まって活動の主体となったものが衆生であり、その衆生の生存する場が国土である（政治的な意味での「国」ではない）。これらがすべて一瞬の心の中に含まれているというのは、やや分かりにくいかもしれないが、先に触れたように、決して哲学的な観念論のように、外界が非実在で、心が外界を生み出すというのではない。主体としての衆生の活動は、その環境と関わりなくしてありえないということである。主体のあり方が同時に深刻な環境の問題になることは、現代の世界の情勢を見ればきわめて明らかである。

この三種世間がまた、それぞれ十法を具えているので、三十種になる。十法というのは『法華経』方便品《ほうべんぼん》に出る十種のカテゴリーで、十如是《じゆうによぜ》といわれるものである。即ち、相《そう》（外的な現象）・性《しよう》（内的な本性）・体《たい》（本体）・力《りき》（能力）・作《さ》（作用）・因《いん》（原因）・縁《えん》（原因を助ける補助的な条件）・果《か》（結果）・報《ほう》（後世の結果）・本末究竟等《ほんまつくきようとう》（以上の九つのカテゴリーが相互関係にあり、そのまま平等の真理を表わしていること）の十である。実はこの十のカテゴリーは『法華経』で「諸法実相」という真理のあり方を説くところに出るものであり、十如是といわれるのは、それらの多様なあり方がそのまま（是《かく》の如く）真理を表わしているからである。

このように、一心は十法界を具え、そのそれぞれがまた十法界を具えて、百法界になり、さらにそのそれぞれが三世間を具え、それがまた十如是を具えているから、結局のところ、10×10×3×10＝3000となって、一念の心は三千の多様性を中に含みこむことになるというのである。三千という数え方にはいささかこじつけがないわけでもないが、それにしても、ごく当たり前の微細な心の動きの中に、地獄から仏まで、そして、主体から環境まで、ありとあらゆる多様な要素が絡《から》み合っているということは、一面できわめて驚くべきことであるともいえるし、また、よく考えれば非常に納得のいくことともいえるであろう。

かつてデカルトが「我思う、故《ゆえ》に我あり」といったとき、その「我」は強靭《きょうじん》な実在として疑いえないものであった。しかし、今日、自分の心はそれほど信用できるものではなくなっている。フロイトが見出《みいだ》した無意識は、僕たちの心が自分で簡単に統御できるものではないことを明らかにした。いまの僕の心はいつたやすく崩れてしまうか分からないし、また逆に、思いもよらない深い輝きを増すかもしれない。可能性はあらゆる方向に開かれている。そして、そのような不定形の心を抱えて迷いに迷っている。その心の奥底まで覗《のぞ》き込み、重層的で多面的な姿を明るみに出していくことこそ、呪縛《じゅばく》からの解放の第一歩ではないのか。

智顗が粘り強い思索の中から生み出した止観の実践は、統御しがたい自らの心を歪《ゆが》めることなく照らし出し、解放へと向かわせる稀有《けう》な方法を指示しているのである。

七　心のゆくえ

智顗の心の観察の方法は、きわめて周到で総合的なものであった。竜樹が提示した二諦《にたい》説を推し進めて智顗は三諦《さんだい》説を提示した。二諦説では第一義諦にあたる「空」と、世俗諦に当たる「仮《け》」が立てられたが、智顗はさらに第三の「中」という範疇《はんちゅう》を設けて、相反する二つの原理をさらに一段上で統合する可能性を示した。その点で、ヘーゲル的な弁証法に近いところがある。一筋縄でいかない心を解明するのに、智顗は可能な限り多様な方法と範疇を用意し、慎重に進んでいく。しかし、その慎重さが今度はあまりに煩瑣《はんさ》に過ぎて、その通り本当に実践できるかというと、投げ出したくなってしまっても仕方ないところがある。

複雑な範疇を何重にも重ねあわせ、錯綜《さくそう》した真理の世界を照射しようという作業は、唐代に入って華厳の法蔵《ほうぞう》（六四三─七一二）によってさらに徹底的に推し進められる。しかし、法蔵においては、智顗が保持していた実践への志向が失われることによって、その煩瑣哲学はますます抽象化され、ほとんど机上の空論というところまで進んでしまう。そうなると、反動としてまったく正反対に、もっとも単純化された実践が要請されるようになる。頓悟を主張し、不立文字《ふりゅうもんじ》の立場から一切の理論を捨て去った禅宗が急速に勢力を伸ばすのは、このような情勢によるものであろう。その潔《いさぎよ》いともいえる理論排除の立場は、過激であるだけにかえって強烈にアピールし、人々の心を惹《ひ》きつけることになる。それはそれで肯《うべな》われるところはあるが、智顗の哲学の持っていた実践と理論の重層構造が失われてしまった損失はやはり大きい。その後、智顗ほど粘り強い思索的な実践者は中国の仏教者の中に現われることはなかった。

日本においても事情は似ている。天台宗を伝えた最澄（七六七─八二二）はすでに智顗の理論の複雑さをかなり切り捨てる形で輸入している。とりわけ、いつゴールに到着するか分からない智顗の長大な修行の道順を単純化して、即身成仏《そくしんじょうぶつ》を主張することになった。段階論よりも「即」の面を押し出す方向を取ったもので、禅宗の頓悟と軌を一にするということができる。その後、証真《しょうしん》（十二─十三世紀）のように天台三大部に詳細な注釈をつける研究者は現われたが、実践の面では次第に単純化の方向に向かった。そして、それを支える理論として本覚《ほんがく》思想が発展し、困難な修行を抜きにしてあるがままでよしとする風潮が次第に広がっていく。一念三千論もまた、日蓮《にちれん》によって『法華経』の唱題という形の実践へと変質してゆく。

智顗は天台宗の祖として崇拝され、その思想も継承されたように思われながらも、実はそのもっとも深い実践的な思索の道筋は意外にも早く忘れ去られていったようである。

しかし今日、人の心はそれほど単純でないことが分かってきた。安易な解決でなく、粘り強い解明の道を進む智顗の思索の跡が、ようやく再び光を当てられるような状況になってきたのである。

第六章　禅の中の他者と死者――圜悟『碧巌録』

一　「ゼン」の伝統

今日、「ゼン」（Zen）というと、「ジュードー」とともに世界的に通用する日本語のひとつになっている。いまでも売っているのかどうか知らないが、しばらく前、海外に行くとき、女性への土産にはしばしば資生堂の「ゼン」という香水を買っていった。好まれたかどうか分からないけれども、少なくとも初対面のときの話題には好都合だった。「ゼン」といえば、ともかく「東洋の神秘」というわけで、あまり説明もいらずに、あるイメージができあがっている。そのイメージがかなりおかしいことも多いのだが。

それはともかくとして、なぜ中国語の Chan でも、韓国語の Seon でもなくて、日本語のZenなのだろうか。中国や台湾のお寺でも盛んに坐禅《ざぜん》はするし、韓国仏教の主流は曹渓宗《そうけいしゅう》という禅宗である。他方、日本の仏教は禅だけではないし、むしろ禅宗はごく一部に過ぎない。それなのに「ゼン」が世界語になってしまったのは、その宣伝力、とりわけ鈴木《すずき》大拙《だいせつ》の影響が大きかったのだろう。英文の『禅と日本文化』を読むと、日本の文化はすべて「ゼン」の哲学に基づいた深遠幽美なもののようで、日本人はみんなその「ゼン」の精神を身につけているかのように思われてしまう。欧米の合理主義やキリスト教の伝統に飽き足りない知識人や若者が一時期飛びついたわけだ。とりわけ、一九六〇―七〇年代のカウンター・カルチャーのブームに乗ったのが大きかった。

ところが、彼らがあこがれの日本に来てみると、殺伐とした日本のどこに「ゼン」の精神があるのか、ということになってしまう。禅寺もちょっと見る分にはいいが、いざ発心《ほっしん》してそこで暮らしてみると、非合理な組織と人間関係、葬式やら法事儀礼やらで、あこがれていたのとだいぶ違って、幻滅することになる。今日、アメリカの研究者の間で禅批判や大拙批判が盛んなのも、もとはと言えばこのような幻滅に由来するところが大きい。

日本の中でも、近代の知識人にとって禅はしばしば心の拠《よ》りどころとされた。大拙の盟友西田幾多郎《にしだきたろう》も若い頃熱心に参禅し、その哲学には禅の影響が大きいといわれる。

西田の影響の下にあった京都大学で哲学を学んだ、いわゆる京都学派の哲学者たちもしばしば禅に傾倒している。京都学派というと、海外では「禅の哲学」と同義に解されることも少なくない。もちろん、彼らの功績は大きなものがあり、それを無視したり、簡単に批判することはできない。しかしまた、その亜流によってステレオタイプ化した禅の理解をそのまま鵜呑《うの》みにするのが適当とも思われない。

このような哲学的な禅解釈の一方で、中国禅宗の歴史的研究も二十世紀になって劇的に進展した。その最大の要因は敦煌《とんこう》文献の発見である。二十世紀のはじめに敦煌莫《ばっ》高窟《こうくつ》から発見された膨大な文献は、その多くは仏教の経典や注釈書類であったが、その中に禅宗史を完全に書き換えるような貴重な文献がいくつも含まれていた。それらの文献に対して世界中の最高レベルの研究者たちが競って研究に従事したが、鈴木大拙はこの方面でも最先端の研究成果を挙げている。敦煌文献の研究によって明らかになったことは、これまで伝承されてきた初期の禅宗の系譜はほとんどフィクションであり、現実の禅宗の歴史はまったくそれとは違うものだった、ということである。

それまでの禅宗史の常識によると、禅の教えは「不立文字《ふりゅうもんじ》、教外別伝《きょうげべつでん》」（言葉を使っては説くことはできず、経典の教えとは別に伝えられた）というもので、それは釈尊からその弟子の摩訶迦葉《まかかしょう》へと以心伝心で伝えられ、そのようにして伝えられてきたものが菩提達磨《ぼだいだるま》によって中国に齎《もたら》されたという。そして、菩提達磨以後、五代目の弘忍《こうにん》の弟子に神秀《じんしゅう》と慧能《えのう》の二人が出て、神秀が漸悟《ぜんご》（段階を追って修行して悟ること）を説いたのに対して、慧能は頓悟《とんご》（段階を経ずに一気に悟ること）を説いて、それが後の禅宗の主流となったというのである。神秀が北方の長安《ちょうあん》を中心に活躍したために北宗と呼ばれるのに対して、慧能は南方で活動したために南宗と呼ばれる。

しかし、敦煌から発見された文献によると、このような伝承は権威付けのためのまったくの捏造《ねつぞう》であり、南宗の優位は、慧能の弟子と称する神会《じんね》という僧の、相当に強引で一方的な宣伝によるものであることが分かってきた。つまり、成立期の禅宗ははっきりいってだいぶ怪しげで、いかがわしいのである。こうして初期の禅宗史は新しい資料によって、全面的に書き換えられることになった。

しかし、ともかくそうして確立した南宗禅は、その後、唐の末期には破仏や戦乱で仏教界が混乱する中で、経典がなくても済む上に、従来認められていなかった僧の労働を積極的に活用して寺院の自給自足のシステムを作り上げ、仏教界の中でももっとも力を持つようになっていった。臨済宗の祖とされる臨済義玄《りんざいぎげん》はじめ、すぐれた指導者が現われ、潙仰宗《いぎょう》・臨済宗・雲門宗《うんもん》・曹洞宗《そうとう》・法眼宗《ほうげん》の五つの流れ（五家《ごけ》）が競い合うようになった。そもそも前章に見たように、天台宗の祖とされる智顗《ちぎ》もまた禅を説いているのであり、禅は禅宗の独占するものではなかった。それがこのような南宗禅の隆盛に伴い、禅というと、「不立文字」の頓悟禅を意味するようになった。彼らは「不立文字」の故《ゆえ》に経典に基づいた理論的な説明を拒否し、いわゆる禅問答といわれるような端的な言動によって悟りの境地を表現した。それらをまとめて個人の「語録」が編まれた。

ところが、宋代にいたるとまた事情が変わってきた。秩序の回復とともに、故事来歴や歴史を重視する士《し》大夫《たいふ》階級が力を持つようになる。その中で、もともとフィクションであった禅の系譜があたかも真実のように確定されるとともに、禅林の組織が確立し、その中で古人の言動を「公案」と呼んで修行者の指導のための問題として用いるようになった。

「公案」というのはもともと裁判の案件のことであり、その案件にどう判決を与えるかというのと同じように、その問題に対して修行者に解決を迫るのである。このやり方は宋代に確立するとともに、日本にも伝えられ、今日まで日本の臨済宗の僧堂で用いられている。その問題は理屈では解決できないような、ほとんどナンセンスともいえるものが多い。宋末に成立した『無門関』（無門《むもん》慧開《えかい》・編）は日本で最も広く用いられている公案集であるが、その第一則は「趙州無字《じょうしゅうむじ》」あるいは「狗子仏性《くしぶっしょう》」と呼ばれる有名な公案である。

ある僧が趙州（従諗《じゅうしん》）に、「犬に仏性がありますか」と問うたとき、趙州は「無（ない）」と答えた。

ふつうの仏教の理論でいえば、犬にだって仏性があるはずである。ところが、趙州はあえて「無」と答えた。それはなぜか。理屈で考えてみて、理由は付けられないわけではない。けれども、ここで求められているのは、理屈で答えを出すことではない。例えば、この「無」は有無を超えた絶対無である、と答えたところで、それもまた理屈でしかない。それならば、どうしたらよいのか。そこで修行者は苦しむことになる。この「趙州無字」を修行者に与えるいちばん代表的な公案としたのは、『碧巌録《へきがんろく》』の著者圜悟克勤《えんごこくごん》（一〇六三―一一三五）の弟子大慧宗杲《だいえそうこう》であり、圜悟の師五祖法演《ごそほうえん》もすでにこの公案を使っていたようだ。ただし、圜悟にはこの公案を使ったという記録がない。

二　『碧巌録』というテキスト

『碧巌録』もまた、このような公案集のひとつということができ、それ故、『無門関』と同様に今日に至るまで日本の禅の道場で広く用いられている。しかし、端的に公案を提示する『無門関』とは異なり、『碧巌録』はもう少し複雑な性格を持っている。『碧巌録』は圜悟の著作といっても、実は圜悟がすべてを書いたわけではない。本書の出発点は、北宋の雲門宗の僧雪竇重顕《せっちょうじゅうけん》（九八〇—一〇五二）が百則（「則」は公案を数える助数詞）の公案を選び出し、そのそれぞれの公案（本則という）に対する自らの境地を頌《じゅ》（詩）として詠《うた》ったところに発する。それを『雪竇頌古《せっちょうじゅこ》』という。雲門宗はもともと詩文を重んじる一派であるが、とりわけ雪竇は詩才に富み、『雪竇頌古』は技巧を凝らしたなかなかすばらしい頌を集めている。

簡単に言ってしまえば、この『雪竇頌古』に対して、臨済宗の圜悟が注釈したものが『碧巌録』である。もっとも注釈といっても、言語を用いながら言語を超えようとする禅の立場であるから、単純な言葉の説明や解釈ではない。圜悟が付したのは、垂《すい》示《じ》・著語《じゃくご》・評唱《ひょうしょう》の三つである。

①垂示——各則に付けられた序文。本則へ向かう心構えを述べたもの。
②著語——本則の言葉の一々に添えられた短く鋭いコメント。非常に分かりにくい。
③評唱——本則ならびに頌の説明で、いちばん注釈らしい。

『碧巌録』は厳密に言えば、著作ではなく、圜悟が修行僧に対して行なった講義録である。それも二度の講義が合わさっているようで、それだけ未整理で分かりにくいところがある。

その上に言葉の問題がある。これは『碧巌録』だけでなく、禅の文献を読むときにいつも問題になるところである。もともと禅宗は口頭の問答を重視して発展してきたこともあり、非常に口語的、俗語的な要素が大きい。また、禅特有の言い回しもあって、ふつうの漢文の知識で読むことができない。よくわけの分からない禅語として「作麼生《そもさん》」とか「什麼《じゅうも》」とかいうのが挙げられるが、前者は「どのように」、後者は「なに」の意の疑問詞である。現代の中国語に近いが、もちろん現代語と相違する語法も多い。

このような禅文献の言語的な問題は、一九七〇年代頃になってようやく研究者に注目されるようになってきたが、それ以前から一貫してその重要性を指摘し、研究をリードしてきたのが入矢義高《いりやよしたか》先生(一九一〇—九八)であった。僕は、第一章に書いた福永光司《ふくながみつじ》先生と同様、入矢先生から多大な教えを受けた。本当にすばらしい先生で、想《おも》い出を書き出せばきりがないが、話が脱線してしまうから、またの機会にしたい。ともあれ語学にはまったくのシロウトの僕が、それでもやっと何とか禅の文献を読むことができるようになったのは、まったく入矢先生のおかげである。岩波文庫の『碧巌録』三巻（一九九二—九六）、それに引き続いて出した『現代語訳 碧巌録』三巻（岩波書店、二〇〇一—〇三）などの協同作業が実現できたのも、入矢先生の指導の賜物である。

三　異形の他者へ

『碧巌録』はどこを取り上げてもおもしろい話がたくさんあって、その基本的な発想が分かって少し読み慣れれば、こんなに楽しい仏教書はない。禅というと、「絶対無」であるとか、「己事究明《こじきゆうめい》」であるとか、ステレオタイプとなった捉《とら》え方があるが、じつはそんなステレオタイプとはまったく無縁で、それを打ち壊していくのが禅のおもしろさである。一般の論書と違って、『碧巌録』は体系的に説かれているわけではない。むしろどこであっても言っていることはひとつである。そんなわけでどこを取り上げるか迷うが、ここでは問答の楽しさを満喫できる例として、第二十二則を取り上げてみよう。とりあえず、本則を挙げてみる。（以下、『碧巌録』の訳は『現代語訳 碧巌録』に基づき、多少修正する）

雪峰《せっぽう》が衆僧に教示した、「南山に鼻ひしゃげの毒蛇（鼈鼻蛇《べつびじゃ》）が一匹いる。諸君はよく見なければならぬ」。

長慶《ちょうけい》が言った、「今日は僧堂で命を失う者がきっとでるぞ」。

ある僧が玄沙《げんしゃ》にこの話を告げた。

玄沙が言った、「慧稜《えりょう》さん（＝長慶）でなくてはならぬ。そうであっても、わしならそうは言わぬ」。

僧が尋ねた、「和尚《おしょう》ならどのようにおっしゃいますか」。

玄沙が答えた、「南山を持ち出して何になる」。

雲門は、杖《つえ》を雪峰の面前に放り投げて、恐《こわ》がるしぐさをした。


長慶・玄沙・雲門は、いずれも雪峰の弟子である。気心が知れ、互いの境地を認め合った師匠と弟子たちの、いかにも超俗的なやり取りである。禅というと、何か孤独で克己的な修行か、さもなければ傍若無人な振舞いを思い浮かべるが、その基本はあくまで問答であり、相互の丁々発止のやり取りにこそいちばんの魅力がある。

「南山の鼻ひしゃげの毒蛇」というのは、理屈を付ければ「仏性」とでも言うことができるだろう。だから、蛇がどこか遠くの南の山にいると思っては間違いだ。雪峰が言いたいのは、お前自身のうちを振り返れ、ということになる。しかも、ただ安閑と

「自分にも仏性がある」と安心していればよいものではない。自らのうちを深く掘り下げようとすることは、厳しく恐ろしいことだ。だからこそ、それは恐ろしい「鼻ひしゃげの毒蛇」に喩《たと》えられる。

それに対して長慶は、さすがにその恐ろしさを知っている。だから、「そんな恐ろしいことを言うと、僧堂の修行者はたまげて死んでしまうぞ」と警告する。玄沙もまた、長慶の対応をもっともと認める。だが、玄沙は「わしならそうは言わぬ」と、ちょっとばかり違う理解を示す。そして、「南山を持ち出して何になる」と、南山だの、毒蛇だの、仏性だのという捉われを一気に否定し去る。なかなか威勢のいい応対だ。最後に雲門は、芝居気たっぷりに、杖を蛇に見立ててそれを放り出し、「こわい、こわい」としり込みする。蛇を仏性だの何だのと意味づけすることを否定して、雪峰が取り出した蛇をそのまま受け止めようというのである。

という具合に、話のつながりは分かる。互いにそれだけの力量がなければ、こういうやり取りはできない。さすが一流同士のやり取りだ。禅問答の妙味はまさにこういうところにある。いかにも禅らしいおもしろい話だ、ということで、読者は満足する。それで、ジ・エンドというわけだ。

だが、本当にそれで終わりにしていいのだろうか。そう解釈して納得したら、結局は理屈に堕するだけではないのか。ちょうどテレビドラマに感動して、「人生はこんなにすばらしい」と納得して、それはそれで終わって、またそれとは無関係の日常に戻っていくようなものだ。そんな外から第三者的に覗《のぞ》き見するようなことこそ、禅がもっとも否定したことではないのか。それでは、それこそ雪峰の毒蛇に食われて、死んでしまうだけだ。これはまずい。ここで圜悟の出番となる。圜悟は評唱で言う。

まさにこのような時には、君たちはどのように答えるのか。前人の言葉を踏襲せずに、言ってみよ。こうなっては、常識の枠を超えた句を会得《えとく》しなければならぬ。一切の公案の言葉は、提起されると、その帰結が分かる。ほら、彼はこのように衆僧に教示し、君らに修行も解釈も説いていない。いったい思慮分別で推測してよいものであろうか。彼の子孫（＝長慶たち）は、自然にぴったり言い当てている。

……

言葉は常識の枠外でなければならず、語句は（師家の）関所を通過せねばならない。もしも、語句が常套句《じょうとうく》から離れぬならば、毒の海に転落するであろう。雪峰がこのように衆僧に教示したのは、無味淡白の言葉で、学人の口を塞《ふさ》いだと言ってよかろう。

どうやら雪峰の「南山の鼻ひしゃげの毒蛇」はなかなか手ごわく、それほど簡単に退治できそうもない。仏性の譬喩《ひゆ》かと言えば、そうも言えるかもしれないが、それでは「思慮分別で推測」することにしかならないだろう。「常識の枠外」の言葉とは、何だろうか。それは、「無味淡白」と言われる。「無味」というのは、もともと『老子《ろうし》』に由来するが、要するに味も素っ気もないことだ。甘いも辛いもなくて、いくら噛《か》んでも何の味もない、要するにどうにも意味の付けようがなく、面白みも何もないことだ。それを口にぐっと押し込まれてものも言えなくさせてしまった、というのだ。

こうして、圜悟は蛇だの仏性だのという内容以前に、言葉の問題に焦点を当てる。何故《なぜ》ならば、言葉こそが僕たちの日常を支えているからに他ならない。言葉を使って僕たちは考え、互いに意思疎通《そつう》を図る。だからこそ会話も成り立つ。禅の問答だって、言葉を介したやり取り以外の何ものでもない。言葉があるから、相手の言うことが理解でき、それに応答できる。それが当たり前だ。だが、その当たり前の言葉が言葉としての機能をやめたらどうなるのか。意味を失い、「無味淡白」の味も素っ気もないものをぐっと喉《のど》の奥まで押し込まれて、さあ、どうすればいいのか。それこそが雪峰の蛇ではないのか。蛇は譬喩ではない。言葉が蛇となってあなたの喉を締め付けるのだ。

そうなれば、もはやそこでは常識として通用していた意思疎通はまったく成り立たなくなる。ツーカーでほとんど掛け合い漫才のやり取りのように思われた、師弟の息のあった問答は、たちまち異形の他者の不可解な出会いの場と変ずる。一見完結しているかに見える問答を、解体して読者の前に投げ出し、さあどうするかと迫る、それが圜悟の途方もない仕掛けだ。もはや読者は第三者として物語の外で傍観していることはできなくなる。毒蛇に迫られているのは、実は長慶や玄沙たちではなくて、僕自身だったのだ。

そうなれば、長慶の答えも、そのますんなり読めばよいというわけではなくなる。圜悟《えんご》は言う。

惜しいかな。人はたいてい長慶の言葉について分別理解して、「僧堂で聞いた途端に、命を失うのである」と言う。ある者は、「もともとさしたる事もなく、いわれも無いのに、こんなことを話して、人に疑念を抱かせたのだ。人は彼〔雪峰〕が『南山に鼻ひしゃげの毒蛇が一匹いる』と言ったのを聞くと、疑問を持ってしまう」と言う。もしこのように理解したなら、見当違いである。ただ彼の言葉によって穿鑿《せんさく》しているに過ぎない。このようには理解できない以上、いったいどう理解したものか。

長慶の言葉は、一見して分かりやすい。雪峰の恐ろしい言葉に、僧堂の修行者たちは度肝を抜かれ、死んだも同然、というのである。ここで圜悟が挙げた、「僧堂で聞いた途端に、命を失うのである」という解釈は、長慶の言葉を文字通り言い換えただけで、その通り、どこも間違っていないように見える。もう一つ挙げてある解釈は、「命を失う」というのを、疑念を抱くことと、疑問を持つことと解したもので、少し解釈しすぎのようだが、それも成り立たないわけではない。

しかし、圜悟はそのようにもっともな解釈を挙げて、それを全面的に否定する。本則の言葉を言い換えただけの当然過ぎる言葉のどこがおかしいのか。あまりに当たり前すぎて、どこにも意味不明のところがなさそうな会話の言葉を、圜悟は突然わけのわからないところに突き落とす。「南山に毒蛇がいるぞ」「それじゃあ、僧堂で嚙《か》み殺される奴が出るぞ」というきわめてストレートなやりとりの流れが寸断され、雪峰の言葉と同様、長慶の言葉もまた、異形性をもって突出する。長慶も恐るべき蛇使いとして、襲いかかる。その他者をどう受け止められるのか。それこそが、圜悟が問いかけるものなのだ。

そうなれば、玄沙や雲門の言葉や動作もまた、まったく同様に意味を失って投げ出され、理解不能の他者としてあなたに、そして僕に襲いかかる。舞台の上で演じられる達人たちのもっともらしいやり取りを、第三者の問題として楽しんでいた僕は、いきなり舞台の上に引き上げられ、恐ろしい蛇を投げつけられる。

さあ、どうする？　僕は無我夢中でその蛇に立ち向かわなければならないのだ。

四　蛇はどこにいるのか？

先に述べたように、『碧巌録』のもとは、雪竇《せっちょう》が本則に頌を付けた『雪竇頌古《じゅこ》』である。雪竇はこの第二十二則に対して、どんな頌を付けているのだろうか。

象骨《ぞうこつ》山（＝雪峰）は険しくて人は行き着けない。／行き着けるのは、蛇使いに違いない。／慧稜禅師（＝長慶）でも師備《しび》禅師（＝玄沙）でもどうしようもない。／命を落とした者がどれほどいることか。／韶陽《じょうよう》（＝雲門）は承知して／重ねて草むらをはらった。／南北東西どこにも見つからぬ。／不意に杖《つえ》が突き出された。／雪峰に投げると、ぱっくり口を開けた。／大きく口を開けたのは、稲妻のように素早く／眼を見開いても見えない。／いま、乳峰（＝雪竇）の前に隠れている。／来訪する者は、逐一、うまくやれ。／（雪竇）禅師は大声で叫んだ、「足元を見よ」。

雪竇の頌は、各則ごとにいろいろと技巧を凝らし、さまざまなスタイルで飽きさせない。文学作品として十分通用するだけのものを持っている。もっとも読んで唸《うな》るほど見事なものがある一方、ちょっと首を傾《かし》げるようなものもあるし、かなりおざなりなものもないわけではない。

第二十二則に対する頌は、ちょっと問題のあるところだ。というのは、雪竇は長慶・玄沙・雲門の三人の対応にはっきりと異なる評価を与えているからだ。長慶・玄沙については「慧稜禅師でも師備禅師でもどうしようもない」と突っぱねた上で、雲門の対応のみを、「重ねて草むらをはらった」と評価する。「草むら」というのは、思慮分別のごっちゃになったところを喩《たと》える。雪峰の蛇が見事に草むらをはらったのに対して、雲門が「重ねて草むらをはらった」というわけで、雲門だけが見事に雪峰に対応できているというのである。だからこそ、雲門が投げ出した杖は、蛇となって雪峰を逆襲する。

その蛇はどこにいるのか。ここで雪竇もまた、圜悟と同じように、蛇を昔の話として終わりにしてしまうことを退ける。蛇は「いま、乳峰の前に隠れている」のだから、「来訪する者」、つまり雪竇の前にいる修行者たちこそ、その蛇を受け止めなければならない。だから、「足元を見よ」という、一言よけいな教示となるのだ。もちろん、それは雪竇の時代のことなのではなく、今、あなたに向けて、そして僕に向けて放たれた警告だ。

ところでもう一度、雪竇が長慶・玄沙を否定して、雲門のみを認めたところに戻ろう。本則の登場人物に対して、これほどはっきりと肯定・否定の評価を出しているのは、雪竇の頌の中でも稀《まれ》である。確かに長慶や玄沙の応対は、やや一般論的で、蛇でなくても成り立ってしまいそうだ。雲門の応答は当意即妙であり、雪峰の蛇をまっすぐに受け止めているとも言える。ただ、雪竇が雲門の門流に連なることを考えると、そこにややえこひいきがないとも言えないようだ。

圜悟は評唱で、その雪竇の言葉をとりなしていささか妥協的な解釈を示す。

人はたいてい、「長慶・玄沙はどうすることもできないので、雪竇は雲門だけを褒めたのだ」と言うが、見当違いだ。実は、三人の手腕には優劣が無く、親疎の関係があるだけだ。

圜悟は他の則でも、基本的に祖師たちの言動に優劣は付けずにそのまま認め、それをどう受け止めるか、というところにポイントを置く。この場合もそうではあるが、「親疎の関係」というのは、この場合、雪峰の蛇にいちばんぴったり対応しているのは雲門だ、ということであり、この評価はひとまず納得できる。しかし、当然ながら、圜悟がこの頌で重視するのは、三人の対応の評価ではない。

長慶・玄沙・雲門は蛇を使えたが、とうとう見ずじまいだった。ところが、「いま、乳峰の前に隠れている。来訪する者は、逐一、うまくやれ」と言っている。雪竇は心遣いが細やか過ぎるようだ。「使え」と言わずに、大声で「足元を見よ」と叫んだ。

長慶も玄沙も雲門も見事に蛇を操った。けれども、雪竇が、そして圜悟が問題にするのはそこではない。蛇を使いこなす以前の問題として、蛇を自分の問題として見て取ることができなければならない。だからこそ、「足元を見よ」なのだ。

ここにおいて、雪峰の蛇が雪竇から圜悟につながり、そしていままた僕たちの前に甦《よみが》える。外にいたはずの蛇は、いつか足元に忍び寄り、そして僕たちの中に巣くっている。それは確かに「己事究明」に帰着するのかもしれないが、「己事究明」は何もない自分だけの空間でなされるわけではない。時間を超えて、祖師たちが蛇を通して、いま面前で僕たちに詰め寄るのだ。一匹の蛇の何と侮《あなど》りがたいことか。

五　時と死者

例えば、釈尊は過去の人物だが、その教えは永遠の真理であって、それは今日でも生きている、という言い方は、何となく分かる。もっとも、この言い方は俗受けはするかもしれないが、かなり怪しい表現だ。過去を過去として過ぎ去ったものと見て、それと別に「永遠」という次元を設定するのが適切であるかどうか。「永遠」を持ち出すうさんくささはそこにある。

禅では、少なくとも『碧巌録《へきがんろく》』では、そのような「永遠の真理」を否定する。雪峰の教えや雪竇・圜悟の教えが永遠であって、いまでも通用する、と言っているわけではない。そうではなく、いまここで祖師たちと直接対面するのだ。死者はただ過去の存在として消えてしまったのではない。そもそも時間というのは、過去から現在へ、そして未来へと一方向的にのみ流れるものなのだろうか。時間はもっと流動的に、入り組んで変化するものではないだろうか。過去が現在に突出したっておかしくない。

『碧巌録』の大きなテーマとして死者の問題があることを指摘したのは、哲学者田辺《たなべ》元《はじめ》（一八八五―一九六二）であった。西田幾多郎や西谷啓治《にしたにけいじ》が禅の哲学者として名高いのに対して、同じ京都学派に数えられながらも、田辺のこの方面に関する評価は必ずしも高くない。しかし、彼が晩年、軽井沢《かるいざわ》に隠棲《いんせい》して展開した「死の哲学」は、大乗仏教に拠《よ》りどころを求めながら、死者との「実存協同」というまったく新しい哲学を構想した独創的なもので、その中核に『碧巌録』第五十五則が用いられているのだ。それは、他の哲学者が見落としていた禅の新しい方面に着目するものであった。

第五十五則は本則自体が長いので、田辺のエッセー「メメント　モリ」（「死を忘れるな」のラテン語）から、彼の言葉で要約したものを引いておく。

生死の問題に熱中する若年の僧漸源《ぜんげん》が、師僧の道吾《どうご》に随《したが》って一檀家《だんか》の不幸を弔慰したとき、棺を拍《う》って師に「生か死か」と問う、しかし師はただ「生ともいわじ死ともいわじ」と言うのみであった。……そののち道吾他界するに及び、漸源は兄弟子にあたる石霜《せきそう》に事のいきさつを語ったところ、石霜もまた不道不道《いわじいわじ》というのみであった。漸源ここに至って始めて、……先師道吾が自分の問に答えなかったのは、彼をしてこの理を自ら悟らしめるための慈悲であり、その慈悲いま現に彼にはたらく以上は、道吾はその死に拘《かかわ》らず彼に対し復活して彼の内に生きるものなることを自覚し、懺悔《ざんげ》感謝の業に出《い》でたというのである。

もっとも本則は必ずしもこのようにきれいに要約できるわけではなく、いささか田辺の理論に都合のよい解釈が入っているところはある。しかし、ともあれこれは従来とはまったく違う観点から『碧巌録』を読み込んだものとして、注目に値する。悟った後、漸源は鍬《くわ》を手にして法堂《はっとう》を行ったり来たりして、「何をしているのか」という石霜の問いに、「先師の霊妙な遺骨を捜しています」と答える。今こそ漸源は墓を掘り返してでも、先師道吾と真向かうことができるというのである。本則に付された太《たい》原孚《げんふ》のコメントに、「先師の霊妙な遺骨は今も残っている」という通り、死者は決して消え去ってはたらきを失ったわけではない。漸源は、悟ることによってようやく師の道吾に対面できたのである。

このとき、道吾の「生ともいわじ、死ともいわじ」が、はじめて切実に浮かび上がってくる。死後に生があるわけでもない、かといって、死んだらそれで終わりというわけでもない。「先師の霊妙な遺骨」は遺骨である以上、生きている人とは違う。しかし、まさしく霊妙なはたらきによって漸源を導き続けていたのである。過去は単に過ぎ去ってしまったわけではない。

圜悟《えんご》は評唱にこんな話を引いている。

七人の賢女が墓場に出かけたとき、屍《しかばね》を指して「屍はここにあります。人はどこにいるのですか」と問うた。ある賢女が「だからどうなの」と言うと、みな一斉に不生不滅の真理を悟った。

これも本則とまったく同じ構造である。屍から離れて霊魂があるのか、それとも屍とともに霊魂もまた消えてしまったのか。それはまさしく本則の「生か死か」という問いと同じである。だが、それは問い自体がおかしい。はじめから肉体と霊魂という二つの原理を立てて、死後その二つが分かれて霊魂が存在し続けるのか、それとも一体であるのか、そのどちらなのか、と迫っても、答えようがないではないか。そもそも肉体と霊魂の二つの原理を前提としていること自体が問い直されなければならないのではないのか。

死をめぐる問答は、第十八則にも取り上げられている。そこでは、唐の粛宗《しゅくそう》皇帝が慧忠《えちゅう》国師に、百年後国師の死後どうしたらよいかと問うと、慧忠は無縫塔《むほうとう》（卵型で角のない墓塔）を作ってください、と答える。どんな無縫塔か、と改めて問う皇帝に、慧忠は沈黙をもって答える。その沈黙が分からなかった皇帝は、慧忠の死後、弟子の耽源《たんげん》を召してその意を問い、耽源は偈頌《げじゅ》をもって答えた。

この話は、耽源の偈頌に謎《なぞ》掛けのようなところがあっていささかややこしいし、慧忠の沈黙をもっともらしく解釈しても、圜悟の反撃を食らうだけであるから、ここでは立ち入ることをしない。ただここにも、第五十五則の「生か死か」に対する「生ともいわじ、死ともいわじ」と同じ発想が生きていることを確認しておけばよいだろう。そこを突破したら、僕たちは慧忠に今ここで対面できるのだ。

僕たちは、ずっと何百年昔、何千年昔の祖師たちや、ブッダとも対面できる。それは決して譬喩《ひゆ》ではない。ここであの『法華経』の多宝如来《たほうにょらい》の話を思い起こしてみれば、そこにまっすぐ連なるものがあることが分かるだろう。死と死者の問題は仏教の裏を流れ続け、ここにも見事に結実している。禅が己事究明を主張しながら、師承関係を重視し、祖師を重視するのは、しばしば矛盾しているかのように言われる。しかし、そうではない。禅が個の中で完結していると思うほうが間違いなのだ。今日の仏教式の葬式の原型は禅宗によって確立されたといわれている。それは決して偶然のことではない。

「ゼン」は、あまりに近代的なイメージで作り上げられてしまった。西洋の近代哲学に対抗する合理主義の宗教として、もてはやされた。近代の哲学や思想は、死という問題をその領域から追放して、生をすべてと考えるようになった。田辺元は、西洋の哲学史に「生の哲学」と「死の哲学」の流れがあるという。そして今日、「生の哲学」が主流となることによって、「死の哲学」が忘れられてしまったという。確かに死の世界は科学的に証明できず、合理的な説明を与えられない。そこから、死は理性をもって理解できない問題とされ、考えても仕方のないこととされた。仏教もまた、葬式仏教ではなく、生きる智慧《ちえ》としての仏教こそが本来の仏教であると解釈されるようになった。

しかし、本当にそうだろうか。振り返ってみれば、じつは仏教はブッダの死から始まっていたのではないか。もちろん死と死者の問題だけが仏教のすべてではない。しかし、仏教が人生の表面だけを撫《な》でて過ぎるものでないとすれば、否応《いやおう》なく死と死者の問題を避けて通れない。死と死者の問題を取り戻すことによって、仏教をもう一度見直すことができるのではないだろうか。そしてそれによって、禅もまたステレオタイプ化された解釈からもう一歩踏み込むことができるのではないだろうか。

第二部

日本化する仏教

第七章　現世を超えた秩序——景戒『日本霊異記』

一　変貌する仏教

僕たちがいちばん身近に接するのはいうまでもなく日本の仏教だが、これがなかなか厄介なしろものだ。ユニークといえば聞えはよいが、アジアの他の地域の仏教とあまりに違いすぎて、他の地域の仏教者たちから見ると、これでも仏教といえるのか、と疑問が呈される。とりわけ僧侶《そうりょ》の妻帯や肉食は、いちばん基本となる戒律違反というわけで、まじめなアジアの仏教者の顰蹙《ひんしゅく》を買うことになる。別に外国から見た場合でなくても、剃髪《ていはつ》して僧衣を着た集団が、ホテルの高級レストランで豪華な肉料理で宴会をしているのを見たりすると、僕たちの目から見ても、何だか違和感がある。

日本の仏教の悪評は他の点でもいろいろある。社会の役に立たない葬式仏教というのはよく言われることで、戒名料だ、塔婆料だと、高いお金ばかり吹っかけて、お寺は何をしてくれるのか、という不満はよく聞かれる。仏教ブームといわれながら、檀《だん》家《か》制度の崩壊でお寺離れは進んでいて、仏教界は危機的な状況にある。

神仏習合という現象もまた、日本の仏教の分からなさのひとつとしてよく取り上げられ、日本人の宗教的無節操として悪評を招いたこともあった。歴史的に見れば、仏教と神道が分かれて二つの宗教とされたのは明治以後のことに過ぎないが、ではそれ以前の神仏習合といわれる現象がどういうことなのかというと、はなはだ曖昧《あいまい》であって、必ずしも明確な定義が得られない。

インドに発した仏教がはるばるシルクロードを渡って中国に移植され、そこから朝鮮半島を経由して、アジアの東端の日本に至ったのであるから、その間に変貌《へんぼう》に変貌を重ねたのも当然である。それに、大陸の文化を変容させて適応させるのは日本の文化の得意とするところであるから、仏教も当然ながらもとのままではありえず、すっかり姿を変えてしまうのも無理はない。そのように変容することによって、仏教は長い歴史の中で日本の社会の隅々にまで浸透し定着して、日本人の精神的なバックボーンを形成してきた。

このように日本の仏教は、もとの形態から大きく変貌しているために、その研究に関しても大きな困難がある。僕自身が若い頃から学んできた仏教学という領域は、古典的な教理テキストを解読して、その思想を解明することをもっとも中心の課題とする。それによって、きわめて高度に発展した仏教のすばらしい思想が明らかにされてきた。しかし、それはいわばタテマエ論であり、このような日本の仏教の実情とはあまりにかけ離れているように見える。

仏教学者の仏教論の中には、肉食妻帯も葬式仏教も神仏習合も出てこない。それらは低俗な堕落仏教として否定的にしか見られない。そして、そのような領域の研究は民俗学などの学問に任される。民俗学の研究者は、現実の日本の仏教は仏教学者の説くような空理空論とは無関係であり、それを知るためには教学など必要はないと主張する。こうして仏教は、仏教学者の説く理論的な仏教と民俗学者の説く土着化した仏教とに二分され、相互に無関係であるかのようになってしまった。

しかし、それらをまったく無関係で、別々のものと見るのが適切だろうか。実は両者は深く関わっているのではないだろうか。日本の仏教が強い生命力をもって、長い歴史の経緯の中で人々の生活に定着してきたのは、このような二つの領域が相互に関連しながら、硬直することなく展開してきたからではなかっただろうか。新しい仏教を創唱したような思想家たちは必ず民衆の心を汲《く》み取っていたに違いないし、民衆の間に根付いた仏教はそのような思想家たちの理論が浸透することによって発展していったと考えられる。

それ故《ゆえ》、今後の日本仏教の研究は縄張り意識に基づいて相互に別々の領域で研究するのではなく、さまざまな研究方法を用いて分野横断的に協力し合って進めていかなければならない。いささか我田引水になるが、僕がもうちょっと血気盛んだったころ、友人たちと学際的な日本仏教研究会という会を作り、『日本の仏教』というシリーズを刊行した（全九巻、法藏館、一九九四―二〇〇一）。それが多少は日本の仏教に関する研究を新しい方向に動かしたかもしれないと考えるのは、少々身勝手な傲慢《ごうまん》さかもしれないが。

二　異次元を開く仏教

日本の仏典として、最初に『日本霊異記《にほんりょういき》』を取り上げるというのは、いささか意表をついているかもしれない。次章以降取り上げる、いわゆる祖師の著作と違って、『霊異記』は説話文学として分類されるもので、聖典として尊崇されることもない。エリートの仏教ではなく、民衆の仏教に属するものである。しかし、そこには仏教にはじめて触れた古代の人々が、どのようにそれを受け入れたかが、生々しく描かれている。それは一面では意外なくらい今日の日本の仏教の問題にストレートにつながるところがあるが、他面では平板化し常識化してしまった今日の仏教では想像も付かない、未知の宗教の荒々しい息づきが伝わってくる。

著者の景戒《けいかい》(「きょうかい」ともいう)は、『霊異記』に記された断片的な記述以外に資料がなく、詳しい伝記は分からない。薬師寺《やくしじ》に所属し、妻子を持って貧しい暮しをしていたらしい。『霊異記』の成立年代ははっきりしないが、弘仁《こうにん》十三年(八二二)の記事を含むので、最終的に完成されたのはそれ以後のことと考えられる。平安初期のことで、ようやく日本の社会に仏教が定着しつつあった時代であった。

ともあれ、ひとつ例話を読んでみよう。少し刺激の強い話だ。

行基大徳《ぎょうきだいとく》は難波の入江を掘り開いて港を作らせ、仏法を説いて人々を教化した。僧俗貴賤を問わず、人々が集まって説法を聞いた。その時、河内国若江郡川派《かわまた》の里に一人の女がいた。子供を連れて説法の場に加わって、行基の説法を聞いていた。その子供が泣きわめいて、説法を聞かせない。その子は十余歳に至るまで歩くことができず、泣きわめいて乳を飲み、絶え間なく食べていた。

行基が言うには、「やあ、そこの女、そのお前の子を連れ出して、淵《ふち》に捨てなさい」。人々はこれを聞いて、「慈悲深い聖人《しょうにん》が、どういう理由でこんなことを言うのか」とささやきあった。女は、子供が可愛《かわい》くて捨てられず、なお抱いて説法を聞いていた。翌日また来て子供を抱いて説法を聞いていた。子供がまた泣きわめき、聴衆はその泣き声に邪魔されて説法が聞けなかった。行基は、「その子を淵に投げなさい」と責めた。そこで母は不審に思って、耐え切れずに深い淵に投げ捨てた。子供は、水の上に浮かび出て、足踏みして手をすり合わせ、目を大きく見開いて、悔しげに、「残念だ。あと三年で食いつぶしてしまえたのに」と言った。

母は不審に思ってまた法座に戻って説法を聞いた。行基が「子を投げ捨てたか」と問うたので、母は詳しくこのことを答えた。行基は、「お前は前世であの人の物を借りて返さなかった。そこで今、子の姿をとって、負債を取り立てて食べていたのだ。あいつは昔の貸主なのだ」と言った。ああ、恥ずかしいことだ。人から借りたものを返さずに、どうして死ぬことができようか。（以下略）（中巻・第三十話）

少し長く引用したが、正直を言って、いささか嫌悪《けんお》を催させる話だ。行基といえば、「大徳」とも「菩薩《ぼさつ》」とも呼ばれ、人々の尊崇を集めた高僧だ。その行基が、障害のある子供を慈《いつく》しむ母親に対して子殺しを強要するのだ。恐らくは子供の食欲に乏しい財産を食いつぶされた貧しい母親で、「こんな子など、いなくなればいいのに」と一方で思いながら、それでも自分の子供が可愛くて捨てられない。そんな心の逡巡《しゅんじゅん》から、すがる思いで行基の説法を聞きに行ったのであろう。その心の隙《すき》に行基は付け込み、悪魔の恫喝《どうかつ》となって、揺れていた母親の心を一挙に傾けてしまう。

しかも、子殺しを示唆《しさ》していながら、行基は心にくいまでにその言いわけを用意している。それが前世の因縁ということだ。前世でお金を借りたのに返さなかったから、貸主が子供となって食いつぶそうとしていたというのである。だから、子殺しを後ろめたく思うことはない。かえって、前世からの悪縁が断たれ、よかった、よかった、ということになる。さすがは行基さま、というわけで、行基への信仰はいや増しになるという筋書きだ。

何だか似たような悲劇は、今でもどこかで起こりそうではないか。

仏教は決して高尚な理屈だけではない。別の言い方をすれば、仏教の理屈は単に抽象的な次元に留《とど》まるものではない。縁起の理法というと、高度な哲学のようだが、具体的な場では勧善懲悪的な道徳としてはたらく。ここでも、最後は「人から借りたものはちゃんと返しなさい」という道徳的なお説教でまとめることになる。

それだけならば平板な道徳論というに過ぎないし、よいことをすればよい結果があり、悪いことをすれば悪い結果がある、というのもそれほど複雑な理論ではない。しかし、仏教はそれに関してまったく新しい発想を東アジアに齎《もたら》した。それは、因果関係が現世のみに留まらず、過去世や来世を含むということである。現世だけだと、よいことをしても必ずしもよい結果につながらない場合があるし、悪いことをしてもその報いを受けずに安楽に一生を終える人もいる。それではあまりに不公平だ。それに対して、現世主義的な中国の道徳論では適切な答えが出せなかった。

　ところが、インドには業《ごう》と輪廻《りんね》という発想がある。行為（業）の結果は現世ではなく、次の生存を決めるというものである。よいことをすれば次の生で幸福な状況が得られ、悪いことをすれば次の生で苦難が運命付けられることになる。こうして過去の数え切れないほどの生を繰り返して現世に至っているのであり、また未来にも永遠に続いていくことになる。それならば、現世で結果が出なくても納得がいくことになり、道徳の法則が貫徹することになる。輪廻の領域は人間に限らず、仏教では地獄・餓鬼・畜生・修羅・人・天の六道の間を経めぐるという。

　ところが、この説を受け入れると、また別の問題が生ずる。現世の幸不幸が過去世の行為の結果ならば、現世の不公平が合理化され、貧困や障害、病気、被差別の生まれなどが、過去世の悪業の結果とされてしまう。差別が合理化されるとともに、ハンディを負った人たちがそれを自らの過去世の悪業の結果として、心理的にも追い詰められることになる。これが業説の最大の問題となる。

　業と輪廻の説は仏教に限られたものではなく、インドの一般的な信仰であり、仏教の特徴はむしろ、その輪廻の軛《くびき》からいかにして解放されるかということのほうにある。それが涅槃《ねはん》の教えである。ところが、仏教が中国に伝えられたとき、もともと来世観が明確でなかった中国では、輪廻が仏教に固有の思想として受け入れられることになった。これは現世主義的な中国の思想に対して革命的な意味を持つものであった。その発想は、儒教的な現世主義を堅持しようとする知識人層よりも、むしろ民衆の間で広く受容され、来世への恐れから、道徳的な善行とともに、死者供養《くよう》が盛んに行なわれるようになった。

それが日本に伝えられ、日本でも民衆の間に広く浸透するようになった。『霊異記』はその思想の宣伝の書であるが、その際、本書の正式の書名が『日本国現報善悪《にほんこくげんぽうぜんあく》霊異記』だということは注目される。「現報」というのは、来世を待たずに現世で応報の結果が出る場合である。過去世の結果が現世に現われた中巻・第三十話のような場合は例外的であり、本書に収録された説話は、多くは現世で直ちに結果が現われた話だ。現世で応報が出るのはそれだけ強い業ということであるが、輪廻の観念に馴染《なじ》みのない日本の人々に向かって説くのに、分かりやすいということがあったであろう。

そうはいっても、そこには現世だけでは分からない、現世を超えた秩序の支配が前提とされている。因果の理法は凡人の理解を超えたものであり、どんな結果が起こるか分からない。行基のような超人的な「聖人」によってはじめて解明される不可思議な世界だ。

昔、河内国に瓜《うり》を売る人がいた。名を石別《いそわけ》といった。馬の能力以上に重い荷物を背負わせた。馬が動けなくなると、怒って鞭《むち》打ち追い立てた。馬は重い荷を背負って疲れ果て、両目より涙が流れた。瓜を売り終わると、その馬を殺してしまった。このように殺すことが何度にもなった。後に石別が沸き立った釜《かま》に近づいたら、両目が抜けて釜に落ちて煮られてしまった。現世の果報はすぐにやってくる。因果を信じなければいけない。畜生に見えても自分の過去世の父母かもしれないのである。六道や四生《ししょう》（胎生・卵生・湿生・化生《けしょう》）は、果報として自分が死後に生まれ変わるところである。だから慈悲を欠いてはならない。（上巻・第二十一話）

その果報は、僕たちが通常想定できるような範囲を超えていて、突然煮え立った釜に両目が落ちてしまうような、想像も付かない恐ろしいことが起こりうる。仏法の因果は凡人によって通常考えられるような次元のものではない。『霊異記』が人々に説こうとしているのは、このように恐ろしい仏法の因果であり、ただの勧善懲悪の道徳ではない。また、現代の仏教学者の説くように、近代科学にも通ずる合理的な法則としての因果論でもない。それは凡人の理解を絶した超自然的な不可思議な理法であり、ここに、これまで日本の一般の人々が想像だにしなかった異次元の世界が開かれることになる。

これまで本書で述べてきたように、仏教が僕たちに示すのは、合理性や道徳主義に還元されない、異物のような他者であり死者であった。『霊異記』が描き出す仏法の因果も、まさしくそのような現世の秩序を超えた驚愕《きょうがく》の世界だったのだ。

三　征服する仏教

中巻・第三十話に戻ってみよう。借金を返さないと貸主が子供に生まれて家産を蕩《とう》尽《じん》するという話は、もともと中国にあるもので、それを使って脚色しているらしい。しかしまた、それだけでも説明が付かず、この子供はもともと水神ではなかったか、という説も有力であるという（多田《ただ》一臣《かずおみ》校注『日本霊異記』中、ちくま学芸文庫）。

普通の人と違う障害者は、古代において必ずしも差別されていたわけではなく、むしろ聖性を持つものとして大事に扱われてきた一面もある。それは日常的な畏《おそ》れの感覚に基づくものであったが、仏教はそうした日常的なレベルとまったく異なる世界観や論理を強引に持ち込み、旧来の価値観を打ち壊していく。外から入ってきた新しい高度の文化が、その力によって伝統の価値観を征服し、押しつぶしていくことは、明治時代の欧米の文化の流入の際にも見られたことである。

古代における大陸文化の流入は、明治期よりももっと文化的な落差が大きかっただけに、巨大な衝撃を持つものであった。仏教は決して単なる宗教というだけではない。大陸の先進的な文化の総合的なセットとして入ってきたのである。中巻・第三十話の行基の紹介で、まず難波の入江を切り開いた技術的な指導者ということが挙げられているのは、その何よりの証拠である。仏教は、土木技術も、水田の灌漑《かんがい》技術も、海運技術も含む総合的な新文明として入ってきたのであり、そのような巨大な物質的な力として、伝統社会を打ち壊し、中央集権的な新たな社会秩序を作り出す中核的な力となったのである。そのような力を齎《もたら》すイデオロギー的背景として、複雑巧緻《こうち》に構成された教学が位置づけられることになる。

このような文明の闘争と征服の過程が、宗教的なレベルに象徴的に表現される。そこでは、古来の神々は矮小化《わいしょう》されて、嫌悪を催すものとされ、それ故に正義の力である仏教によって征服されることになる。中巻・第三十話ではやや分かりにくいが、本書にしばしば出てくる蛇の位置づけを見ると、より明白である。例えば、次のような話がある。

置染臣鯛女《おきそめのおみたいめ》は、蛙《かえる》が蛇に呑《の》まれようとしているところに出会い、蛙を助けるために、七日後に蛇の妻となることを約束した。七日後に蛇が彼女の家を訪れたが、戸締りが厳重で入ることができなかった。恐ろしく思った鯛女が行基大徳に相談すると、堅く戒律を守るように説き、五戒を授けた。寺からの帰りに、鯛女は蟹《かに》を持った老人から蟹を買い取って、解放してあげた。八日目の夜、蛇がやってきて屋根の茅《かや》を抜いて入ってきた。恐ろしさに震えていると、寝床の前で大きな音がしていた。翌朝見ると、一匹の蟹が蛇をずたずたに切っていた。彼女が買い取った蟹が助けてくれたのであった。その老人は聖《ひじり》の化《け》（仏や菩薩の化身）であった。（中巻・第八話、取意）

蛇は言うまでもなく、古くは神の使い、あるいは神そのものの現われとされてきた。三輪《みわ》の神が蛇の姿をとって倭迹迹姫命《やまとととひめのみこと》のところに忍んできた話は有名である。蛇との結婚は神との結婚ということであり、きわめて宗教的で神聖な意味を持っている。ところが、ここでは蛇はその神性を失い、まったく悪役として嫌悪すべき対象になってしまっている。鯛女は蛇に対しては結婚の約束を破っても罪にならない。

神の名残としての蛇の力に対抗し、それを凌駕《りょうが》するのが仏教の力であり、ここでもそれを代表するのが行基である。その行基から戒を授かることで、鯛女は仏教のパワーを獲得する。戒律というと、ともすれば守るべき規則という意味でしか考えられないが、じつはそれだけではない。戒を授かること（受戒）によって罪を滅し、仏法の力を獲得する。ここから後代には病気のときに受戒して平癒を願ったり、臨終に受戒して死後の幸福を願うことになる。今日しばしば問題になる戒名もまた、この伝統を受け継いだものである。

受戒の力によって、鯛女は「聖の化」である老人と出会うことができた。聖や聖人、あるいはその化身は、『霊異記』で活躍する仏教者を代表するもので、常人が持たない不思議な力を持っている。それが仏法のパワーである。彼らは古い神に替わる新しい宗教的存在であり、神々を凌駕し、征服することになる。神仏習合といわれる現象は、このような仏法の優位の中で、両者の関係が構造化されるところに形成されたものである。

仏教が古い神々を征服していく様子は、葛木《かずらき》（葛城《かつらぎ》）の神と役優婆塞《えんのうばそく》（役行者《えんのぎょうじゃ》）の話に、もっとも明白に見ることができる。

役優婆塞は三宝を信じており、神仙のような力を得て、鬼神を自在に駆使することができた。「大和の金峰山《きんぶせん》と葛木の峰の間に橋を渡せ」と神々に命じたので、神々は愁《うれ》えて、葛木の一言主《ひとことぬし》の神が文武天皇に、「役優婆塞は謀略をめぐらして天皇を害そうとしている」と讒言《ざんげん》した。天皇が使いを遣わして役優婆塞を捕えようとしたができず、その母を捕えたところ、母を助けるために出てきて捕縛された。伊《い》豆《ず》の島に流されたが、昼は島で仏道修行し、夜は富士山に登って修行した。遂《つい》に大宝元年（七〇一）許され、最後は仙人となって天に飛び去った。後に道照法師が新羅《しらぎ》の山中で虎《とら》たちに『法華経』を講義したとき、虎の群の中にいる役優婆塞に出会った。一言主の神は、役優婆塞に呪縛《じゆばく》され、今日に至るまで解放されていない。

（上巻・第二十八話、取意）

葛木の一言主の神は、吉凶を一言で言い当てる神として、古くから畏《おそ》れられ、大きな力を振るっていた。『古事記《こじき》』によると、雄略《ゆうりやく》天皇が百官を率いて葛城山に登ったとき、向かいの山にまったく彼ら一行と同じ姿をした人たちがいて、天皇一行に応戦した。天皇がその名前を問うと、一言主の神だと答えたので、天皇は畏れて礼拝した、という話が伝えられている。一言主の神は天皇をも威圧する強力な神だったのである。

ところが、上巻・第二十八話では、その一言主の神がすっかり情けない姿を曝《さら》すことになる。他の神々とともに役優婆塞にこき使われ、正面からでは太刀打ちできないので、天皇に讒言するという卑怯《ひきよう》な振舞いに及ぶ。その結果、役優婆塞に呪縛されてしまう。仏法が新しい文明のパワーで圧倒する中で、土着の神々の威力はどんどん落ちていき、みじめな役割に回される。そこには、征服者の権力と被征服者の服従との力関係が、きわめて明瞭《めいりよう》に示されている。

四　隠れ聖人の仏教

上巻・第二十八話で注意すべき点は、新しい仏法の力を代表する役優婆塞が、じつは純然たる仏教者とは言えないことである。そもそも優婆塞というのは出家者ではなく、在俗の仏教信者であり、古代の日本では寺院の下級の雑役を行なう人たちであった。『霊異記《りょういき》』ではそのような優婆塞が活躍する。その上、ここに描かれた役優婆塞は、仏道修行というよりはむしろ道教的な仙人に近く、ますます仏教の範疇《はんちゅう》では捉《とら》えられない。

よく知られているように、役優婆塞は修験道《しゅげんどう》の祖とされる。修験道は神仏習合的な日本の宗教の典型とされるが、このような『霊異記』の役優婆塞の記事をみると、神仏習合といっても、単純に古来の日本の神と仏教とが混合しただけではないことが分かる。古来の日本の神は一言主のように没落していく。役優婆塞は仏教と道教を混合した新しい形の民間修行者であった。

その役優婆塞もまた、「聖人《しょうにん》」と言われているが、先に触れたように、「聖」とか「聖人」とかいわれる巨大なパワーを持った宗教者が『霊異記』の仏教を代表する。その典型が行基である。行基は中巻の中心人物として、多くの物語に顔を出し、その超人性を発揮する。先に挙げた中巻・第三十話では、行基は女性と子供の前世を言い当てた。その前の第二十九話では、行基の説法を聞いていた聴衆の中の一人の女性が、髪に猪《いのしし》の油を塗っていたのを、行基が見つけて追い出したという話を伝えている。ここでも、行基の態度は威圧的で、抗弁の余地を与えない。カリスマ的な力を強引に見せ付けるパフォーマンスのようなところがある。

その話を記した後、景戒は、「凡夫の肉眼には油の色と見えたが、聖人の明眼《みようげん》（天《てん》眼《げん》）では現に獣の血であると見破った。（行基は）日本の国において、化身の聖であり、隠身《おんじん》の聖である」と結んでいる。「化身の聖」とか「隠身の聖」というのは、聖人（＝仏や菩薩）が普通の人の姿をとって現われたもので、『霊異記』のキータームである。常人と同じ姿をしているからと見くびると、その超人的なパワーによって痛い目に遭うことになる。

そのような例として、中巻・第七話を挙げることができる。ここでは、智《ち》光《こう》という学僧が、行基を謗《そし》って、生きながら地獄の責苦を受けたという話が記されている。智光は実在の元興寺《がんごうじ》の僧侶《そうりよ》で、三論宗《さんろんしゆう》の学僧であり、数多くの著作を著わす一方、浄土信仰に篤《あつ》く、智光曼荼羅《まんだら》の創始者とされる。このように、奈良時代を代表する学者であるが、行基の前では形無しである。この話の標題に「智者の、変化《へんげ》の聖人を誹《そし》り妬《ねた》みて、現に閻羅《えんら》の闕《みかど》に至り、地獄の苦を受けし縁」とあるように、「変化の聖人」である行基の前では、当代一の「智者」であることは意味を失ってしまう。教学的な智《ち》慧《え》よりも、「聖人」の不可思議の力のほうが上に位置するのである。

「変化の聖人」は、「内には菩《ぼ》薩《さつ》の儀《すがた》を密《ひそ》め、外《ほか》には声聞《しょうもん》の形を現わす」と説明されている。「声聞の形」というのは、ふつうの剃《てい》髪《はつ》した僧形のことである。その行基に対して、智光は、「私は智人である。行基は沙《しゃ》弥《み》である。どうして天皇は私をお認めにならずに、沙弥ばかりを誉めて用いられるのか」と謗ったという。沙弥というのは、剃髪して僧形ではあるが、まだ完全な戒（具《ぐ》足《そく》戒）を受けて正式の僧侶となる前の見習い中の僧である。当時、正式の僧侶は国家の認定によって出家（得《とく》度《ど》）し、修行段階の沙弥を経て、受戒して一人前になるという手順を必要とした。そのような僧を官《かん》僧《そう》という。智光はそうした手続きを経た僧であった。

そのような官僧に対して、国家の認可を得て出家したのではなく、自分勝手に寺に入って出家する僧が後を絶たなかった。彼らは必ずしも仏道修行を目指していたとは限らず、厳しい租税の取立てに苦しむ民衆が、寺院に入って租税を免れるという目的のものも少なくなかった。このように個人的に勝手に出家するものは私《し》度《ど》僧《そう》と呼ばれ、国家の厳しい取締りにもかかわらず、後を絶たなかった。また、出家して沙弥になっても、受戒して一人前の僧には至らないものも多くいた。行基もその一人で、ずっと沙弥のままで活動し、正式の受戒はかなり後になってからなされたものと考えられている。それ故《ゆえ》、制度上から見れば、智光の不満ももっともなところがある。『霊異記』は、このような私度僧や沙弥、さらには優婆塞などの民間仏教者を重視し、彼らの活動に日本の仏教の発展のエネルギーを見ようとしている。高度の悟りや難解な教理ではなく、公的な秩序からはみ出した下層の僧たちの活動にこそ本当の仏教があると言うのだ。著者の景戒自身が薬師寺にいながらも、妻帯して貧しい暮しをしている私度僧的な僧であった。行基は彼らのシンボル的存在だった。

そのような民間仏教者を合理化するのが、「変化の聖人」や「隠身の聖」などの考え方である。「変化の聖人」や「隠身の聖」は、多く沙弥や私度僧のように身分の低い僧や優婆塞の姿をとって現われる。だから、彼らを軽んじてはならない。もしかしたら、その中に「隠身の聖」がいて、とんでもない罰を蒙《こうむ》ることになるかもしれない。それは、下級仏教者たちのいわば居直り的な論法ともいえるが、彼らはそれを押し通せるだけの強力な仏教の担《にな》い手となっていたのである。

五　破戒する仏教

日本における「聖」の系譜の筆頭に位置するのが、聖徳太子《しょうとくたいし》である。太子もまた、在俗者でありながら、「聖」としての異能を発揮した。上巻・第四話は、太子の片岡《かたおか》山《やま》伝説を伝える。片岡の村の道端で行き倒れていた乞食《こじき》に、自らの衣をかけてやり、後に行ってみるとその姿はなかったという話である。その話を結んで、景戒は、「聖人は聖人を知り、凡夫は知りえない。凡夫の肉眼には卑《いや》しい人と見えるが、聖人の神通眼には隠身（の聖）と見える。不思議なことである」と記している。この場合も、聖徳太子という「聖」だからこそ、行き倒れの乞食がじつは「隠身の聖」であると見抜くことができたのである。

聖徳太子と行基を結ぶところに、『霊異記』の理想がある。上巻・第五話には、大《おお》部屋栖野古《ともものやすのこ》が一旦《いったん》死んで蘇《よみがえ》り、黄金の山で聖徳太子と文殊菩薩《もんじゅぼさつ》と出会ったという話を伝え、文殊が行基に、太子は聖武《しょうむ》天皇に生まれ変わったとしている。聖武と行基がセットとなって仏教の最盛期を作ったというのが『霊異記』の認識であり、その原型となるのが聖徳太子だった、というわけである。

聖徳太子や行基であれば、その超人性は明らかであろう。厄介なのは、「隠身の聖」はそれこそどこに潜んでいるか分からないことである。聖徳太子の話を伝える上巻・第四話はいささか奇妙な構造で、前半に太子の話を伝えるが、後半はまったく変わって願覚《がんかく》という葛木の高宮寺《たかみやでら》にいた僧の話である。彼は朝に自坊から出て里に行き、夕方戻ってきていた。具体的には書いていないが、戒律違反をしていたらしい。その寺にいた百済《くだら》出身の円勢《えんせい》という高僧の弟子の優婆塞が壁の穴から坊をのぞくと、中が光り輝いていた。彼も「聖の変化」だったのである。景戒はその話を結んで、「五辛《ごしん》（五種の臭い植物）を食べるのは仏法で禁止することであるが、聖人が食べるならば罪を得ることがないのである」と結論している。願覚は食事に関する戒律を犯していたのであろう。

凡夫であれば戒律を守らなければならないが、「聖人」はそのような秩序の外にいる。それ故、戒律には縛られない。下巻・第六話では、吉野《よしの》の山寺の僧が弟子に魚を買いに行かせた話が出てくる。弟子の童子が魚を櫃《ひつ》にいれて帰る途中、在家の信者に中に何が入っているのか問われる。答えに窮した童子は「『法華経』だ」と答え、押し問答の末に開いて見ると、本当に『法華経』が入っていたというのである。こうして老僧は無事に魚を食べることができ、その奇跡を見た俗人は、「本当の魚であっても、聖人の食べ物は『法華経』に変じた。自分は愚かで邪《よこしま》な考えを持ち因果を知らず、弟子を責めた。自分の罪を許してほしい」と、僧に篤《あつ》く帰依《きえ》したという。

「聖人」のレベルでは魚を食べることも許され、魚は『法華経』にも等しい聖なる食べ物となる。この話を結んで、景戒は、仏法のためであれば、「毒を食べても甘露《かんろ》となり、魚や肉を食べても罪を犯したことにならない」といっている。この僧は高僧であるとは言われているが、聖徳太子や行基のように特別のカリスマをもった人ではない。むしろ凡庸の僧と言っていい。その僧が奇跡を起こした。一見凡庸だからといって馬鹿にしてはいけない。それこそ「隠身の聖」であるかもしれない。

そうであれば、戒律を厳守しているかどうかは、僧の価値を判断する基準とはならない。景戒は、ある優婆塞が吉祥《きつしよう》天女の像に対して愛欲を生じ、夢で天女と交わり、朝見ると像の裳裾《もすそ》が不浄に汚れていたなどという生々しい話をも伝えており、それを天女の感応として肯定的に解している（中巻・第十三話）。このような破戒をも認める仏教観を、景戒はさらに推し進める。

沙弥《しやみ》は観音の変化した姿であろう。なぜかといえば、完全な戒を受けていないのを沙弥と名づける。観音も同様である。真実の悟りを成就《じようじゆ》しているが、人々を救済しようとして、まだ修行中の状態にいるのである。（下巻・第三十八話）

ここでいう沙弥は、具体的には景戒の夢に出て来た鏡日《きようにち》という人のことであるが、しかし、この説明は必ずしも鏡日という特定の沙弥に限らず、沙弥というもののあり方を観音と比較していると取ることが可能である。観音が悟っているにもかかわらず、悟りの姿を現わさずに人々を救うのと同様に、沙弥も一人前の僧となれるのに、あえてその前段階に留《とど》まって人々を救うというのである。高い志をもって人々の救済を願う沙弥は、誰でも「隠身の聖《ひじり》」でありうる。

これは、先に述べた、沙弥たちの中に偶然「隠身の聖」がいるかもしれないという論法よりももっと進んでいる。沙弥こそ本当の菩薩だと言い切ってしまう。それは、一方から見れば、独善的な悟りに自足せずに人々の救済に赴く仏教の理想を表わしているともいえるが、他方から見れば、私度僧や沙弥の居直り的な自己正当化を強力に推し進めることになる。その双方へ向から微妙なバランスの上に、『霊異記』の私度僧や沙弥の仏教が展開しているのである。

このことは、景戒自身が自らの私度僧としての生活を描き出すところに顕著に見て取れる。


ああ恥ずかしいことだ。この世に生まれて、暮しを立て、命永らえる術もない。因果に引かれて、愛欲の業を結び、煩悩《ぼんのう》に纏《まつ》われ、輪廻《りんね》生死《しょうじ》を繰り返し、四方八方駆け回って、生きている身を焦《こ》がす。俗の家に住んで、妻子を持ち、養うに物もなく、菜食もなく、塩もない。衣もなく、薪《まき》もない。いつも何もなく、思い愁《うれ》えて心安らかでない。昼も飢え寒く、夜も飢え寒い。私は前世で布施の行を修行しなかったのだ。卑しいことだ、私の心は。さもしいことだ、私の行ないは。(下巻・第三十八話)

どこか親鸞《しんらん》を思わすような懺悔《ざんげ》である。はなはだ自虐《じぎゃく》的で、いささか過剰な演技とも見えるこの卑下は、「愚かな僧景戒は、学ぶところは天台智者大師のような問答術もなく、悟るところは才知優れた弁者のような答えもできない」という自らの愚昧《ぐまい》、無知の意識へと展開する。だが、それは逆転すれば、それでこそいいのだという私度僧の誇りと自負に結びつく。そこにこそ、本書執筆にかけた景戒の決意がある。

日本の仏教の二重性という最初の問題にもどると、仏教は抽象的な理論によって日本に定着したのでもないし、逆に理論なしに土着の民俗だけがあるわけでもない。むしろ民衆の中に定着していく中で、仏教の理論は深められ、表層から深層へと食い込み、現実にはたらく強力なパワーとなる。因果の理法は皮相的な合理的法則に留まるものではなく、現世を超えて、死者の世界に通ずる驚嘆すべき論理としてはたらく。戒律もまた、形式的にそれを守ることではなく、あるときはその呪術《じゅじゅつ》的な力が頼られながらも、さらに「隠身の聖」たる沙弥・私度僧の仏法によって超えられてゆく。そして、その仏法の強烈な力が土着の神々を圧倒していくところに神仏習合の世界が開かれる。

これらの動向は、決して仏教の低俗化でもなければ、単純な逸脱でもない。思想が本当に現実の力となってはたらくとき、それはもはや机上の空論ではなく、思想が現実の中で自らを鍛え、自らを造り出していくのだ。そのような思想のダイナミックな動きとして、日本の仏教を読み直していくことはできないだろうか。

第八章　仏教は俗世に何をなしうるのか——最澄『山家学生式』

一　鎌倉仏教から平安仏教へ

これから日本仏教の祖師と言われる人たちの著作を取り上げていくことになる。もっとも本当のことを言えば、祖師の著作が中心となることにいささかの逡巡《しゅんじゅん》がないわけではない。祖師といわれるのは、現代の仏教の諸宗の創始者とされる人たちで、もちろん彼らの思想には深いものがある。しかし、鎌倉《かまくら》時代の祖師に由来する宗派が実際に勢力を持つようになるのは室町《むろまち》期以後であり、とりわけ江戸時代に政治的に宗派が固定されて以後、今日のような宗派の勢力構造が出来上がるのである。それ故《ゆえ》、祖師たちだけを中心に見ると、仏教の展開を見誤る恐れがある。実際には彼らだけが仏教者として優れていたわけではなく、他にも優れた仏教者が大勢現われ、また、著者不明の文献の中にも興味深いものがたくさんある。そうしたさまざまな動向が結び合わさって展開していくところに、日本の仏教の醍醐味《だいごみ》がある。

しかし、限られたページ数で日本の仏教の著作を取り上げるとなると、どうしても祖師中心にならざるを得ない。その点、僕自身いささか不満がないわけではないが、できるだけ祖師以外の動向にも目配りすることにしたい。祖師たちの思想にしても、宗派内での研究が盛んになったのは江戸時代であり、広く注目を浴びるようになったのは実に明治以降のことである。

鎌倉時代の祖師たちに較《くら》べて、平安仏教の祖師たち、即《すなわ》ち空海《くうかい》と最澄《さいちょう》は近代になってもかなり冷遇されていた。もちろん真言宗と天台宗の中では尊崇されていたが、宗派の枠の外から注目されるようになったのは、二十世紀も終わり近くになってからでしかない。最澄に関して言えば、宗門内でもその著作は必ずしもきちんと研究されていたわけではなく、『守護国界章《しゅごこっかいしょう》』などの主著に関しても、注釈書が書かれることはなかった。

ところが皮肉なことに、空海と最澄は、その後の日本の仏教のあり方を決めたといっていいくらいの大きな役割を果たしている。最澄が激しい論争の中で確立した一乗思想と大乗戒壇、空海がもたらし独自の構想で展開させた密教——そのいずれもがその後の日本仏教を大きく規定していくことになる。鎌倉仏教の祖師たちはすべて比叡《ひえい》山延暦寺《ざんえんりゃくじ》で最澄の確立した一乗思想を学び、その大乗戒の伝統の上に彼らの実践を展開している。空海による密教の確立は、宗派を超えて日本仏教のすべての面を覆《おお》い、修験道《しゅげんどう》のような山岳信仰をも発展させることになった。彼らの思想は、仏教だけに限らず、日本人の発想の根底にまで及んで規定していくだけの内実を持っていた。その点からいえば、鎌倉仏教の祖師たちより遥《はる》かに重要であると言ってもいい。

二　最澄というはじまり

最澄は神護景雲《じんごけいうん》元年（七六七）に生まれ（七六六年生誕説もある）、弘仁十三年（八二二）に五十六歳で没している。七七四年生まれのライバル空海より七歳の年長である。近江国分寺《おうみこくぶんじ》の行表《ぎょうひょう》の弟子となって、得度し、十九歳（または二十歳）のときに東《とう》大寺《だいじ》で受戒して、一人前の僧となった。

ここまでは当時の僧の基本的なコースに従ったもので、そのまま順調に行けば官僧として、当時の仏教界の要職に就くことも期待されたであろうが、受戒するやいなや同じ年のうちに比叡山に隠棲《いんせい》してしまう。そのときに作られた『願文《がんもん》』は、「悠悠たるかな三界、純《もは》ら苦にして安きことなし。擾擾《じょうじょう》たるかな四生《ししょう》、唯《た》だ患《わずら》いて楽しまざるなり」ではじまる緊張感に満ちた文章である。

愚かな中でももっとも愚か、狂った中でももっとも狂い、髪を剃《そ》っただけで煩悩《ぼんのう》まみれの人である最低の最澄は、上は諸仏に逆らい、中は天皇の法に背き、下は孝礼を欠いている。そこで、謹んで迷い狂った心に随《したが》って、五つの願を立てる。

「迷い狂った心」というのは、自らの心を顧みた自省の言葉であると同時に、若くして僧としての栄達を捨てた最澄の決意でもある。世俗に背いて山に籠《こも》るなど、世間から見れば「迷い狂った心」としか言えないであろう。

その願は、第一に「六根相似（身体の器官が浄《きよ》められ、悟りに近似した状態）という境地を獲得するまでは、世の中に出ない」というように、きわめて厳格なもので、ひたすら修行に邁進《まいしん》しようという青年の高い志に満ちている。実際最澄は、三十一歳のときに宮中の内道場に仕える内供奉《ないぐぶ》という役に就くまで、十二年間比叡山を出ることなく、修行に励んだ。この十二年というのは、後に『山家学生式《さんげがくしょうしき》』（六条式）において、弟子たちに、大乗戒受戒後、十二年間比叡山に籠って修行することを課しており、修行の標準とされることになる。

三十一歳で世間的な活動を始めるようになった最澄は、決して派手ではないが、経典の書写を呼びかけたり、『法華経』の講義を始めたり、少しずつ着実な活動を積み重ね、社会的にも認められるようになってきた。入唐《にっとう》の話が起こったのはそのような時で、もともと最澄は弟子を唐に遣わして勉強させたいと考えていたのが、桓武《かんむ》天皇《てんのう》の意向で、最澄自身が入唐することになったものである。

唐に出発したのが延暦二十三年（八〇四）、最澄三十八歳のときである。この時、別の船に空海が乗っていたが、四艘《そう》の船のうち、暴風で一艘は九州に戻り、一艘はそのまま行方不明になった中で、最澄と空海の船がともに唐に着いたのは、奇蹟《きせき》ともいうべきことである。しかも、最澄の船は目的地の天台山に近い明州《めいしゅう》に着き、還学生《げんがくしょう》（短期留学生）としての一年足らずの滞在の間に、最澄は能率よく、天台・戒律・禅・密教の四つについて、それぞれの指導者から教えを受けることができた。後に比叡山が円（天台円教《てんだいえんぎょう》）・戒・禅・密の総合道場となるのは、このような最澄の唐での受法に由来する。

しかしまた、最澄の活動したあたりは都の長安から遠く離れ、仏教に関しても最新の情報とは程遠いものであった。空海がやがて、長安で最先端の密教を身につけて帰ってくるのに較べ、最澄が学んできたのはかなり時代遅れの教学であった。後に大乗戒壇をめぐって南都と論争になった時、南都の僧綱《そうごう》（仏教界を統率する役職の僧侶《そうりょ》）たちは最澄のことを、「僧最澄は、唐の都も見ず、辺州にいて帰ってきた」といって馬鹿にしたが、それも所以のないことではない。

ともあれ翌年帰国すると、中央でますます活躍し、重きをなすことになった。とりわけ、延暦二十五年（八〇六）には、天台宗に年分度者《ねんぶんどしゃ》（一年間に各宗で出家を許可される人）が割り当てられ、このことは当時の仏教界で天台宗が公認されたことを意味する。

しかし、その間にも最澄の活動の発展に翳《かげ》りが見えてきた。最澄のもっともよき理解者であった桓武天皇が延暦二十五年に亡《な》くなり、また、長安で最新の密教を学んだ空海がその年帰国すると、移ろいやすい人々の目はそちらに向けられ、時代遅れの最澄はたちまち忘れられた存在となっていった。プライドを捨て、年少の空海に辞を低くしてたびたび教えを請《こ》うたものの、最後には愛弟子《まなでし》の泰範《たいはん》が空海のもとに走るというようなこともあって、弘仁七年（八一六）には空海との交友関係も終わりを告げる。

ところが、この後の失意の晩年に、最澄の独自の思想は一気に開花する。それは南都の教団との間で交わされた二つの大きな論争を通して達成される。一つは法相宗《ほっそうしゅう》の徳一《とくいつ》を相手にした三乗・一乗論争であり、もう一つは南都の僧綱を相手にした大乗戒壇をめぐる論争である。

この二つの論争を通して、最澄は単に天台宗という一つの宗派の祖から、その後の日本仏教のほぼすべてを規定するような大きな影響を残すことになったのである。あえて言えば、最澄から日本仏教がはじまると言っても過言でない。

三　平等主義の闘い

ここでは後者の大乗戒壇の問題を中心に見ていきたいが、前者の三乗・一乗論争についても簡単に見ておくことが必要である。この論争は法相宗の徳一との間で交わされたが、徳一は南都を離れ、当時会津《あいづ》にいたことが知られている。会津は陸奥《むつ》の入り口であり、坂上田村麻呂《さかのうえのたむらまろ》による東北侵攻の後を受けて、東北の安定した支配のために仏教が活用されたのであり、そのために中央で名の高い徳一が東北に呼ばれたものと思われる。最澄自身も弘仁八年（八一七）には関東を旅しており、その間に徳一の著作に触れて論争に発展したものである。

現在、徳一側の資料はすべて失われ、最澄側の資料しか残っていない。しかも、その論争は込み入っていて、必ずしも明快に分かるわけではない。しかし、田村晃祐《たむらこうゆう》による詳細な研究によって、両者の応酬の過程がかなり明らかになってきている。氏の成果は『最澄』（吉川弘文館、人物叢書《そうしょ》、一九八八）に分かりやすく説明されているが、それによると、最初に徳一が『法華経』の一乗思想を論駁《ろんばく》した『仏性抄《ぶっしょうしょう》』を著わしたのに対して、それを読んだ最澄が弘仁八年（八一七）に『照権実鏡《しょうごんじつきょう》』を著わしたのが発端で、その後両者の間で幾度も反駁《はんばく》書がやり取りされ、弘仁十二年（八二一）に最澄が『法華秀句《ほっけしゅうく》』を著わして終止符を打つことになった。まさに大論争といってしかるべきで、理論的な問題をめぐってこれだけ大規模な論争が交わされているところを見ると、日本人が理論的な問題に関して弱いという俗説は必ずしも当てはまらないように思われる。

ここで問題になっている三乗・一乗ということを簡単に説明しておこう。最澄が主張した一乗の立場は、すべての人が同じように仏の悟りを得られると考えるのに対して、徳一が主張した三乗の立場は、大乗の菩薩《ぼさつ》の他に、小乗の声聞《しょうもん》（仏の教えを聞いて悟る者）と縁覚《えんがく》（仏の教えを聞かなくても、自ら縁起の理を体得して悟る者）に達する人がいて、彼らの悟りはそれぞれ別々であるというのである。

三乗説・一乗説とまったく同じではないが、両者と深く関係するのが、悉有仏性説《しつうぶっしょうせつ》と五性各別説《ごしょうかくべつせつ》である。悉有仏性説は、あらゆる衆生は仏性を持っているので、仏の悟りを開くことができると説くもので、一乗説と結びつく。それに対して、五性各別説は、衆生の中には五種類の素質の違いがあると説くもので、それは、声聞定性《じょうしょう》（声聞になることが定まっている人）・縁覚定性（縁覚になることが定まっている人）・菩薩定性（菩薩になることが定まっている人）・不定性《ふじょう》（いずれとも定まっていない人）・無《む》種性《しゅしょう》（いずれになることもできない人）の五つである。この説は三乗説と結びつく。

中国でも一乗説・悉有仏性説が全体の趨勢《すうせい》であったが、それに対して正面から三乗説・五性各別説を主張したのが、法相宗であった。法相宗は玄奘《げんじょう》がインドから伝えた唯識説に基づくもので、インドの最新の仏教ということを売り文句として、七世紀の中国で大いに流行することになった。しかし、それには従来の一乗説・悉有仏性説の立場からの反論もあり、玄奘の門下や周囲で論争があった。しかし、その論争は一時的なものに終わり、必ずしも後に継承されないままに、法相宗の勢力は弱まり、一乗説・悉有仏性説が再び有力となっていった。このように、中国で一時期行なわれた論争が、日本に場所を移して、最澄・徳一の間で争われることになったわけである。

この論争は、最澄・徳一で終わりになったわけではなく、その後、平安中期にも受け継がれ、応和《おうわ》三年（九六三）には、応和の宗論と呼ばれる大きな論争が天台・法相の間で闘わされた。そのときの天台側の中心となったのは良源《りょうげん》であるが、その弟子である源信《げんしん》は『一乗要決《いちじょうようけつ》』（一〇〇六）を著わして、一乗説の総まとめを行なった。その後は一乗説がほぼ通説となって、もはや論争が行なわれることもなくなり、鎌倉時代に至ると、法相宗側も一乗説を認めるようになった。最澄が主張した一乗説が日本の仏教全体を覆うことになったわけで、最澄が果たした役割はきわめて大きいといわなければならない。

もともと五性各別説はインドのカースト制度と関係するものと考えられ、それも必ずしもインドの仏教すべてに普及したわけではない。ましてそのような社会的な基盤のない東アジアでは受け入れにくく、一乗主義の立場のほうが広く受け入れやすい発想である。宗教の持つ普遍主義的な理想主義の立場と言うこともできる。その点では、最澄の一乗主義が日本仏教の主流となったのは無理のないところである。

しかし、「みんなが仏になれる」という一見口当たりのいい一乗主義が、一体どれだけ有効な宗教思想として機能するかは、じつはそれほど自明ではない。誰も反対できそうもない見事な理想が実際には絵に画いた餅《もち》で、口先だけの逃げ口上でしかない場合を、僕たちは至るところで見ている。例えば、宗教は平和を求めるという。しかし、テロを撲滅して平和をもたらすという口実が、どれほどの惨禍を招いていることか。同じように、「本来からすればみんな平等」の美名のもとに、じつは「本来」でない俗世での差別をそのまま見逃すことになっていないか。掛け声だけが立派なときほど、気をつけなければいけない。

もっとも、最澄の一乗主義はそのような内容空疎《くうそ》な掛け声だけのものではない。その根底には強い『法華経』信仰があり、『法華経』の一乗思想を方便視する法相側の論法に対する激しい憤《いきどお》りが、彼の執拗《しつよう》な論争のエネルギーになったということもできる。論争に終止符を打った『法華秀句』は、一乗思想のみならず、『法華経』の優れた十点を数え上げたものである。

三乗・一乗論争と並行的に行なわれた大乗戒壇論争を見ればわかるように、最澄は自らの立場こそ本当の大乗と主張し、法相宗に代表される南都の仏教を小乗と蔑視《べっし》し、強い対抗意識を持っていた。あえて言えば、一乗主義に立つ『法華経』の立場のみが本当の大乗であり、それを現実の場で実現するのが、大乗戒を守る菩薩たちなのである。

四　大乗の戒律は可能か

最澄が大乗戒壇設立の意志を明らかにしたのは、弘仁九年（八一八）、五十二歳の時のことであり、徳一との論争の真最中であった。二つの活動を同時並行して行なっており、晩年の最澄の憑《つ》かれたような激しい情熱が感じられる。それにしても、なぜ大乗戒壇ということがそれほど大きな問題になるのであろうか。

戒律は出家修行者が守るべき規則であるが、単に個人的にその規則を守ればよいというものではない。それは修行者の共同体の規則であり、一緒に生活し修行するためのルールという側面を持っている。それ故《ゆえ》、戒律は原始仏教以来、サンガ（僧伽《そうぎゃ》）と呼ばれる修行者の共同体を維持していくために不可欠なものであり、その共同体に入ることは、その規則を守るということである。その入門儀礼が授戒（受ける側から言えば受戒）であり、そこで新たに成員となる人は戒律を守ることを誓う。その儀式には、三師七証《さんししちしょう》（三人の師匠と七人の証人）と言われるように、十人の成員の立会いが必要で、もっとも慎重な審査が必要とされた。

インドでは、仏教は多数の部派に分かれたが、それぞれの部派は少しずつ違う戒律を保ち、それ故、部派ごとに違う共同体を維持していたと考えられる。今日の南伝系の仏教は上座部《じょうざぶ》に属し、チベット系の仏教は根本説一切有部《こんぽんせついっさいうぶ》という部派の戒律に従っている。中国や朝鮮では、法蔵部という部派の『四分律《しぶんりつ》』を用いるのが一般的である。

ここで注意されるのは、このように各部派には律蔵が具《そな》わっているが、大乗仏教には独自の律蔵がないということである。大乗戒といわれるものがないわけではないが、それは部派の律蔵のように、集団を維持していくことができるだけの十分な体系性を持っておらず、部派の律蔵に替わることができるものではない。したがって、インドの大乗仏教は独自の教団を持つことがなく、部派の中で共存しながら、独自の思想を展開したグループであったと考えられている。

その事情は中国においても変わらない。中国の仏教はごく初期を除いて、すべて大乗仏教一色となるが、戒律に関しては部派のものを用いた。唐代に道宣《どうせん》（五九六―六六七）によって『四分律』に基づく戒律の制度が整備された。それは二百五十戒からなり、具足戒と呼ばれる。日本へも鑑真《がんじん》によって『四分律』による授戒の方式が伝えられた。その立場では、部派の戒律であっても、大乗の精神によって用いれば、大乗の戒律として問題ないと考える。その授戒を行なうところが戒壇であり、当時の日本では、東大寺・下野《しもつけ》薬師寺・筑前《ちくぜん》観世音寺の天下の三戒壇のいずれかで授戒を受けることが必要とされた。

確かに大乗戒としての梵網《ぼんもう》戒も広く用いられた。梵網戒は『梵網経』によるもので、この経典は中国で作られたものと考えられるが、その中に十重四十《じゅうじゅうしじゅう》八軽戒《はちきょうかい》（十の重い戒と四十八の軽い戒）と言われる戒が規定されている。しかし、それは出家者の戒律としては不十分である。具足戒に較《くら》べて条目自体が少なくて不十分ということもあるが、その内容も、十重戒の中に、不飲酒《ふおんじゅ》の代わりに不酤酒《ふこしゅ》（酒を売らない）があり、他にも不説四衆罪過《ふせつししゅざいか》（教団の成員の悪口を言わない）、不謗三宝《ふぼうさんぼう》（仏法僧の三宝を謗《そし》らない）など、出家者が守るべき戒律というよりも、むしろ在家信者が守るべき心構えのようなものが入っている。

実際、梵網戒は出家者にとっても菩薩の精神を説くものとして併用されたが、他方で在家者向けの戒としても用いられた。鑑真が日本にやってきた時、東大寺の大仏殿の前で、聖武上皇をはじめとする在家の者たちに梵網戒を授けている。

最澄はこの梵網戒を『四分律』に代えて、出家者の戒律として用いようというのである。それは、これまでの仏教の常識をまったくひっくり返すものである。一説に最澄が比叡山に新しい戒壇を設けることにこだわったのは、受戒のために東大寺に行った若い僧が、比叡山の厳しい修行を嫌って山に戻らなかったから、南都に行かなくても授戒できる戒壇を設けようとしたためだという。しかし、それならば、あえて大乗戒にこだわる必要はない。これまで誰も考えなかった大乗戒壇とは、一体何だったのだろうか。そして、なぜ最澄はそれにこだわったのであろうか。

五　菩薩とは――「六条式」

最澄は弘仁《こうにん》九年（八一八）に「天台法華宗年分学生式《ねんぶんがくしょうしき》」（六条式）を朝廷に提出し、続いて同年に「勧奨天台宗年分学生式」（八条式）、翌年には「天台法華宗年分度者回《え》小向大式《しょうこうだいしき》」（四条式）を提出して、大乗戒壇の設立を願い出た。これらを『山家《さんげ》学生式』と総称する。それ以前に、最澄はこれまで守ってきた具足戒の棄捨を宣言したともいわれ、並々ならぬ覚悟をもってことに臨んだのである。しかし、当然の事ながら、南都の諸宗はそれに対して強く反発した。南都の僧綱による反論に再度最澄が反駁《はんばく》したものが『顕戒論《けんかいろん》』（八二〇）であり、最澄は徳一との論争に加えて、まったく同時にもうひとつの激烈な論争に自ら身を投ずることとなった。最澄の生前に認められなかった大乗戒壇は、弘仁十三年（八二二）、最澄没後七日目にしてようやく認められた。

それでは、最澄は、これらにおいて、どのように大乗戒壇を主張しているのであろうか。六条式では、次のように言われている。

凡《およ》そ法華宗天台の年分度者は、弘仁九年より永遠の未来まで、大乗に属するものとする。その（在俗時の）本籍の名を除かずに、仏子の号を与え、（大乗の）円満なる十善戒（梵網戒の十重戒）を授けて菩薩《ぼさつ》の沙弥《しゃみ》とする。その度縁《どえん》（得度の証明書）には官印を請う。（第一条）

凡そ大乗に属するものは、得度の年に仏子となる戒を授けて菩薩僧となし、その戒牒《かいちょう》（受戒の証明書）には官印を請う。大乗戒を受け終われば、比叡山に住まわせて、十二年間、山門を出ることなく、（遮那《しゃな》業《ごう》と止観《しかん》業《ごう》の）二つの行を修行させる。（第二条）

一人前の僧になるには、通常まず簡単な十戒を受けて沙弥（見習い僧）となるが、それを得度といい、国家の許可が必要とされた。得度・受戒の際に官印が必要とされるのは、国家制度的に認められることの証明である。一年間に許可される人数は限定されており、それが年分度者である。天台宗には二人が割り当てられ、一人は遮那業（密教の修行をすること）を専門とし、もう一人は止観業（天台の止観を修すること）を専門とすることになっていた。沙弥は、見習い僧として修行し、成人に達したときに正式の具足戒を受けて一人前の僧（比丘《びく》）になるのである。それが従来のやり方であった。

しかし、最澄はその方式を大胆に変えようとする。そのいちばん基本は大乗の梵網戒を用いるということであるが、そこには、最澄独特の大乗理解がある。既に述べたように、梵網戒は出家者にも菩薩の精神を自覚するという意味で授けるが、もともとは在家者向けというところが強かった。最澄自身、そのことを自覚しており、四条式では、それを「その戒広大にして、真俗一貫なり」と表現している。「真」（出家者）の世界が、「俗」との連続性において捉《とら》えられ、それが大乗精神の発露とされる。六条式の冒頭は、「国宝とは何物ぞ。道心を宝とするなり。道心ある人を、名づけて国宝と為《な》す」と、道心ある大乗の修行者を「国宝」と捉えている。即《すなわ》ち、大乗の修行と世俗の国家とは不可分に捉えられているのである。

そのような基本的な理想の上に、大乗の菩薩僧を養成しようとする。例えばここでは、得度したときに在俗時の本籍を抜かないといっている。それまでは、得度すると戸籍を民部省《みんぶ》から治部省《じぶ》に移し、それによって世俗を離れることになるのであるが、最澄の主張する大乗の僧は、戸籍を俗人のままにしておくというのである。真俗一貫の立場からは、俗人の戸籍のままであることのほうが望ましいことになる。驚くべきことに、後に明治維新後、僧に肉食妻帯を許すとともに、まったく俗人と同じ制度の中に組み込んだその先駆が、早くもここに見られるのである。

沙弥は、南都の場合であれば、見習い期間をおいた上で、二十歳に達したときに受戒して一人前の僧（比丘）になるが、最澄は得度したらその年の内に受戒させてよいとする。要するに見習い期間はごく短くてよいことになる。ここにも真俗一貫の方針が貫かれ、俗人・沙弥（見習い）・比丘（一人前の出家者）の距離が縮められている。

しかし、最澄の真俗一貫の理念は、決して出家者が世俗化して、俗人のようになるというのではない。むしろ従来の南都の仏教以上の厳しい修行を課そうとする。即ち、大乗戒を受けた後、十二年間は比叡山に籠《こも》って修行しなければならない。これはまさしく最澄自身がしたことに他ならない。受戒以前に見習い期間をおくよりも、早く戒を受けて大乗の菩薩僧としての自覚を持って、それから本格的な修行に入るべきだというのである。

それでは、十二年の修行を終えたら、その後はどうすればよいのであろうか。第五条によると、彼らは三種類に分けられる。即ち、行業も言説も立派な人は「国宝」として比叡山に残り、指導者となる。言説は立派だが行業が及ばない人は「国師」、行業は立派だが言説が及ばない人は「国用」とされる。

それでは、国師・国用は何をするのであろうか。第六条によると、彼らは地方に派遣され、布教や国の講師に当たるとされる。彼らは「経を講じ、心を修め」ることに専念することが任務である。毎年の安居《あんご》（修行に専念する期間）に法服の施料が与えられるが、それは自分たちで用いるのではなく、官舎に収納して、「国内の池や溝《みぞ》を作り、荒地を耕し、崩れたところを修復し、橋を造り、船を造り、樹を植え、苧《ちょ》を植え、麻を蒔《ま》き、草を蒔《ま》き、井戸を掘り、水を引いて、国を利し、人を利するのに用いる」というのである。

法服の施料というのは、要するに国からの供養《くよう》料であるが、それを個人的に用いるのではなく、社会に還元しようというのであり、しかもその使い方がきわめて具体的に記されていて、現実味を帯びた迫力がある。ここにこんな具体的なことを書く必然性はない。恐らくは、大乗戒は僧団に閉ざされるものではなく、真俗一貫の菩薩の精神に立って社会貢献しなければならないというその理念が先走り、それがこのような表現となったのであろう。もちろん、出家者が直接そのような事業に当たるわけではない。しかし、施料がそのように用いられるように監督する責務はある。

近代の仏教の特徴として、しばしば社会参加ということが指摘される。南伝系でも、チベット仏教でも、中国仏教でも、世俗を超越するのでなく、積極的に世俗にはいっていく仏教が、新しい仏教のあり方として注目を浴びている。しかし、そのことはすでに最澄がはっきりと指摘している。そして、恐らく最澄の念頭にあったのは一時代前の行基《ぎょうき》の活動であっただろう。

こうして日本の仏教は、一方で世俗を超越することを求めつつも、もう一方では常に世俗の中に入り込むことが、大きな伝統となった。世俗の人々を救済してこそ本当の菩薩だ、という理想は確かにある程度実現された。しかし他方、あまりに世俗化しすぎた仏教はしばしば堕落という批判を招くことにもなった。その両面を含む理念と制度の確立を果たしたのが最澄だった。

六　仏教国家への道——「四条式」

八条式はいわば六条式を補足するように、具体的に後継者の養成を述べているが、四条式になると、南都との対抗意識を表面に出し、南都側を小乗呼ばわりしてくる。第一条では、「仏寺に三あり」として、一向大乗寺・一向小乗寺・大小兼行寺《けんぎょうじ》の三種の寺があるとする。初心の修行者は一向大乗寺に住むのであり、長い修行を積んではじめて、利他のために小乗の戒律を受けて、大小兼行寺に住することができる。大小兼行寺というのは、要するに一般の寺院であり、そこでは南都系の僧と共住しなければならないから、否応《いやおう》なく大小兼行寺にならざるを得ないのである。

第二条では、その三種の寺の上座に安置する像の違いを述べる。一向大乗寺では文《もん》殊菩薩《じゅぼさつ》を上座とし、一向小乗寺では賓頭盧《びんずる》尊者を上座となし、大小兼行寺ではその両方を上座とするというのである。賓頭盧は寺院の食堂に安置される像として知られるが、この場合、最澄は布薩《ふさつ》（戒律を守っているかどうか確認する集会）の際の本尊という意味合いで用いているようである。

第三条は、戒に大乗の戒と小乗の戒の二種類があることを明白に述べる。

凡そ仏戒に二つある
一つには大乗の一人前の僧の戒　十重四十八軽戒を制定し、一人前の僧の戒とする。
二つには小乗の一人前の僧の戒　二百五十等の戒を制定し、一人前の僧の戒とする。

ここでは、明白に『四分律』の二百五十戒を小乗戒として、大乗戒である梵網戒と対立させている。『四分律』によって大乗教団を作ることができるとする南都の立場からは許し難い説と言わなければならない。実際、すでに述べたように、インド以来、中国でも、他の地域でも、部派の戒を大乗教団でも用いており、最澄の主張はまったく無理で強引な論と言わなければならない。南都側を小乗と決め付けることによって、天台側の純粋大乗性を強調しようというのであり、そこには政治戦略的な生臭ささえ感じられる。

では、戒の条目以外に、両者はどのように違うのであろうか。それが第四条に述べられる。『四分律』による具足戒は、三師七証と言い、戒律を授ける三人の師と七人の証人を必要とする。それに対して、大乗戒はどのように授けるのであろうか。

第四条によると、釈迦牟尼仏《しゃかむにぶつ》と文殊菩薩と弥勒菩薩《みろくぼさつ》を三師とし、十方一切の諸仏を証人とし、十方一切の諸菩薩を同学の仲間とするというのである。それではあまりに抽象的で、具体的な授戒の儀式が成り立ちにくい。そこで、一人の伝戒師を現前の師として行なうとする。つまり、小乗戒が十人の資格のある人を必要とするのに対して、大乗戒は一人いればよいということになり、きわめて簡略化されることになる。それればかりか、もし千里のうちに授戒の資格のある人がいなければ、仏像の前で自分で誓いを立ててもよい、とされている。

もともと戒律は、集団生活を行なうための生活規律であり、それ故《ゆえ》、集団に入れることを認めるためには、集団生活が可能かどうか、厳格に審査する必要があった。そこで、授戒の儀式は非常に慎重に行なわれなければならなかった。ところが、最澄の主張する大乗戒は、そのような具体的な共同生活のための規律という意味を失っている。そうではなく、一切の諸仏を師として、一切の諸菩薩とともに歩むという、きわめて抽象化された精神的な理想を表わすものに変わっている。そこでは個別的な条目を守って規律ある生活を送るということよりも、菩薩の精神を生かして、人々のために邁進《まいしん》することのほうが大乗にふさわしいということになる。大乗戒は、そのような菩薩の自覚の表明ということができる。そして、そのような誓いを立てる場が戒壇ということになる。

四条式の終わりでは、そのような菩薩のあり方が、世俗との関わりで述べられている。

国宝や国利は、菩薩でなくて誰であろう。仏道を菩薩と称し、俗道を君子と号する。その戒は広大で、真俗で一貫している。それ故、『法華経』では、二種の菩薩を連ねている。文殊師利菩薩、弥勒菩薩などは、皆な出家の菩薩である。跋陀婆羅《ばつだばら》などの五百の菩薩は、皆な在家の菩薩である。『法華経』では二種の人を詳しく述べて、一類の衆として、(小乗の)比丘の類に入れず、大乗の類としている。今この菩薩の類は、日本にはまだはっきりとは伝わっていない。伏して乞《こ》う、陛下よ、弘仁《こうにん》の年より以後、新たにこの大道を建て、大乗戒を伝流することを。

ここには、最澄の理想がきわめて明白に述べられている。最澄は、『法華経』に基づいて、出家の菩薩と在家の菩薩の二種類があるという。しかし、出家と在家の違いはあっても、大乗の菩薩であることは同一であり、その点で小乗の比丘と鋭く対立する。ここに大乗の真俗一貫が成り立つことになる。

では、真俗一貫ならば、なぜ出家しなければならないのだろうか。在家の菩薩でもよいではないか、という疑問が生ずる。ここに、「国宝」ということが重い意味を持ってくる。「国宝」は六条式の最初に提示された概念であった。国を精神的に指導する人、その人こそが「国宝」である。世俗の権力だけでは国は成り立たない。国を作るのは、俗道の君子とともに、仏道の菩薩であり、「国宝」たる指導者がいなければならない。その指導者の下に、各地で活動する国師や国用がいて、はじめて全国に菩薩の精神が行きわたり、世俗の権力と協力することで、理想の国土を造ることができる。最澄の理想とするのは、そのような仏教国家である。

最澄は大乗戒壇の主張を通して、雄大な仏教国家の理想を描き出す。真俗一貫の立場から、「真」である出家の菩薩が、「俗」の在家の菩薩である君主と力をあわせ、人々の福利に努めるとともに、人々を悟りへと導いていく。それこそが大乗の菩薩の道であり、そこに一乗思想の理想が実現されることになる。

七　真俗一貫のゆくえ

仏教というと、ともすれば現代の僕たちは、心の救いというようなことを思い浮かべる。本書ではこれまで、少し視点を変えて、人間の異形性、他者や死者との出会いということから仏教を捉《とら》えようとしてきた。しかし、最澄の仏教は少し違う。真俗、即ち仏教者と世俗の権力者が協力して理想の仏教国家を作り出そうというのである。考えてみれば、中世まで国家の権力は常に仏教と密接に絡《から》みながら展開してきているのであり、その点から言えば、最澄の理想はある程度実現されていたということができる。もっともそれが本当に望ましい形であったかどうかは分からないが。

最澄の大乗戒の思想は、政治と宗教という大きな問題を投げかけると同時に、さまざまな点でその後の日本の仏教を大きく規定していくことになった。

前章、『日本霊異記《にほんりょういき》』に関して見たように、もともと日本の仏教は戒律ということにあまり厳格でなかった。それを理論的に決定付けたのが最澄の大乗戒の採用と、「真俗一貫」の主張であった。戒律は教団の生活規律であるよりは、菩薩の精神の自覚的な表明となった。それ故、その精神さえ確固としていればよいのであり、むしろ細かい条項に神経を使うほうが、囚《とら》われた心のあり方として否定的に見られることになる。

このような理念に導かれて、日本の仏教は固定した僧院に籠《こも》るよりは、社会の中に拡散して、世俗との深いかかわりの中で展開することになった。それはそれでよいことであるが、緊張感を失ったときには、ただ戒律の弛緩《しかん》した肉食妻帯お構いなしの無節操に陥ることになってしまう。それは紙一重の問題だ。実を言えば、日本の仏教はこの後、危機に陥るたびに、戒律復興の運動が興《おこ》り、弛緩した無節操さを告発し、それを乗り越えようという運動によって再興されてきた。鎌倉時代、江戸時代など、戒律弛緩と言われる時代は、同時に戒律復興の時代でもあった。その両者の緊張関係の中で日本の仏教は展開してきたと言ってもよい。

ちなみに、「真俗一貫」に見られるような仏教の現世との接近は、その後、教理的には本覚《ほんがく》思想のような現世主義的な独特の仏教思想が興起するもととなった。しかし、最澄においては、必ずしもこの点でそれほど大胆な説が展開されているわけではない。むしろ注目されるのは、最澄がその大乗戒を主張する際に、南都側を小乗と決め付け、二項対立のどちらを採るかという迫り方をしていることである。このように二者択一的なフレームを作り、選択を迫るやり方は後の日蓮《にちれん》を思わせるが、法然《ほうねん》もまた聖道門《しょうどうもん》

（自力修行により悟りを求める道）と浄土門（阿弥陀仏《あみだぶつ》の力で浄土に往生する道）のいずれをとるかという選択を迫っていて、きわめて似た方法を使っている。いわゆる鎌倉新仏教の祖師たちが比叡山の出身であることを思えば、その開祖の最澄の方法に倣《なら》ったことはそれほど奇異ではない。

だが、この二者択一の方法が、本当に適切であるかどうかは、なお検討の余地がありそうだ。大乗と小乗を完全に分離して、小乗を拒否して大乗を選ぶという発想が、例えば最澄がもっとも深く信仰する『法華経』にかなう発想法であろうか。むしろ二項対立の図式がいかに乗り越えられるか、ということこそが問われるべき問題ではないだろうか。

二項対立の図式は分かりやすい。正義の国家対テロ勢力と言われれば、はじめからテロ勢力に味方するという態度は取りにくい。改革か抵抗勢力かという二分法が日本の動向を決めたことも記憶に新しい。二項対立ははじめから選ばれるほうが決まっていて、その上でさまざまな複雑な要素をすべて切り捨て、最大限単純化されて仮構されるのだ。それと同じことを最澄もやっていなかったか。そして、それが何か日本仏教のよき伝統のように思い込まれてこなかったか。もう一度考え直さなければならない問題は大きい。

第九章　この身のままに仏となる――空海『即身成仏義』

一　密教はなぜ忌避されたか

今日、空海《くうかい》といえば、単に仏教史上に留《とど》まらず、総合的な文化史上の大天才として喧伝《けんでん》されている。しかし、このような空海に対する高い評価は決して以前からあったものではない。歴史の教科書でも、真言宗《しんごんしゅう》を開いたという一言で片付けられていた。ブームと言っていいほど、空海に関するいろいろな本が出されるようになるのは、一九八〇年代くらいからのことに過ぎない。もちろん、真言宗内での研究は着実に進められていたが、広く一般の関心の対象とはならず、ほとんど忘れられた思想家だった。

明治以後、日本が急速な近代化を急ぐ中で、その指導者たちは伝統的な宗教への関心を失ってしまった。仏教は過去の封建時代の恥ずかしい遺物であり、西洋近代の栄光の前にはとても誇るべきところのないものと考えられた。例えば、福沢諭吉《ふくざわゆきち》は『文明論之《の》概略』で、「古来、名僧智識と称する者、あるいは入唐《にっとう》して法を求め、あるいは自国にありて新教を開き、人を教化《きょうげ》し寺を建るもの多しといえども、大概皆天子将軍等の眷顧《けんこ》を徼倖《ぎょうこう》し、その余光を仮りて法を弘めんとするのみ」（岩波文庫、二二四頁）と、はなはだ手厳しい。そして、「仏法はただこれ文盲《もんもう》世界の一器械にして、最愚最陋《さいろう》の人心を緩和するの方便たるのみ」（同、二二六頁）と断定している。

そのような状況の中で、仏教側も近代化を進めて、こうした批判に対応しなければならなかった。その中心的な力となったのは浄土真宗であった。これは、浄土真宗が仏教諸派のなかでも最大の勢力であったというだけでなく、僧侶《そうりょ》の妻帯を認めるなど、いち早く世俗化しており、近代の世俗主義的、合理主義的な動向に合致していたという事情による。近代になって、鎌倉新仏教の祖師たちが日本仏教の最大の花形として光を当てられるようになったのは、このような経緯による。

それに反して、仏教界の悪役とされたのが、いわゆる旧仏教の天台や真言であり、とりわけ密教は非合理的、呪術的《じゅじゅつ》、迷信的で、前近代の日本の悪いところを代表しているかのように位置づけられた。鎌倉仏教の祖師たちが評価されたのも、彼らが密教に対して否定的な態度を取っていたということが評価されたのである。時代の反密教観をよく反映した例として、丸山眞男《まるやままさお》が挙げられる。丸山は、九世紀以後の仏教が

「密教的な現世福祉の祈禱《きとう》と結びつく」ところを「もっとも宗教の堕落した存在形態への転落」として、密教に対して全面的な厳しい否定を突きつけた。それ故《ゆえ》、空海に対しても、「体制権力との直接的抱合と、原型的な呪術的思考との癒着は一層甚だしい」と斬《き》って捨てている（『丸山眞男講義録』四、東京大学出版会）。

このような反密教主義が転じて、密教が一種の流行現象となるのは一九八〇年代あたりからで、近代的な合理主義の行き詰まりから、非合理的な宗教への関心が高まった。先に挙げた空海ブームもその一環をなすが、チベット密教が大きく取り上げられたのもこの頃である。しかし、そのような非合理主義が行き着いた先は、オウム真理教が引き起こした一連の悲劇的な事件であった。

こうした試行錯誤を経ながら、今日なお、密教をどう位置づけるかについては、必ずしも定説はない。空海の壮大な思想がさまざまな面で日本の思想や宗教に決定的な影響を与えてきたことは確実であるが、具体的にどのような点が、どのような影響を残したかについては、まだこれから検討しなければならない問題が多い。ここでは、空海の諸著作における思想を見渡しながら、特に『即身成仏義《そくしんじょうぶつぎ》』に見える即身成仏思想を中心にいささか考えてみたい。

二　生死の闇へ

生まれ生まれ生まれ生まれて生《しよう》の始めに暗く
死に死に死に死んで死の終わりに冥《くら》し（『秘蔵宝鑰《ひぞうほうやく》』）

僕たちはこの世界に投げ出されて、その由来も分からなければ、その行方も知らない。この生を一回的なものと捉《とら》え、全能の神の業《わざ》によってすべて説明をつけるキリスト教的な発想と違い、インドに発する仏教では、現世は永劫《えいごう》の輪廻《りんね》の中の一齣《ひとこま》に過ぎない。これまでどれだけの生を繰り返し、どれだけの死を繰り返してきたのか。そしてこれからまた、どれだけの輪廻を繰り返さなければならないのか。過去も未来も茫《ぼう》漠《ばく》とその果ては知られない。

それにしても、そのような無限の生死を、僕らはどれだけ現実的な問題として受け止められるだろうか。あまりに空想的過ぎて実感が乏しいのではないだろうか。この世の生の直前とか、直後の生はともかく、無限の輪廻というインド的な観念は必ずしも日本には定着しなかった。だが、その中にあって空海のこの詩句は、単なるレトリックに留まらず、異常なまでの迫力をもって迫る。現世はどこまでも長い時間の中の一部でしかないというのは、空海にとって単なる観念ではなく、実感をもって切実に受け止められた事実だったに違いない。空海はどこか日本人離れした感覚をもっていたようだ。

二十四歳のときの著作『三教指帰《さんごうしいき》』は、儒教を説く亀毛《きぼう》先生、道教を説く虚亡隠士《きよぼういんし》の説を、仏教を説く仮名乞児《かめいこつじ》が論破するという構成で、中国古典を踏まえた見事な文章で、その天賦《てんぷ》の才が遺憾なく発揮されている。仮名乞児の説の中に、「無常の賦《ふ》」と「生死海《しょうじかい》の賦」という二つの賦（韻を踏んだ文章）が収められていて、無常と同時に、遥《はる》かに窮まりのない生死の海の実感が、その仏教観の根底にあったことが知られる。無常と生死を超え出ようというところに、空海の仏教への志向が動機付けられる。

だが、仏教によって本当に無常や生死が超えられるのか。『三教指帰』の仏教優越論は、論としては見事にまとまっているが、そのまま納得がいくかというと、どこか空疎《くうそ》だ。生死の闇《やみ》は、どんなに理論的に乗り越えられたように見えても、なお背後から常に立ち現われ、無限の深みへと僕たちを引き摺《ず》り込む。空海が密教に深入りしたのは、理論で解決できないこの闇を深く実感していたからではなかったか。壮大で総合的な世界観を樹立した空海だが、もう一方ではいつもその総合をはみ出し、調和を壊すものから目を背けることができなかったに違いない。

空海は宝亀《ほうき》五年（七七四）讃岐《さぬき》の生まれ。最澄《さいちょう》より七歳の年少である。最澄が中央にあって正式の得度・受戒を経た上で、独自の道を歩み出したのに較《くら》べて、空海は最初から正統な道を外れていた。十八歳で大学に入って漢籍を学んだが、その後入唐《にっとう》するまでの事蹟《じせき》はほとんど知られていない。入唐間際《まぎわ》に慌《あわ》てて受戒して正式の僧となるのであり、それまでは民間の一私度僧《しどそう》に過ぎなかった。名も知らない沙門《しゃもん》から虚空蔵《こくうぞう》求聞持法《ぐもんじほう》を受け、四国で修行を積み、また、南都で仏教を学んだのではないかと言われるが、確かなことは分からない。

延暦二十三年（八〇四）入唐。別の船には最澄が乗っていた。空海の船は暴風で南の果て福州《ふくしゅう》に着き、そこから苦労して都の長安に上り、青龍寺《せいりゅうじ》の恵果《けいか》に密教を学ぶとともに、最新の中国文化をたっぷりと身につけ、大同《だいどう》元年（八〇六）に帰国した。二十年滞在予定の留学生であったが、師の恵果がその前年に亡《な》くなったこともあり、もはや中国で学ぶことはないと考えたのであろう。

ほとんど無名の帰朝僧に対して、朝廷や貴族の目は冷たく、空海は筑前で三年間も待機しなければならなかった。しかし、唐の文化に深い関心を寄せた嵯峨《さが》天皇の即位で、空海は一躍時代の寵児《ちょうじ》となる。天皇の外護《げご》のもとに高雄山寺《たかおさんじ》（神護寺《じんごじ》）を中心に密教を広め、弘仁《こうにん》三年（八一二）には最澄らに灌頂《かんじょう》を与え、その地位を確立した。その後、高野山《こうやさん》を開いて真言の道場とし、さらに東寺《とうじ》を下賜《かし》され、名声と権勢の中で、承和《じょうわ》二年（八三五）、六十二歳の生涯を閉じた。その間の活動はまさに天才の名にふさわしく、新しい密教の伝来者というに留《とど》まらず、文学・美術・書道・教育・建築・灌漑《かんがい》治水・医薬など、ありとあらゆる文化面に及んでいる。

最澄がその晩年、失意の中で絶望的な論争に身を投じたのに対して、空海の後半生は順風満帆だったように見える。だが、本当にそうだったのだろうか。ここではそのことを思想面から考えてみたい。調和型、総合型とされる空海の思想が、はたして破綻《はたん》のないものといえるのかどうか。生死の闇に目を凝らした空海は、密教の奥に何を見出《みいだ》したのだろうか。

三　最奥の真理へ

空海はなぜ密教を採用したのであろうか。非常に単純な理由としては、当時の長安で最新流行の仏教であったということが挙げられるであろう。七一六年に長安に着いた善無畏《ぜんむい》（六三七―七三五）が『大日経《だいにちきょう》』を伝え、少し遅れて七二〇年に着いた金剛智《こんごうち》（六七一―七四一）が『金剛頂経《こんごうちょうきょう》』を伝えた。前者の系統では一行《いちぎょう》（六八三―七二七）が出て、『大日経疏《だいにちきょうしょ》』を著わしてその思想を解明し、後者の系統では、不空《ふくう》（七〇五―七七四）が現われて、さらに多数の経典を請来《しょうらい》した。空海の師である恵果（七四六—八〇五）は不空の弟子であるが、両方の系統を統合しようとしたと言われている。

空海にとって最大の問題は、無限の生死の世界からどのようにして超脱できるかということであったはずだ。顕教《けんぎょう》（密教以外の教え）の学問に満足できなかった空海にとって、密教とは何よりもこの世界を超えて、仏の悟りの極致に達することのできる教えであった。帰国後比較的早い時期に書かれた『弁顕密二教論《べんけんみつにきょうろん》』で、空海は顕教に対する密教の優位を盛んに説くが、その論点は何よりも、密教が法身仏《ほっしんぶつ》の説法だということであった。

応仏《おうぶつ》・化仏《けぶつ》の説法を顕教と名づける。言葉は顕《あき》らかで簡略であり、相手に応じたものである。法身仏の説法を密蔵《みつぞう》と名づける。言葉は秘密で奥深く、真実を説いている。（『弁顕密二教論』）

応仏とか化仏とかいう方便の姿をとった仏が、衆生の求めに応じて、分かりやすく説いた教えが顕教であるのに対して、密教を説く法身仏は究極の仏そのものであり、衆生の能力などお構いなしに、最奥《さいおう》の真実を直接説き出すのである。それによってこそ、無常の生死流転《しょうじるてん》の世界を超えた真理の世界がはじめて開けてくるに違いない。それは、「仏陀《ぶつだ》にほぼ近い境地の人（等覚《とうがく》）やそれに次ぐ十段階の菩薩《ぼさつ》（十地《じゅうじ》）も（仏の）室に入ることはできない。まして小乗のものや凡夫では、誰が（仏の）堂に昇ることができるだろうか」（『弁顕密二教論』）とさえ言われるのであり、だからこそ秘密の教えなのである。

空海の主著である『秘密曼荼羅十住心論《ひみつまんだらじゅうじゅうしんろん》』や『秘蔵宝鑰』は、十段階の精神の発展（十住心）によって、顕教から密教への進展を説いている。十住心は以下の通りである。

1　異生羝羊心《いしょうていようしん》――羊《ひつじ》のように迷う凡夫。仏教に触れていない外道。
2　愚童持斎心《ぐどうじさいしん》――はじめて道徳にめざめる段階。
3　嬰童無畏心《ようどうむいしん》――善行によって天に生まれることを願う段階。以上は仏教以前の段階。
4　唯蘊無我心《ゆいうんむがしん》――五蘊《ごうん》のみが実在して、実体的な自我は実在しないと信ずる段階。小乗。
5　抜業因種心《ばつごういんじゅしん》――縁起の原理を知り、業の苦しみを抜き去ろうとする。小乗。
6　他縁大乗心《たえんだいじょうしん》――利他の心を生ずる。法相宗。以下、大乗。
7　覚心不生心《かくしんふしょうしん》――自心が空であって、生滅しないと知る。三論宗。

8　一道無為心《いちどうむい》――唯一の悟りの境地の絶対性を説く。天台宗。
9　極無自性心《ごくむじしょう》――一切存在は無自性で相関していると説く。華厳宗。
10　秘密荘厳心《ひみつしょうごん》――秘密の世界を開く密教の立場。

第十段階が密教であり、それまでの九段階は顕教である。九顕一密《くけんいちみつ》といわれる。密教に至るためには、このような精神の歴程を経なければならないのであり、それは決して容易なことではない。精神の錬磨を経て密教に達するとき、はじめて仏の最奥の悟りの世界が明らかにされる。ところが、第十段階に至ってみれば、すべてこの世界は仏の悟りの世界であり、そこに至る前段階もそこからはみ出すことはない。それまでの九段階の顕教も、第十段階の密教の世界に包摂されることになる。このような見方を九顕十密《くけんじゅうみつ》という。九顕一密は我々が下から眺めた見方であり、九顕十密は仏が悟りの境地から俯瞰《ふかん》した見方ということができる。

このような空海の密教論は、ある意味では天台や華厳《けごん》のような顕教の理論と非常に似たところがある。天台でも『法華経』において仏の最奥の真理が表明されるのであり、その世界に達してみれば、それまでの教えもすべて最奥の『法華経』に至る道筋として肯定されると説く。あるいは、『華厳経』は仏が悟りを開いたばかりのとき、人々の理解能力など考慮せずに、その悟りの世界をストレートに説いたものであるとされ、そのような世界に入っていくためには、長い修行の過程を必要とすると説くのである。それが善財童子《ぜんざいどうじ》の求道の物語によって表わされる。

独自の密教解釈に立って新鮮な問題提起をしている津田真一《つだしんいち》によれば、空海の思想は密教的というよりは、一般の大乗仏教をもっとも徹底したものと見るべきであるという（『反密教学』リブロポート、一九八七）。

『大日経』系統の曼荼羅は胎蔵《たいぞう》（界）曼荼羅（本来は、胎蔵曼荼羅であるが、日本では金剛界と対にして胎蔵界と呼ぶ）と呼ばれ、『金剛頂経』系統のものは金剛界曼荼羅と呼ばれるが、両部、あるいは両界曼荼羅として両者をセットとみることはインドにはなく、中国でも広く行なわれたわけではない。それは恵果の独創で、空海に伝えられたというが、実際には空海によって発展させられたところが大きい。津田によれば、『大日経』は大乗仏教の利他行の立場をもっとも徹底した菩薩の理想を表わすものであるのに対して、『金剛頂経』は他者の存在を無視して一気に悟りへと達しようという異なったタイプの宗教であり、後者こそが密教そのものである。このように両者はまったく思想的基盤を異にし、両立不可能であるという。津田によれば、空海はその矛盾を自覚し、最終的には大乗の利他行の道を選びとったという。

通常、胎蔵（界）曼荼羅は慈悲を表わすとも、あるいは智慧《ちえ》によって解明される世界の理法を表わすともいわれ、それに対して金剛界曼荼羅は智慧そのものを表わすとされる。あるいは、それぞれ女性原理と男性原理を表わすものともされる。両部は二にして不二とされ、二項対立的な概念が見事に統合されている。だが、本当にそれほどうまく統合されているのかどうか、津田の問題提起はそこを突いている。

『大日経』と『金剛頂経』は、ともに中期の密教経典とされるが、『大日経』よりも『金剛頂経』のほうが密教として進展した段階のもので、両者の説くところは必ずしも同じではない。とりわけ空海が重視する『大日経』の住心品《じゅうしんぼん》は、十住心のもととなる心の諸相を記述し、密教へと進んでいく菩薩の修行の過程を説いたものと解される。それに対して『金剛頂経』は、五相成身観《ごそうじょうじんがん》といわれる五段階の方法を中心に、一気に成仏する密教のやり方を正面から説いている。

空海は『大日経』住心品に基づきながら、常に顕教と対比し、その究極に密教を見ようとするのであり、『金剛頂経』に説くような密教の立場をストレートに論ずるというわけではない。空海と併称される偉大な密教家である覚鑁《かくばん》（一〇九五―一一四三）は、徹底的に密教の立場のみを説いており、それと較べると、空海は顕教をはるかに強く意識している。空海がまったく性質の違う両部をあえてセットとして統合しようとしたのは、両者の矛盾を自覚しながら、しかもそのどちらをも必要としたからに違いない。生死の海に漂う自己を強く意識しているから、一方でそこからの離脱を説く密教こそ最終的な到達点としながらも、他方ではその迷妄《めいもう》と悟りとを結ぶ道筋をしっかりと踏み固めることの必要をも痛感せざるを得なかったのである。

ところで、そのような緊張関係を孕《はら》んだ両部の二元性の統一の思想は、後には通俗化、民衆化して男女の性的な一体化を意味づける理論ともなり、また、両部神道《りょうぶしんとう》に見られるように、神道の形成にまで影響を与えるようになってゆく。空海が高度な理論として提示した総合的な思想は、その高度で難解な部分を卑俗化することで、仏教が土着化し、日本に定着していく基盤を作るのである。ここに空海の思想の不思議なところがある。空海のほかの思想の要素に関しても同じようなことがいえる。顕と密がセットになって仏教の総体を形作るあり方を顕密《けんみつ》仏教というが、これもまたその後の仏教の定型的なシステムとなっていくのである。

四　この身のままに仏となる――『即身成仏義』

それでは、空海の密教的な立場はどのように表明されるのか。その中心が即身成仏の思想である。

即身成仏をもっとも詳しく説く『即身成仏義《そくしんじょうぶつぎ》』は、空海の著作の中ではやや特殊であり、空海の著作であることを疑う研究者もいるが、あえて空海の著作であることを否定するだけの強い理由はないように思われる。

「即身成仏」というのは、文字通り、この身のままに仏となること、つまり、現世で仏の悟りを開くことである。原始仏典には仏の教えを聞いてただちに悟りを得るという例も挙げられているが、次第に教理が複雑になるにつれて、仏の悟りに至るには、何度も輪廻《りんね》を繰り返して修行を積まなければならないという観念が一般化するようになった。菩薩の場合、その修行が完成して仏になるには三阿僧祇劫《さんあそうぎこう》(「阿僧祇」は数え切れないという意味の巨大な数の単位)という、ほとんど無限ともいえる長期の修行が必要とされる。

他方、「悟りに向けて心を起こせば、ただちに正しい悟りを成就《じょうじゅ》する(初発心時《しょほっしんじ》、便成正覚《べんじょうしょうがく》)」という『華厳経』の言葉に代表されるように、大乗仏教の中には、悟りは決して遠くにあるものではないという観念もあった。しかし、インドではそのような観念は発展しなかった。正統派の立場からすれば、それはあくまで前世で修行を積んだ特別の場合であって、広く一般の修行者に可能なものとは考えられなかった。

ところが、東アジアに入ってくると、もともと輪廻の発想がなかったこともあって、現世で悟りを可能と考えるような思想が発展した。とりわけそれは禅の頓悟《とんご》の思想に典型的に見られる。密教の即身成仏という思想も受け入れられたが、そもそも密教自体が中国では大きく展開することがなかったために、即身成仏の思想もほとんど発展することはなかった。それに対して、日本では即身成仏が思想上の大きなテーマとなった。空海のみならず、最澄もまた、『法華経』に基づく独自の即身成仏を主張した。これについては後ほど触れることにしよう。

先に見たように、空海は十住心の段階を説き、顕教を次第に突きつめていくその極限に密教の悟りがあると考えた。しかし、もちろん顕教の方法で密教の悟りが得られるわけではない。密教の悟りは密教独自の方法によらなければならない。一気に密教の最奥に達しようという方法が即身成仏である。

空海の『即身成仏義』は、七言八句の「即身成仏の偈《げ》」を説明する形で展開されている。まず、その偈を読んでみよう。

六つの原理（六大《ろくだい》）は障碍《しょうがい》なく交じり合い、常に融合しあっている〈本体〉

四種類の曼荼羅（四《し》種曼荼《しゅまんだ》）は一体のものであって互いに離れることがない〈性質〉

身体・言語・心の三種のはたらきに仏の力が働いて（三密加持《さんみつかじ》）、速やかに悟りが顕われる〈はたらき〉

幾重にも重なって帝釈天《たいしゃくてん》の網のようであるのを、この身のまま（仏になること）と名づける〈障碍のないこと〉

おのずから自然のままに完全な智慧を身につけ
心の性質も心の本性も無限にわたり
それぞれが五つの仏の智慧（五智《ごち》）と、限りのない広大な智慧（無際智《むさいち》）とを具《そな》えている
鏡のように完全な智慧であるから、真実の悟りの智慧である〈成仏〉

前半の四句で「即身」を説き、後半の四句で「成仏《じょうぶつ》」を説くという構成になっている。即ち、前半では、どうして即身成仏が可能になるかという原理を明らかにし、後半では、仏の悟りに達した境地を述べている。

「六大」は地・水・火・風・空という物質界の五つの要素（五大）に精神界の原理である「識《しき》」を加えたものである。もともと大乗仏教では、この世界の真実のすがたを空《くう》とか、真如《しんにょ》、諸法実相《しょほうじっそう》などと表現する。それらがなお抽象的であるのに対して、六大はこの世界を構成している具体的な要素である。六大は世界を構成し、また、我々を構成している。それればかりでなく、仏の法身もまた六大からなる、あるいは六大そのものを法身と呼ぶこともできる。こうして六大は仏と我々に共通する根源ということになる。「六大からなる」という点から考えれば、我々の存在はそのまま仏に等しく、我々はそのままの状態で成仏していると言うこともできる。即身成仏が可能とな

るのも、このように本来我々はすでに仏と同質だという前提が成り立っているからであり、これを「本来成仏《ほんらいじょうぶつ》」と呼ぶ。

ちなみに、後の覚鑁《かくばん》は六大ではなく、五大を「五輪」と呼んで根本原理として立て、それを通して宇宙的な原理と人間の身体を対応させた。

五輪	地	水	火	風	空
梵字《ぼんじ》	a	va	ra	ha	kha
形	方	円	三角	半月	団
色	黄	白	赤	黒	青
身体	膝《ひざ》	臍《へそ》	胸	面	頂

「五輪」の思想は、密教的な大宇宙と小宇宙たる人間の対応という点では分かりやすい。空海の「六大」には「識」を入れることによって、物質界（色）・精神界（心）を網羅しようとしたところに特徴がある。空海によれば、顕教では地・水・火・風などを単に物質原理としてしか見ないが、密教ではそのような物質世界も仏のはたらきとしての身体そのものと捉《とら》えられるというのである。六大として物質的原理と精神的原理の両方を合わせるのは、こうして仏としての物質界と精神界の一体性を言うため

である。このように理論としては総合的ではあるが、覚鑁のような大宇宙と自己とのきれいな対応がつきにくくなり、いささか曖昧《あいまい》な印象を与える。

本体である六大は、それ自体としては直接に把握できない。そこで、その本体の世界を現象的に表現することが必要となる。それが曼荼羅である。即ち、曼荼羅とは、六大によって構成される世界の構造を、諸仏の配置によって象徴し、感覚的、現象的に把握できるようにしたものである。胎蔵（界）・金剛界の両部（両界）曼荼羅がもっとも代表的なものであるが、この宇宙そのものも曼荼羅ということができるし、我々の身心もまた曼荼羅である。図として表現される通常の曼荼羅は、この宇宙的な曼荼羅と我々の個体としての曼荼羅の両者を繫《つな》ぐ媒介とも言える。

偈で「四種曼茶（羅）」と言っているのは、曼荼羅の表現の仕方に四種類あるからである。四種類というのは、大曼荼羅（通常いう曼荼羅）・三昧耶《さんまや》曼荼羅（仏の持つ法具によって表わしたもの）・法曼荼羅（仏を表わす梵字（種子《しゅじ》）によって表わしたもの）・羯磨《かつま》曼荼羅（諸仏のはたらきを表わしたもの）である。

このような基礎の上になされる実践が「三密加持」である。行者の身《しん》・口《く》・意《い》の三つのはたらき（三業《さんごう》）がそのまま仏の身・口・意のはたらきと合致することであり、その仏のはたらきを「三密」と呼び、仏と行者の相互のはたらきが合致することを「加持」と呼ぶのである。具体的には、手指に印契《いんげい》を結び、口に真言（呪《じゅ》）を唱え、心（意）が三昧《さんまい》の境地に住するならば、ここに成仏が実現することになる。それは瞬時に成就されるのであり、それゆえ「速やかに悟りが顕《あら》われる」と言われるのである。これが「即身成仏」であるが、先の「本来成仏」に対して、これを「速疾成仏」と呼ぶことができる。その際に達する境地が偈の後半に描かれている。

五　即身成仏の矛盾と展開

このように、即身成仏は本来成仏と速疾成仏の二つの側面を持っているが、その両者の関係を考えると、いささか難しい。なぜならば、本来成仏の説に従うならば、この世界はそのまま仏の現われであり、それならば改めて速疾成仏を求める必要もないことになるからである。生死の闇《やみ》と思っていたのが、実はそのまま仏の世界ということになる。

このパラドックスは密教のみに限らない。大乗仏教の理論でも、この世界を諸法実相とか法界であるとかいうとき、そのまま理想的な仏の世界ということになり、そこから改めて修行して悟りを開く必要があるのか、という疑問が湧《わ》く。煩悩即菩提《ぼんのうそくぼだい》とか、生死即涅槃《しょうじねはん》とかいわれるものである。とりわけ日本仏教では同じような問題がしばしば取り上げられる。いわゆる本覚《ほんがく》思想というのは、まさしくこの本来成仏的な発想を極端なまでに推し進めたもので、修行無用論として批判の槍玉《やりだま》に挙げられることが多い。中国でも無事禅《ぶじぜん》といわれる禅の動向があり、その主張によれば、修行も何もしないで、気ままにすることこそが悟りのあり方だとされるのである。

それに対して、空海の理論からいえば、速疾成仏しなければ、本来成仏ということも机上の空論に過ぎない、ということになろう。本来成仏に安住して、修行をしないのでは、本来成仏も何の意味も持たない。そう考えれば一応筋は通るのだが、それでもやはり問題は残る。それならば、誰が速疾成仏を実現して、そのすばらしい世界を味わうことができるのか。十住心の体系を考えてみても、最後の密教の段階まで到達するのは容易でなさそうだ。凡人にはとても「即身」に、即ちこの生の間に到達することは不可能なことのように思われる。それこそ空海のような大天才か、過去何度も輪廻《りんね》を繰り返して修行を積んだ人でなければ到達できないであろう。

空海が自ら即身成仏の姿を示したという話がある。空海五十歳のときに、天皇の命で宮廷の清涼殿《せいりょうでん》で諸宗の高僧が集まって論争したことがあった。そのとき、諸宗の高僧たちはこぞって空海の即身成仏の説を批判し、そのようなことはありえないと主張した。そこで空海は大変身して、宝冠を頭に戴《いただ》いて金色に輝く大日如来《だいにちにょらい》の姿を示し、自らが即身成仏したことの証拠として示したというのである。

これはもちろん後世にできた伝説である。しかし、それだけ即身成仏という観念が分かりにくいということを如実に示している。禅のように、日常生活がそのまま悟りだと言ってしまえば、悟った人がごく平凡な姿をしていても問題ない。しかし、密教の即身成仏は、通常の顕教では到達できない奥深い仏の世界だと言うと、どれほど本来成仏だといわれても、凡人の及ばない遥《はる》か彼方《かなた》の世界のことになり、我々とは無縁のことになってしまう。それでは、即身成仏を説く意味がない。これは大きなジレンマである。凡夫の生死の世界と仏の最奥《さいおう》の世界のギャップが、ここでもやはりまた大きな問題になってくる。

しかしそれにもかかわらず、即身成仏という思想は、その後の日本の仏教のあらゆる面に浸透していく。その際、空海と同時に、最澄の即身成仏論もまた大きな影響を与えたことは無視できない。最澄は晩年の『法華秀句《ほっけしゅうく》』において、『法華経』の優れた点の一つに即身成仏を挙げている。そのことの証拠として最澄が引くのは、『法華経』「提婆達多品《だいばだったぼん》」の竜女《りゅうにょ》成仏である。海中に住む竜王の八歳の娘は、仏に宝珠を捧《ささ》げて、変じて男性となり（変成男子《へんじょうなんし》）、南方無垢《むく》世界において仏になったという話である。

ここには男にならなければ成仏しないという女性蔑視《べっし》が顕著に見えるなど、大きな問題も含んでいるが、それはともかくとして、最澄は、畜生であり、女性であり、子供であるという劣った機根のものが成仏するところに、『法華経』の即身成仏のすばらしさがあると主張している。即ち、凡夫の即身成仏が可能ということになる。ただ最澄においては、それでは具体的にどのような行法によって即身成仏が可能か、その点がはっきりしていない。最澄以後の天台宗が密教化し、さらにはその後、禅や念仏などの行法を展開するようになるのは、最澄では不十分であった実践面を補うという意味があった。

院政期頃から仏教は次第に大衆化してゆく。その中で、光明真言《こうみょうしんごん》や阿字観《あじかん》など、在家者にも可能な密教の形態が発展する。先に覚鑁の五輪説を挙げたが、その頃には死者供養《くよう》のために五輪塔を建てることも行なわれるようになっており、そうなると即身成仏は必ずしも生前成仏とは限らず、死後成仏の可能性まで含むことになる。これは奇妙に思われるかもしれないが、最澄は現世だけでなく、三回の生まれ変わりのうちの成仏まで即身成仏といえると主張している。そもそも、凡夫から仏になるというのであれば、煩悩にまみれた身体から清浄な仏の身体に変わるわけで、そのような身体の転換は、常識的に考えれば、死を媒介にしなければならないであろう。そのことをめぐっても、さまざまな煩瑣《はんさ》な議論があるが、さておく。ともあれ、即身成仏の思想はその後、仏教における死者供養の重要な思想的源泉となってゆく。今でも人の死を成仏という言い方は残っているが、これも即身成仏に由来するものである。

なお、平安中期頃から空海（弘法大師《こうぼう》）に関する説話と信仰が発展したことも、密教の民衆化を推し進めることになった。清涼殿の即身成仏の話もそうであるが、とりわけ空海は即身成仏したのであるから、死んだわけではなく、高野山で禅定《ぜんじょう》に入ったまま弥勒《みろく》仏の出現を待っているという空海入定《にゅうじょう》伝説を生むことになり、それが高野山信仰を盛んにした。遥《はる》か時代は下るが、江戸時代の東北地方で盛んだった即身仏（ミイラ仏）の信仰も、このような空海の入定を模するもので、通常の死がじつは「死」ではなく、永遠の仏としての「生」であるという逆説的な信仰である。このような宗教の構造の原型は、すでに第三章で『法華経』に関して述べたところであり、その意味では仏教の底流にずっと流れ続けていたものである。永遠の「生」の思想は、実は裏返しにした「死」の思想である。

このように、即身成仏に関しても、空海が見事に本来成仏と速疾成仏を統合し、理論的に解決したかに見えながら、じつはそれは解決というよりも本当の問題のはじまりであったことが知られる。そしてこの場合も、その空海の理論が通俗化することによって、民衆レベルまで密教の発想が定着していくことになるのである。

六　自然が説法する――『声字実相義』

身・口・意の三密のうち、口密の観点から言葉の根源を詳しく論じたのが『声字実《しょうじじつ》相義《そうぎ》』である。真言とか陀羅尼《だらに》とかいえば、呪文《じゅもん》のようなものと思われがちであるが、空海はそれをより根源的な次元から見直す。そもそも空海は『弁顕密二教論』で顕教と異なる密教独自の主張を法身説法に見出《みいだ》した。法身は、最奥究極の仏そのもののあり方であり、衆生の能力などお構いなしに、根本の真実を直接に説く。その法身の根源的な本体が六大であるならば、六大が説く言葉こそもっとも根源的な説法でなければならない。

『声字実相義』は、まさにそのような観点から法身説法＝六大説法の具体的なすがたを説いたものである。それは自然の語りだす音であり、地獄まで含めてあらゆる衆生が語りだす言葉である。空海はこのことを次の偈《げ》で表わしている。

五大《ごだい》（地・水・火・風・空）にみな響きがあり、
十界《じっかい》（仏から地獄に至る十種の存在形態）が言葉を具えている。
六塵《ろくじん》（色《しき》・声《しょう》・香・味・触《そく》・法という六種の知覚対象）はことごとく文字であり、

法身はそのまま実相（真実の姿）である。

ここでは外的世界が問題であるから、識大を除いた自然界の構成要素たる五大を挙げるが、それはまた十界や六塵とも言い換えられている。それらがすべて仏の真理の言葉を語り、それがそのまま法身による実相の開顕に他ならない。

あえて通俗的に言ってしまえば、この自然がすべて仏の法身であり、小川のせせらぎも、森をわたる風の音も、すべて仏の説法だということになる。仏の法身とはこの世界のすべてであり、その事々物々が語りだす言葉こそ、法身の説法だというのである。耳に聞える音声だけでなく、六塵の示す色形もすべて法身説法の文字表現である。自然が示すわずかな音も、色形も、感覚で把握されるものは皆すべて深い仏の言葉であり、この世の中にそうでないものは何もないことになる。汎神論《はんしん》とも言ってよい自然説法の主張は、日本人の自然観にマッチするところが大きく、後に修験道《しゅげんどう》などにも取り入れられて、広く普及することになる。また、あらゆる感覚的な事象がすべて仏として説法するという発想からは、感覚的な表現を重んじ、さまざまな造形芸術や、壮麗な儀礼を発展させることになる。

だが、この場合もそのように通俗化してしまっていいのかどうか疑問が残る。『弁顕密二教論』の法身説法は、凡夫どころか仏にほとんど近い境地に達した菩薩《ぼさつ》にさえも理解困難なものであった。自然そのままが仏の説法だと単純に解釈して、それで済ますことができるレベルのものではない。どれほど奥深く分け入っても、仏の究極の言葉はいっそう奥深いところに隠れていて、さらに進むことを要求する。それは限りのない道である。どこまでいっても、生死の闇は消えることがなく、仏の声を彼方に求めて突き進まなければならない。だが、その生死の闇でささやかれる五大・十界・六塵の声は実はそのまま仏の声でもある。ここでもやはり奇妙なパラドックスが依然として残ることになる。このパラドックスこそが、逆に密教の、あるいは仏教の魅力でもある。

そして、この場合もその矛盾に満ちた密教の世界を通俗化すると、きわめて日本的に受容されやすい汎神論に形を変ずる。密教の深遠さと、それが通俗化したときの分かりやすさと、その両面を併せ持つところに空海の天才的な見事さがある。両立不可能な矛盾を抜け抜けと両立させて平然としているところに、空海の巨大さと恐ろしさがあるのである。

第十章　贈与する他者――親鸞『教行信証』

一　マイナーな仏教者親鸞

I　鎌倉仏教観の転換

日本の仏教というと、まず親鸞《しんらん》・道元《どうげん》・日蓮《にちれん》といった鎌倉時代に活躍した祖師たちの名が思い浮かぶ。しかし、実は日本の仏教の基本的性格を決めたのは、鎌倉時代ではなく、平安時代の最澄《さいちょう》や空海《くうかい》ではなかったか、ということを前々章、前章に述べた。

かつて長い間支配的だった鎌倉仏教観を、鎌倉新仏教中心論と呼ぶ。新仏教というのは、親鸞・道元・日蓮らを代表として、現代の仏教に結びつく宗派とその祖師たちのことである。新仏教中心論によると、新仏教は、念仏や禅・唱題（『法華経』の題目を唱えること）のように一つだけの行に専念すればよいという「一向専修《いっこうせんじゅ》」を主張し、それが民衆の中に広まって、仏教の日本社会への定着を果たしたとされる。新仏教に対しては、旧仏教が対立的に考えられる。新仏教が進歩的であるのに対して、旧仏教は従来の仏教を墨守する保守派であり、その中に多少の改革運動が興《おこ》ったものの、基本的に新仏教に反対し、新仏教の進展を妨げようとした貴族主義的な反動勢力であり、時代の流れの中で衰退していったという。

ほとんど常識となっていた新仏教中心論が大きく転換したのは、一九七五年に黒田《くろだ》俊雄《としお》によって提唱された顕密《けんみつ》体制論による。顕密体制論では、従来旧仏教と呼ばれていたものを顕密仏教と呼ぶ。これは、顕教と密教との総合体制であり、真言宗や天台宗に代表される。彼らは古代の仏教を墨守して新仏教によって打ち破られた旧勢力ではなく、中世に至っても、巨大な政治力、経済力を持ち続け、仏教界の主流であり続けたという。それに対して、従来中世仏教の主流と考えられてきたいわゆる新仏教は、このような顕密仏教に対する異端派に過ぎず、弾圧を受け、少数派に留《とど》まったというのである。

黒田自身は、巨大な権力に立ち向かった反体制主義的な運動として、異端派にシンパシーを持っていたが、そのような価値評価は別にして、彼の提唱した顕密体制論はこれまでの中世仏教研究をまったく変えてしまうだけのインパクトをもっていた。即《すなわ》ち、従来新仏教の付属品のようにしか見られていなかった旧仏教＝顕密仏教の重要性を明らかにしたからである。そこで、一九八〇年代頃から急速に顕密仏教の研究が盛んになり、膨大な寺院資料が発掘されるとともに、さまざまな儀礼、芸能、文芸などを含む総合文化センターとしての寺院の役割が明らかにされ、その多様で魅力的な姿が示されるようになってきた。

そのような新しい研究が進展するとともに、顕密体制論でもまた、十分に当時の仏教の状況を説明しきれないことが分かってきた。例えば、叡尊《えいぞん》による律宗《りっしゅう》の活動は、従来は旧仏教＝顕密仏教の一部と見られていたが、それには入りきらない幅広い活動を展開している。また、禅僧や念仏僧の活動も、多くは新仏教＝異端派というほど顕密仏教と対立的ではなく、かと言って、もちろん顕密仏教の枠に入るものでもない。

こうした動向を考えると、新仏教対旧仏教とか、顕密仏教対異端派というような二項対立的な捉《とら》え方では、鎌倉時代の仏教の実態は必ずしも適切に捉えきれない。確かに院政期頃には顕密仏教が全仏教を統合していた。しかし、同時にその周縁には、聖《ひじり》と呼ばれるような民間仏教者が育ち、やがてその中から法然《ほうねん》の専修念仏《せんじゅねんぶつ》の運動が形成され、同じ頃、栄西《ようさい》による禅宗の宣言もなされる。そのような周縁的な運動が次第に大きく進展し、それとともに顕密仏教が仏教界の中核をなす体制が揺らぎ、顕密仏教もまた多様な仏教の流派の一つに後退する。おおよそ、鎌倉期の仏教はそのように展開したと考えられる。

Ⅱ　親鸞の位置づけ

こうした流れの中で、従来新仏教の代表と考えられてきた親鸞や道元はどのように位置づけられるのであろうか。当時、親鸞の教団も道元の教団も、きわめて小さなグループであった。道元のほうはまだ多少知られていたと思われるが、親鸞については、同時代の外部の史料がまったくなく、近代になって、親鸞非実在説さえささやかれるほどであった。それ故《ゆえ》、新仏教中心論の常識とは逆に、鎌倉時代の仏教を語る上では、親鸞はほとんど無視しても差し支えないマイナーな存在である。しかし、その小集団が堅固な団結によって中世の混乱の中を持ちこたえ、蓮如《れんにょ》によって一気に巨大勢力にのし上がり、一向一揆《いっき》を起こすに至る。そして、江戸時代における浄土真宗の定着を基盤に、近代になって、それまでほとんど顧みられることのなかった『歎異抄《たんにしょう》』の流行を手がかりに、親鸞の思想が大きく着目されるようになったのである。

このような不思議な転変を経てきた親鸞の思想を、今日どう扱ったらよいのであろうか。実を言えば、その見方はいまだ確立していない。これまでの研究はほとんどすべて、いわば親鸞信仰を前提として、親鸞の偉大さを証明するための研究であった。その枠を外して、思想としてどのように見たらよいのかは、必ずしもはっきりしない。ただ、ヒントがないわけではない。西洋紀元の初め頃、ユダヤ人の社会にイエスという名の男が現われ、当時の宗教を批判して新しい宗教運動を起こし、処刑された。その弟子たちの間で復活信仰が高まり、その信仰はキリスト教として世界宗教にまで発展することになった。この男イエスの生涯や思想について、同時代の史料の中にはまったく記されておらず、取るに足りない運動だったと思われる。それ故、キリスト教史の上からは絶対の存在でありながら、ユダヤ教史やユダヤ民族史において、ほとんど取り上げられることがない。観点が異なれば、その位置づけや評価が異なってくる典型である。

そのように考えれば、親鸞の場合も、中世におけるマイナーな存在から、その後の日本を代表する仏教者という像への転換にも、新しい視点が開かれてくるのではないだろうか。

(二)　法然という事件——『選択本願念仏集』

Ⅰ　称名念仏の理論的確立

親鸞が当時マイナーであったのに較《くら》べて、その師法然は当時から大きな存在で、仏教界からも貴族の社会からも一目置かれていた。法然（一一三三—一二一二）は、承《じょう》安《あん》五年（一一七五）に比叡山《ひえいざん》を下りて、専修念仏の布教に乗り出し、次第にその名を知られるようになった。建久《けんきゅう》九年（一一九八）には主著『選択本願念仏集《せんちゃくほんがんねんぶつしゅう》』（以下、『選択集《せんちゃくしゅう》』）を著わすが、これは念仏の独立宣言ともいうべき書であり、その後の浄土信仰のバイブル的な役割を果たすと同時に、その極端ともいえる思想に、厳しい批判が浴びせられるようになった。親鸞の思想も、法然を受け継ぐと同時に、批判を受けたその不十分な点を補うところから出発している。

そのような法然の評判を聞いて続々と弟子たちが集まり、その数は数万に及んだと言われる。そうなると、当然既成の教団を脅《おびや》かすようなことにもなり、また一部の弟子たちの放埒《ほうらつ》な振舞いが社会的な批判を浴びるようにもなった。元久《げんきゅう》二年（一二〇五）には、南都の指導者貞慶《じょうけい》が『興福寺奏状《こうふくじそうじょう》』で厳しく法然の教団を指弾し、ついに建永《けんえい》二年（一二〇七）には念仏が停止され、二人（または四人）の弟子が死罪、法然も流罪《るざい》となった。このとき、親鸞もまた越後《えちご》に流罪になったが、そのことは外部の記録には残っていない。他にも流罪となった弟子がいたというが、いずれにしても、親鸞は法然門下の中でも、弾圧を蒙《こうむ》った過激な一派に属していたと知られる。法然はその後、流罪を許され、京で亡《な》くなっている。

法然はこのように、一方では民衆から貴族まで幅広い支持を受け、高徳の僧として崇《あが》められると同時に、もう一方では弾圧を蒙るような過激なところがあるという二面性を持っていた。このような法然の思想を、どのように見ればよいのであろうか。法然は筆不精で、著作といえるものは『選択集』だけであり、その『選択集』も、法然が自ら筆を執ったのは冒頭だけで、後は弟子たちに口述筆記させたものである。にもかかわらず、『選択集』は日本の仏教を大きく変えるだけの強いインパクトを持ったのである。当時の仏教界を考えれば、親鸞よりも法然の出現、とりわけ『選択集』の撰述《せんじゅつ》こそが大事件であった。

『選択集』は「浄土宗」の立宗宣言ともいうべき書である。ここでいう「浄土宗」とは、今日の宗派のひとつとしての浄土宗ではなく、浄土信仰が仏教の根本だと主張する立場のことである。法然の教団は当時の基準から見れば巨大集団であったが、その集団がただちに「浄土宗」と呼ばれるわけではない。「宗」というのは、いわば教団の上部構造としての教理に関わるものである。

浄土教は、第二章で述べたように、初期の大乗仏教の中で生まれたもので、もともと死後に阿弥陀《あみだ》仏の浄土に往生することを求める信仰である。『観無量寿経《かんむりょうじゅきょう》』の段階になると、臨終の称名《しょうみょう》念仏による悪人の往生を説く一方、「この心がそのまま仏である」と説くことによって、浄土信仰を観心《かんじん》（心を静めて観想すること）に結びつける端緒を作った。この『観無量寿経』が東アジアで受け入れられ、浄土信仰が広まったが、浄土教こそが仏教の中心教理であるという主張はなされなかった。浄土信仰は、一方では民衆の素朴な信仰であり、他方で出家修行者にとっては、観心修行の方法であるか、または死後もさらに修行を続けるために浄土往生を希求するというものであった。日本で大流行した源信《げんしん》（九四二―一〇一七）の『往生要集《おうじょうようしゅう》』もまた、そのような性格のものであった。

そうした中で、『選択集』の主張は、浄土教こそが仏教の中心教説であると主張するものである。『選択集』は、第一章で道綽《どうしゃく》の説によって、全仏教を聖道門《しょうどうもん》（自力修行して悟りを開こうとする立場）と浄土門（浄土に往生することを求める立場）に分ける。次に第二章では、善導の説によって、浄土門のうちに正行《しょうぎょう》（往生のための正しい行為）と雑行《ぞうぎょう》（直接往生のためにならないさまざまな行為）を分け、正行のうちでも、読誦《どくじゅ》・観察《かんざつ》・礼拝《らいはい》・讃歎《さんだんく》供養《よう》を助業《じょごう》として、称名念仏のみを正定業《しょうじょうごう》としている。それ故、念仏さえ称《とな》えれば、他の行はなくとも往生できるというのである。

第三章は『選択集』の中心となる章であるが、そこで称名念仏がなぜ正定業なのかということが述べられる。それこそ弥陀の深い思慮によるものであり、弥陀によって選択された行である。「選択」ということは、しばしば誤解されるように、我々が念仏を選択するということではない。そうではなく、弥陀が我々のために選択してくれたのである。その弥陀の選択を述べたのが、『無量寿経』の四十八願のうち、第十八願である。これは、第二章で引用したように、「設《も》し我れ仏を得んに、十方《じっぽう》の衆生、至心に信楽《しんぎょう》し、我が国に生まれんと欲し、乃至十念《ないしじゅうねん》せん。若《も》し生まれずんば、正覚《しょうがく》を取らじ。唯《た》だ五逆《ごぎゃく》と正法《しょうぼう》を誹謗《ひぼう》するとを除く」というものであった。法然は善導に従って、「十念（十回の思念）」を「十回念仏を称える」の意味に解釈する。即ち、誰でも口に念仏を称えれば往生できるということである。では、なぜ弥陀はこの願を選択したのか。

聖人（である弥陀）の意図は推測しがたい。たやすくは解釈できない。しかし、今試みに二つの観点から解釈すると、第一は勝劣という観点、第二は難易という観点である。

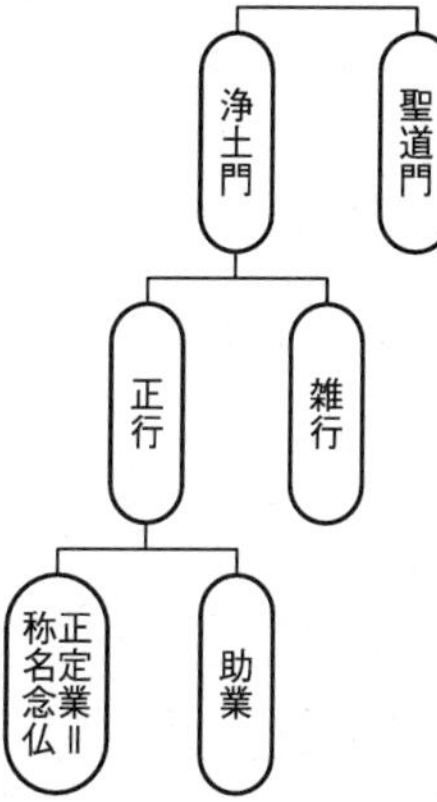

『選択集』による分類

聖人である弥陀の意図を凡人である我々が推し測ることはできない。弥陀は我々の推測の及ばない他者である。「聖意《しょうい》測り難し（聖人の意図は推測しがたい）」という一句は、ちょっと見逃しそうな短い言葉であるが、じつはもともと浄土思想が持っていた他者としての阿弥陀仏ということを取り戻す重要な一句である。そのことを前提とした上で、法然はそれでもあえて弥陀の意図を推測しようとする。それが難易と勝劣の二義である。難易というのは、ほかの行は難しいのに対して、念仏は容易だということである。勝劣というのは、他の行は劣っているのに対して、念仏は勝《すぐ》れた行だということである。

念仏が容易だということは分かりやすい。しかし、それが他の行よりも勝れているといわれても、ただちに納得しにくいであろう。けれども、これが法然にとって一番大事なところであった。「浄土宗」が「宗」として自己主張するためには、念仏が他の行や教えと較べて勝れていて、仏教のいちばんの本質であることが主張できなければならない。

法然が『選択集』第三章で、どのようにこのことを説明しようとしているかは、ここでは略す。しかしともかく、念仏こそ最高、というのが法然の信念であり、『選択集』全体がそのことを証明するための本だと言ってもよい。第三章で示された弥陀の本願を、第四章以下では、釈迦仏《しゃかぶつ》が認めて説き、さらにはそれ以外の諸仏もそれを讃歎するということを、経文をあげて証明しようとしている。このように、『選択集』は一書をあげて、念仏が仏教の他の教えや行に較べて勝れていて、仏教の根幹であることを主張しているのである。

Ⅱ　『選択集』の遺した課題

このような説は、当然ながら当時の仏教界の大きな反発を招いた。念仏がもっとも勝れた行だという主張は、悟りに向かって修行して、さまざまな行を行なっているまじめな仏教者にとって、とても許せるものではなかった。法然は慎重に、『選択集』を信頼できる門人以外には見せないようにしていたが、その教えは門人たちの言動を通して広まり、『興福寺奏状』ではかなり的を射た批判がなされている。法然在世中は尊敬の念を持っていた華厳宗の明恵《みょうえ》が、法然没後に『選択集』を見て激怒し、『摧《ざい》邪輪《じゃりん》』で批判したことは有名である。

実を言えば、『選択集』の論法は必ずしも十分に説得的とはいえない。確かに、従来従属的にしか見られなかった念仏に大きく光を当てたことは、画期的なことであった。しかし、念仏が本当に諸行よりも勝れているかというと、なかなかそうは納得できない。浄土往生を求めるにしても、念仏以外の行だってよいはずだ。どうして念仏しか認めないのか。そもそも浄土往生を目指すことが、本当に仏教の最終目的と言えるのか。それならば、悟りを求めることはどうなってしまうのか。目的とされる浄土とは一体どういうところなのか。こうした疑問について、『選択集』は十分に答えていない。

法然は、念仏往生の根拠を弥陀の第十八願に求める。ところが、実は往生の方法を述べた願は別にもある。それは第十九願と第二十願である。第十九願では、菩提心《ぼだいしん》（悟りを求める心）を発した衆生が、さまざまな功徳《くどく》を積めば往生できるとして、念仏以外の諸行の往生が認められている。また、第二十願では、念仏などによって徳を積み、それによって往生することができると誓われている。自力の念仏などの功徳である。このように、諸行の往生も弥陀の願で認められているのである。だが、『選択集』ではそのことはまったく触れられていない。

このように、『選択集』では浄土念仏の立場を確立することに専念して、正直いってかなり強引なところがある。当然問われるはずの問題に対して論及されていないことが多い。その点では、思想として未完成といえる。特に、仏教一般の理論とどう関係するのか、念仏以外の諸行がどう位置付けられるのか、などといった問題は、法然の教団が既成の教団や他のグループと接触するようになったとき、否応《いやおう》なく態度決定を迫られる問題であり、それにどう応《こた》えるかが弟子たちの課題となった。

弟子たちの対応は基本的には二つの方向に分かれる。第一に、法然の念仏絶対主義を受け継ぎながら、それを一般的な仏教理論によって補強し、体系化していく立場がある。法然の在世中や没後当初はこのような方向が強かった。一念義《いちねん》の幸西《こうさい》、多念義《たねん》の隆寛《りゅうかん》、西山義《せいざん》の証空《しょうくう》などがその代表であり、親鸞もこのグループに属する。しかし、法難によって勢力が弱まり、後にはもう一つの傾向のほうが勢力を持つようになった。それは、念仏以外の諸行も認めようという方向で、ある意味では妥協的ともいえるが、他面、現実的であり、他の立場と協調的に発展することができた。鎮西派《ちんぜいは》の弁長《べんちょう》がその代表で、この流れが今日の浄土宗のもとになっている。

三　浄土教の再解釈——『教行信証』

I　『教行信証』の概要

本題の親鸞に入る前置きがだいぶ長くなってしまった。しかし、親鸞の思想は基本的に法然を受けて、その門下の動向の中に位置づけられるものであるから、親鸞の問題意識を知るためにも、どうしてもその前提が必要なのである。

親鸞（一一七三—一二六二）が比叡山を下りて、法然の門に入ったのは、建仁《けんにん》元年（一二〇一）、二十九歳のときである。決心するのに、京都市中の六角堂《ろっかくどう》に参籠《さんろう》して、聖徳太子のお告げを受けたという。その後、妻帯を決意したときも、六角堂に籠《こも》ったともされ、親鸞の聖徳太子信仰の深さがうかがわれる。法然の門下では、必ずしも高弟とは言えないが、『選択集』の書写を許されているのであるから、かなり信頼された弟子といえよう。建永二年（承元《じょうげん》元年、一二〇七）の法難に際して、越後に流され、その時、強制的に還俗《げんぞく》させられた。その後、親鸞が「非僧非俗《ひそうひぞく》」を称するのは、妻帯したことと同時に、このときの法難が彼にとって大きな転機となったからである。
このときの法難は、直接には風俗紊乱《びんらん》が理由とされているが、その思想的な背景は一念義といわれる一派であったと考えられる。一念義の教説にはここでは立ち入らないが、基本的には一回の念仏で往生が定まると主張する一派である。このような立場は、弥陀の救済を強調するものであり、そこから往生が定まれば、悪をなしても差しつかえないという造悪無《ぞうあくむ》礙《げ》の立場に結びつきやすい。後に親鸞は門下の造悪無礙の主張に悩むことになるが、もともと親鸞自身がそのような傾向と結びついていたのである。

建暦《けんりゃく》元年（一二一一）に流罪を許されたが、京都には戻らず、関東に向かった。鎌倉に幕府ができたとはいえ、まだ文化が京都を中心として展開していた時代に、あえてそれに背いたところに親鸞の反時代的な強靭《きょうじん》さがある。少数の弟子たちとの緊密な紐帯《ちゅうたい》は親鸞の門流の特徴となり、困難な時代の中をたくましく生き延びる力となった。晩年、親鸞は京都に戻り、そこから関東の弟子たちを指導した。我子善鸞《ぜんらん》の離反など、最期《さいご》まで波乱に満ちた生涯であった。

その親鸞の主著が『顕浄土真実教行証文類《けんじょうどしんじつきょうぎょうしょうもんるい》』、通称『教行信証《きょうぎょうしんしょう》』である。関東在住中の元仁《げんにん》元年（一二二四）頃書き始め、晩年まで手を入れ続けた。その自筆本が東本願寺に現存し、どのように手を入れたか、その過程がリアルにうかがわれる。しかし本書は、いきなり読んでも何が何だか分からない。そのほとんどが引用文で占められ、親鸞自身のコメントはごくわずか、一種の資料集ともいうべき性質のものだからである。どのような経論が、どのように並べられているかに、親鸞の意図をうかがわなければならない。実は法然の『選択集《せんちやくしゆう》』も同じような構造をしている。

その課題は何かといえば、先に述べたように、浄土教を一般仏教の理論によってどう解釈するのかという、『選択集』で未解決だった問題を解明するところにあった。本書は教《きよう》・行《ぎよう》・信《しん》・証《しよう》・真仏土《しんぶつど》・化身土《けしんど》の六巻からなる。教巻の冒頭は次のように書かれている。

つつしんで浄土の真実の教義を考えると、二種の廻向《えこう》（弥陀の力のはたらき）がある。一には往相《おうそう》（衆生が往生する方向）であり、二には還相《げんそう》（往生して涅槃《ねはん》に達した衆生が仏として他の衆生を救済する方向）である。往相の廻向について、真実の教・行・信・証がある。

まず、教巻では、『(大) 無量寿経』が、真実の経であることを述べる。行巻では、称名念仏が真実の行であることを述べるが、その行は弥陀によって与えられたものであるという。信巻で、親鸞は第十八願を信の願とみる。そこで説かれる至心《ししん》・信楽《しんぎょう》・欲生我国《よくしょうがこく》（我国に生まれんと欲する）を三心として、さらにその中心を信楽と見る。その信もまた衆生が自力で得られるものではなく、弥陀の他力によって与えられたものである。証巻では、往生の結果として涅槃が得られることを述べる。ここまでが往相廻向であり、その後に還相廻向が述べられる。還相廻向は、涅槃を得て仏となって衆生を救済することである。

以上で教・行・信・証が終わるのであるが、その後にさらに、真仏土・化身土の二巻が続いている。真仏土巻は証巻と密接に関係するもので、弥陀の真実の姿を光明《こうみょう》無量・寿命無量という観点から述べている。往生した衆生は涅槃を得て仏となるのであるから、弥陀の姿はそのまま往生した衆生の姿ということになる。最後に化身土巻では、先に触れた第十九願の諸行や第二十願の自力念仏は、ただちに真仏土に生まれるわけではなく、方便の仮の浄土に生まれることになるとして、諸行往生を位置づけている。

以上がきわめて大まかな『教行信証』の概観であるが、かなり厄介な教学的な問題にわたっていることが知られるであろう。そこで、もう少し問題点を挙げて説明を加えてみよう。

Ⅱ　信心の贈与

まず行巻と信巻の関係の問題がある。『教行信証』の正式書名を見ていただけば、そこには「教行証」のみが挙げられていて、「信」が入っていないことに気がつくであろう。「教行証」は天台でも言われることであり、必ずしも親鸞独自のものといえない。そこで、もともとは天台の教理に従って、「教行証」の体系で書き始めたものが、行の背後にある信の問題が大きくなったために、信巻が独立するに至ったのではないか、という説もある。念仏の行とそれを支える信のどちらを重視するかということは、法然一門で当時大きな問題となっていたことで、親鸞は明らかに隆寛などの信重視派に与《くみ》していた。

法然はどうであったかというと、確かに『選択集』第八章では、念仏する際の心のあり方を問題にしているが、全体としてみれば、従来低く見られていた称名念仏を主張することが主眼であり、心がまえの問題はその中に吸収されていた。親鸞は、行巻に『選択集』を引いているが、このことは、親鸞が『選択集』の立場を行中心と見て、その先、それをさらに一歩進めるものとして、信の問題を提示したと考えることができる。信の問題は、法然が弟子たちに遺《のこ》した課題だったのである。

それでは何故《なぜ》、信の問題が法然門下でクローズアップされることになったのであろうか。行に較《くら》べて、信は非常に分かりにくい問題である。称名念仏の行であれば、称《とな》えている人自身でも、周りにいる人でも、何をしているかただちに分かることである。ところが、信じているかどうか、ということになると、なかなか判断が難しい。まして、真実の信かどうか、などと言われて、誰に判定することができるであろうか。

　例えば、禅であれば、指導者である老師が弟子の境地を判定することができる。あるいは、中世の常識では、夢に仏が現われて行者の心がけを賞賛するということもあった。親鸞自身、若い頃、聖徳太子の夢告《むこく》を大事にしている。しかし、いま問題になっている信は、それが真実であるかどうか、判定する人がいないのである。これは難問で、後世には善知識（指導者）が後進の信心を判定するようなこともなされている。

　それでも信が大きく問題とされるのは、ひとまず宗教体験的な面を外して考えると、法然の念仏の立場を一般仏教の理論によって基礎付ける上で、きわめて重要であったからである。仏教の修行は確かに身心《しんじん》一体的なものであるが、通常、心の探求を深めていくことが第一と考えられる。心の理論にもいろいろあるが、東アジアで有力になったのは、『大乗起信論《だいじょうきしんろん》』に基づく如来蔵《にょらいぞう》＝仏性《ぶっしょう》の理論である。それによると、人々の心の中には、如来蔵、あるいは仏性といわれる悟りの心が内在している。それは浄《きょ》らかな仏の心である。

　しかし、実際には、僕たちが自分の心を反省してみれば、そんなに浄らかとはとても言えない。親鸞自身、「浄土真宗に帰すれども／真実《しんじつ》の心《しん》はありがたし／虚仮不実《こけふじつ》のわが身にて／清浄の心もさらになし」（『正像末浄土和讃《しょうぞうまつじょうどわさん》』）と歌っている。『大乗起信論』によれば、それは無明にもとづく煩悩《ぼんのう》の心ということになる。如来蔵の心が、人を悟りの高みへと引き上げていくのに対して、煩悩の心はそれに抵抗し、人の心を地上へと、さらには地獄へと引きずり落とそうとする。いわば、人の心の中では、神の心と悪魔の心が闘争しているのである。その煩悩の心を消滅させていき、如来蔵の心に本来のはたらきを発揮するようにさせていくことが、悟りに近づくことである。

　このように見れば、法然門下で大きく取り上げられた信とは、まさしく如来蔵の心を浄土教的に解釈したものと言うことができる。清浄な信の心が煩悩に打ち勝つことによって、往生できるという構造であるが、親鸞において往生とは究極の悟りである涅槃に至ることであるから、これは、如来蔵の心が煩悩に打ち勝って悟りに達するという、如来蔵の理論そのままということになる。

　それだけであれば、如来蔵説の衣替えというだけになってしまうが、親鸞は、その信の心は自分の中に内在するものではなく、弥陀から与えられたものであるという。そのことで、従来の如来蔵説を一歩踏み出すことになる。ふつうの如来蔵説であれば、如来蔵のほうが本来の心であって、煩悩は客塵《きゃくじん》といわれて、外から塵《ちり》のように付着した非本来的なものだと解される。ところが、親鸞はそれを逆転する。煩悩こそ、人間の心の本来的なあり方で、清浄な悟りの心は自分の内にはなく、外から弥陀によって与えられるしかない。それは純粋な贈与である。

このことは、法然の場合の、他者としての弥陀という捉《とら》え方をさらに一歩進めることになる。如来蔵という考え方は、自己内にある如来蔵の展開ということで完結しているから、他者を必要としない。しかし、悟りの心がまったく内在せず、外からしか与えられないとすれば、それを与える他者の力はきわめて大きなものであり、他者は僕たちの内部に入り込み、中から僕たちを変えてしまうことになる。

けれども、そのとき、「私」という存在はどうなるのだろうか。煩悩が本当に「私」なのだろうか。煩悩もまた、「私」の制御が効かず、「私」に理不尽に襲い掛かってくる他者ではないのか。そうとすれば、「私」というのは、弥陀から贈与された信心と、どこからともなく湧《わ》き出てくる理不尽な煩悩との闘いの場ということなのだろうか。そこには、「私」が自らなしうることは何もなく、「私」はこの闘いの傍観者でしかないのであろうか。もしそこで何か主体的にしようとしたら、それは自力の行として否定されなければならないのだろうか。それではちょっとおかしい。この問題は、化身土巻の諸行論とからむことになるので、後に考えてみよう。

Ⅲ　往生と即身成仏

次に取り上げるべきは、証巻と真仏土巻に出る仏と浄土のあり方である。仏教の一般理論からすると、「この心が仏である」という『観無量寿経』の言葉に代表されるように、外に浄土を立てず、僕たちの心に仏を探求するのが、本来の立場で、その心が如来蔵ということになる。自己の内なる仏の心を開発することが求められるのである。ところが、法然は、指方立相《しほうりっそう》（西という方角に、相《すがた》をもった浄土を立てる）といって、西方に極楽浄土と弥陀が存在することを認め、念仏によってその浄土に死後往生することを求めた。弥陀や浄土が自己の外に実在すると認めるのである。これも、法然の浄土教が批判される理論的な一因である。現代的にみても、西方遥《はる》か彼方《かなた》に極楽浄土が実在するなどとは信じにくい。また、もし法然説に従って、念仏して往生したとして、その後どうなるのだろうか。その先、理想状態である涅槃《ねはん》にどのように達するのであろうか。法然の説ではそのあたりがまったく論じられていない。この問題の解決もまた、弟子達に遺《のこ》された。

それでは、法然の説を否定して、もとに戻ればよいのかというと、そういうわけでもない。中世日本で流行した本覚《ほんがく》思想では、この世界がそのまま絶対の世界だとされる。それに対して、法然の指方立相説は、理想の人格と世界を、僕たちが生きている世界と別のところに立てたというところに大きな意味がある。法然説は、他者とその世界を僕たちの世界から断絶したものとして立てる。他者は、死というこの世界からの離脱を媒介としてのみ達しうる。それはもともとの浄土教が提示した他者・死者の問題を受け止めたものといえるであろう。

では、その問題に親鸞はどう答えるのか。証巻では、二段階説を立てる。煩悩のままの状態でも、信を得れば、そのときに正定聚《しょうじょうじゅ》に入ることになるという。正定聚というのは、必ず涅槃に至り、仏となるということが決まっている状態である。つまり、まだ仏になっていなくても、もう後戻りしたり足踏みしたりという心配はいらないことになる。そして、往生したら、ただちに涅槃に至り、仏となるというのである。この往生=涅槃もまた、現世で達しうるという解釈もあるが、この解釈はやや無理のように思われる。やはり往生は死後のことであろう。この親鸞説は、死による断絶という法然説の最重要ポイントを生かしながら、往生を一般仏教の涅槃=仏に結びつけ、さらに現世正定聚説によって、本覚思想などの現世主義を生かそうとしている。

ところで、このような親鸞による往生説は、前章で空海に関して触れた即身成仏説《そくしんじょうぶつ》ときわめて近似している。即身成仏説は、もともとは現世で仏になるということであったが、院政期頃には現世だけでなく、死後成仏説に展開していく。今日でも、死者を「仏（ホトケ）」と呼んだり、人が亡《な》くなることを「成仏する」というのは、このような説を背景としている。親鸞の説の場合も、死=往生=涅槃=成仏であるから、実質的には同時代の即身成仏説とまったく変わらないことになる。これはちょっと意外であるが、思想構造はまったく同じである。これまでほとんどこのことが指摘されなかったのは、密教の研究者と親鸞の研究者に、相互交流がなかったことによる。この点が分かれば、親鸞の思想も十分に同時代の枠組の中に組み込んでいくことができる。

なお、親鸞の説で一つ大きな問題として残るのは、往相廻向と還相廻向のことである。還相廻向は、自分の利益ではなく、利他のためにも活動することであるが、それは基本的に往生してから後のこととされている。それならば、現世での他者の利益のための活動は成り立たないのであろうか。往生するまでは、つまり現世では、ひたすら自分のためばかり、というのも、ちょっとおかしい感じがする。それに対しては、現世でも還相廻向に転じうる可能性を認める解釈も成り立ちうるが、その活動が自力の善行にならないか、という疑問が生ずる。自分で努力しないで、人のために何かするということは不可能であろう。とすれば、ここでもまた、自力の行を認めうるか、という問題が生ずることになる。

Ⅳ　自力と他力

他力主義はどこまで貫徹できるのであろうか。また、念仏以外の諸行は認められないのであろうか。それは、法然が第十八願のみを弥陀の本願と認め、第十九願、第二十願を無視したことを、どう解釈するかという問題と関わる。これは親鸞のみならず、法然門下すべてに課せられた問題であった。

いちばん明快なのは、諸行本願義《しょぎょうほんがんぎ》の長西《ちょうさい》であり、第十九願や第二十願で諸行が認められている以上、そのまま素直に受け取って、諸行往生を認めるべきだ、という主張である。これは分かりやすいし、専修念仏以外の諸派でも受け入れやすい。しかし、専修念仏主義をとるときには、このようにストレートに諸行を承認することはできない。そこから、証空・隆寛らは、念仏往生の中に諸行を組み込む理論の形成に努力することとなった。親鸞の化身土巻もその流れに位置するものである。

親鸞は、第十九願を諸行往生、第二十願を自力念仏往生と解する。しかし、往生といっても、ただちに真実の浄土に往生できるわけではない。そのような行をなす人は、極楽でも、あくまでその辺土に生まれるのであり、極楽に生まれても、三宝を見ることができない不幸な状態に置かれる。そこに生まれた人が、その後、極楽の中心まで行くことができるのかどうか、その点に関して親鸞は何とも語らない。幸西や隆寛も諸行の者に対して同じように辺土的な場所を設定するが、あくまでそれは方便であって、最終的には極楽の本土に行くことができるとする。それに対して、親鸞の自力諸行に対する態度はかなり厳しく、最終的な救済に至るかどうかは、保留されたままである。親鸞というと、無限抱擁的に誰でも無原則に救われると説くかのように思われがちであるが、実はまったくそうではなく、悪に対しては強く糾弾する態度を取っている。親鸞はかなり厳しい原理主義者なのである。

親鸞の自力諸行論のもうひとつの特徴は、そこに親鸞自身の体験が反映されていると考えられることである。それが有名な三願転入《さんがんてんにゅう》である。この箇所は術語が難しいが、名文句なので、書き下しの形で引用してみよう。

ここを以《もっ》て愚禿釈《ぐとくしゃく》の鸞《らん》、論主の解義《けぎ》を仰ぎ、宗師の勧化に依《よ》りて、久しく万行諸善の仮門《けもん》を出《い》でて、永く双樹林下《そうじゅりんげ》の往生を離る。善本徳本《ぜんほんとくほん》の真門に回入《えにゅう》して、ひとへに難思《なんじ》往生の心《しん》を発《おこ》しき。しかるに、今まことに、方便の真門を出でて、選択《せんじゃく》の願海《がんかい》に転入せり。速かに難思往生の心を離れて、難思議《なんしぎ》往生を遂げむと欲《おも》ふ。果遂の誓まことに由《ゆえ》あるかな。ここに久しく願海に入りて、深く仏恩を知れり。至徳を報謝せんがために、真宗の簡要をひろふて、恒常《ごうじょう》に不可思議の徳海を称念す。いよいよこれを喜愛し、ことにこれを頂戴《ちょうだい》するなり。

細かい意味は分からなくてかまわない。ただ、「双樹林下の往生」というのが第十九願の諸行の立場、「善本徳本の真門」「難思往生」というのが第二十願の自力念仏の立場、「選択の願海」「難思議往生」というのが第十八願の本願他力ということが分かっていれば、一応の文脈は取れるであろう。親鸞自身が、諸行往生の立場から、自力念仏の立場を経て、ようやく他力の立場に到達したというのである。親鸞にとっても、他力の立場に到達することはそれほど難しかったのである。そうだとすれば、他の人だって、それほど簡単に到達できるはずはない。それならば、真実の浄土に至って涅槃に入る人は本当にわずかであって、大部分の人は、せいぜい極楽の隅っこで、いつまでも不遇をかこつ以外にないのであろうか。それもちょっとおかしいように思われる。

はたして、自力諸行→自力念仏→他力念仏という転換は、完全に前の立場が廃棄されて後の立場に変わるのであろうか。従来の主流の研究では、この親鸞の告白にもとづいて、それぞれの転換が生涯のどこかの特定の時期に一回的に起こったとみて、その時期を推定することが盛んになされている。もちろん、どこかで大きな転換はあったであろうし、その時期を推定することは意味のないことではない。しかし、その転換が一回的になされて、それで完全に次の段階に移ったと解するのであれば、いささか疑問である。

ここで、第十八願への帰入を「今まことに」といっていることに注目してほしい。他力への帰入は、「今」なされるのであり、決して過去のことではない。あるいは、過去にも帰入はあったかもしれないが、たとえそうだとしても、「今」またそれを取り戻さなければならない。だから、他力への帰入は常に新たに繰り返されることであり、一回だけ転換すればそれで終わりというものではない。

このように見るならば、自力の問題に対しても、新しい視点が必要になる。他力に転換したら、それでもう自力がまったくなってしまうわけではない。何か成しとげようと思うならば、それは自分の責任で、自分の力で努力しなければならない。他力に任せたのだから、自分の行為に責任がない、などという弁明が通用するはずはない。それを自力だからだめだというのは、ナンセンスである。だが、自分で努力しながら、ふと振り返ると、そこまで進んできたのが、じつは自分の力ではなかったことに気付く。そこには周囲の人たちの援助もあっただろう。でも、それだけでもない。そのさらに根底にはたらいている何かに思い至らないわけにいかない。自力がないところに他力はない。

もちろん、他力の論理はそれほど単純なものではないが、このように僕たちの日常を振り返っただけでも、自力と他力の関係の一端は知られるであろう。心の中で弥陀《みだ》の力と煩悩《ぼんのう》とが争い、弥陀の力が勝つのを、自分は傍観者になってみていればいい、というわけではない。また、還相廻向的な他者への働きかけを積極的になしたとしても、それを自力だと非難されるいわれはないであろう。

こう見てくれば、従来のステレオタイプ化した親鸞解釈は、もう一度根底から問い直されなければならないと思われるのである。

四　悪をめぐる新展開――『歎異抄』

親鸞といえば『歎異抄《たんにしょう》』、とりわけその中の悪人正機説《あくにんしょうき》――それが世間の常識である。その常識に反して、ここまで『歎異抄』にも悪人正機説にも一言も触れなかった。それは、世間の常識と逆に、『歎異抄』の説をそのまま親鸞説と認めてよいかどうか、かなり難しいところがあるからである。

ともかくここで『歎異抄』と悪人正機説に簡単に触れることにしよう。第三条の「善人なをもて往生をとぐ、いはんや悪人をや」という名文句は、あまりに有名すぎるが、じつはこの箇所は、第十三条と深く関係している。

弥陀の本願は不可思議であるからといって、悪を恐れないのは、やはり本願ぼこりといって、往生できないということ。このように考えるのは、本願を疑うことで、善悪の宿業ということを理解していない。

「本願ぼこり」は、造悪無礙《ぞうあくむげ》と同じで、往生が定まったのだから、どんな悪をもなし放題、という考え方であり、すでに法然門下で問題になっていた。親鸞もまた、そのような一派と関係が深かったと考えられ、それが流罪《るざい》を招くこととなった。ところが、親鸞は晩年、今度は自分自身が弟子たちの造悪無礙の言動に悩まされ、厳しく誡《いまし》めるようになっている。それがここでは改めて造悪無礙的な言動を肯定しているのである。

不可思議の放逸無慚《ほういつむざん》のものどものなかに、悪はおもうさまにふるまってよいと仰っているのは、かえすがえすもあってはならないことである。(『末灯鈔《まっとうしょう》』)

これが親鸞の基本的な姿勢であった。どんなに弥陀の誓願に身を任せたとしても、悪はどこまでも恐れ、なさないようにしなければならない。ところが、『歎異抄』の第十三条は、明らかにこのような親鸞の態度と異なり、逆にこのような造悪無礙＝本願ぼこりに対する批判を再批判して、造悪無礙＝本願ぼこりを肯定しているのである。『歎異抄』が親鸞の思想と逆方向を向いていることは、これだけでも明白であろう。

じつは親鸞における悪の問題は複雑で、もっと議論が必要である。また、『歎異抄』第十三条はきわめて長く、第三条の悪人正機説との関係も、きちんと論じなければばならない。だから、これだけで安易に結論を出すことは危険であるが、いまはこれ以上立ち入る余裕はない。それについては、別のところで一応論じておいた（拙著『解体する言葉と世界』岩波書店、一九九八、第四章）ので、関心のある方はご参照いただきたい。

もちろん、このように『歎異抄』の説が親鸞と異なるところがあるからといって、価値がないというのではない。それは、親鸞没後における関東の門人たちの中での新しい展開として、きわめて興味深いものである。しかし、それをただちに親鸞の思想表現と見てよいかというと、慎重さが必要とされる。『歎異抄』の中にはたしかに親鸞自身の言葉も伝えられているであろう。けれども、断片的な言葉は、どのような状況で語られたかを見きわめなければならないし、筆録者の誤解や曲解がないかどうかも、慎重に判断しなければならない。そのような吟味は、まだ十分なされているとは言いがたい。

親鸞といえば『歎異抄』の悪人正機説という時代は終わった。親鸞が鎌倉仏教の代表という時代も終わった。その後で、親鸞をどう読み、どう生かしていくことができるのか、親鸞新時代はこれから幕を開けることになりそうだ。

第十一章　脱構築から再構築へ――道元『正法眼蔵』

一　本覚思想と道元――「弁道話」

Ⅰ　修行は必要か

修行と悟りはひとつでないと思うのは、外道の見解である。仏法では、修行と悟りはひとつである（修証《しゅしょう》これ一等なり）。いまも悟った上での修行（証上《しょう》の修《しゅ》）であるから、初心の修行がそのまま本来の悟りの全体である。（弁道話《べんどうわ》）

「弁道話」は、厳密には『正法眼蔵《しょうぼうげんぞう》』には含まれないが、通常『正法眼蔵』の冒頭におかれ、その入門のような役割を果たしている。寛喜《かんぎ》三年（一二三一）、道元《どうげん》三十二歳の作である。この前年、道元は建仁寺から深草安養院《ふかくさあんよういん》に移っている。「弁道話《べんどうわ》」は、いわば道元の独立宣言とも言うべきもので、若く一途《いちず》な気概に溢《あふ》れ、「坐禅《ざぜん》弁道」こそ仏道の根本であることを説いている。ちなみに、「弁道」（仏道を行ずること）は正しくは「辦道」で、「辨」は「弁」の本字の「辨」と異なっているが、今日ではしばしば混用されている。

そこで説かれる教えは、「修証一等」（修行と悟りはひとつ）と要約される。このことは、二つの立場を否定している。ひとつは、修行を進めてだんだんと悟りに近づき、やがて悟りに至るという段階論。もうひとつは、もともと悟っているのであるから、わざわざ修行する必要もないという修行不要論である。修行はしなければならない。しかし、修行が終わってはじめて悟りに達するわけではなく、修行そのものが悟りなのだというのが、道元の修証一等論である。

そう言ってしまうと、何となく分かったような感じで、それだけのことか、ということになりそうだが、これがけっこう厄介だ。そもそも日本の仏教は、最澄《さいちょう》が悉有仏性《しつうぶっしょう》説を全面的に受容し、空海《くうかい》が即身成仏《そくしんじょうぶつ》論を立てるなど、当初から悟りを手近なところに見ようという傾向が強かった。それ故《ゆえ》、悟りをはるか彼方《かなた》の目標として設定して、それに向かって長い時間をかけて修行していくという段階論的な発想が弱かった。三大阿僧祇劫《あそうぎこう》という無限に長い時間の修行の後ではじめて仏の悟りに至るという法相宗の主張は、傍流に追いやられていく。無限の生死の果てに悟るなどというのは、日本人の想像力を超えたことで、具体的なイメージをつかめなかったのであろう。

そうした現実主義的ともいうべき傾向のもっとも極端まで行き着いたものが本覚《ほんがく》思想である。本覚思想は、もともと衆生は悟っているのであるから、改めて修行する必要はないとする修行不要論にまで極端化する。そのような傾向は、天台宗を中心に十二世紀頃から盛んになり、天台以外にも及び、当時の仏教界の大きな風潮となっていた。代表的な本覚思想文献である『三十四箇事書《さんじゅうしかのことがき》』では、端的に次のように言う。

最高の円満な教え（円教《えんぎょう》）では、衆生が転換して仏に成るとは言わない。衆生は衆生のままで、仏界は仏界のままで、ともに永遠である。

この世界はそのまま永遠の仏の世界である。地獄は地獄のまま、草木は草木のままで成仏しているのであり、それを改める必要はない。当然修行も必要ないことになる。このような本覚思想に対しては毀誉褒貶《きよほうへん》が著しい。一方からは仏教の堕落形態として否定的に見られることになるが、他方からみれば、現実離れした理想論でなく、現実を見据え、現実に立脚した新しい仏教思想の誕生ともいえる。現実の社会をそのままイデオロギー的に肯定してしまうという面があると同時に、無常や人間の欲望をそのまま認めることで、硬直した現実を打破する思想ともなりうる。本覚思想はそのような多面的な重層性を持った思想であり、それ故にこそ中世の日本に与えた影響は計り知れない。

そのような状況を考えるとき、道元の修証一等論は、段階的修行論に対するというよりも、本覚思想的な修行不要論をどう受け止め、どう乗り越えるか、という面の方が大きな問題だったと思われる。そもそも中国でも禅の頓悟《とんご》は段階的修行論に対する批判として生まれたものであり、特に新たに問題にしなければならないようなことではなかった。

本覚思想的な修行不要論に関しては、確かに中国にも、あるがままでよしとする無事禅といわれる流れがあり、圜悟《えんご》の『碧巌録《へきがんろく》』もそのような動向を厳しく糾弾している。しかし、道元はより切実な問題として日本の本覚思想を受け止めていたと思われる。伝承ではあるが、道元は叡山《えいざん》で勉強していたときに、「本来本法性《ほんらいほんぼっしょう》、天然自性《てんねんじしょう》身《しん》」（もともと真理の本性そのままであり、あるがままで自己の本性を実現している）という本覚思想を表わす言葉に疑問を持つようになったという。それならば、どうして修行が必要なのか、というのである。そこから、叡山を離れ、禅に向かうようになったのである。

道元は「弁道話」の中でも、「仏法には、心がそのまま仏である（即心是仏）という主旨を十分に理解したならば、口に経典を読誦《どくじゅ》せず、身に仏道を行じなくても、まったく仏法に欠けたところがない。ただ仏法ははじめから自分にそなわっていると知るのが、完全に仏道を得ることである。この他にさらに他人に向かって求めるべきでない。まして坐禅修行をわざわざすることがあろうか」という問いを立てて、本覚思想的な修行不要論を批判している。

このような本覚思想に対する道元の答えが、修証一等ということであった。道元は、「そのまま仏」ということのレベルをずらす。何もしないでそのままでよいというわけではない。坐禅修行は不可欠である。しかし、修行の結果、仏になるというのでもない。坐禅修行していること、それが悟りであり、そこに仏の世界が全開する。「弁道話」の言葉を用いれば、「この法は、人々《にんにん》の分上《ぶんじょう》にゆたかにそなはれりといへども、いまだ修《しゅ》せざるにはあらはれず、証《しょう》せざるにはうることなし」ということで、ただあるがままでいればよいというわけではない。

つまり、本覚思想の「そのまま仏」ということの実現を、ひとつレベルを上げて、修行中の状態に移すのである。確かに「そのまま仏」ということができ、その点では本覚思想と近似している。というよりも、きわめて本覚思想的であるといってよい。しかし、それは何もしないままでよいというのではなくて、坐禅修行に入ったときにはじめて顕現することだというのであり、そこに本覚思想との相違が出てくる。修行は不可欠だが、それは悟りを求めるためではなく、修行するところに悟りが直ちに実現しているからなのだ。道元の、少なくとも初期の思想は、そのことを中核としている点で一貫している。

Ⅱ　達磨宗と道元

ところで、本覚思想にはもう一つの面がある。それは、「本覚」という言葉からも知られるように、何か悟りの本性が衆生の心の中に実在し、それを自覚するだけで悟りが実現するという発想である。例えば、「生死を歎《なげ》くことはない。生死を出離する非常にすみやかな道がある。いわゆる心の本性が永遠であるという理法を知ることである」（弁道話）というような考え方である。このような本性は、「霊性《れいしょう》」とか「霊知」とかいう言い方もされている。初期の道元は、このような発想をきわめて厳しく批判している。

道元がこのようなタイプの本覚思想を批判するのには、はっきりとした目的があったと思われる。それは、当時流行していた達磨《だるま》宗を批判する必要があったということである。鎌倉時代の禅というと、栄西《ようさい》が宋《そう》から臨済宗《りんざいしゅう》をもたらしたのがその最初であると考えられがちである。しかし、それ以前に、比叡山出身の大日能忍《だいにちのうにん》が唱えた達磨宗という一派が、実はかなり大きな影響力を持っていたようである。能忍は特別の師匠はなく、恐らくは当時伝わっていた中国禅宗の語録などに目を通して、自分で工夫して禅の修行を積んだ先駆者であり、本覚思想の影響も強く受けている。

しかし、達磨宗の禅はその先駆性の故にさまざまな批判を受けることになった。栄西もまた、達磨宗の禅は修行不要論を主張しているとして批判し、自らの禅がそれとは違うということを強調している。栄西はそれに対して、厳しい戒律厳守の基礎の上に禅の実践を打ちたてようとしたのである。

道元にとっても、達磨宗の問題は他人事《ひとごと》ではなかった。というのは、能忍の高弟覚《かく》晏《あん》の弟子懐弉《えじよう》が道元に入門して、道元の一番弟子とも言うべき位置を占めることになったからである。懐弉は道元の言行録『正法眼蔵随聞記《しようぼうげんぞうずいもんき》』の著者であり、永平寺《えいへいじ》第二世として道元の後継者となった。それだけでなく、後には懐鑑《えかん》ら、他の達磨宗のグループも道元門下に投じ、その中から永平寺第三世の義介《ぎかい》も出ている。このように、達磨宗のグループは道元門下の中核をなすことになるのである。道元が「弁道話」を著わしたとき、まだ懐弉は入門していなかったと思われるが、その後まもなく入門するのであり、すでに道元は達磨宗とかなり密接な関係を持っていたものと考えられる。

達磨宗のグループがこのように道元に入門することになるのは、それだけ達磨宗と道元との間に思想的な親近性があったということであろう。道元の思想がかなり濃密に本覚思想的な要素を持っていることは先に述べた。それにもかかわらず、道元が本覚思想的な発想をきわめて厳しく批判することになるのは、達磨宗から入ってきた門人たちに、達磨宗との相違を明確に示さなければならなかったからである。

今日、達磨宗に関する資料が順次発見されつつあるが、それらによると、達磨宗は心の本性を悟ることを重視し、「霊知」という言葉も用いている。道元の霊知説批判は、直接には達磨宗に向けられ、それを通して最終的には本覚思想的な発想に向けられていたということができる。初期の道元の思想的課題は、自らも濃厚に本覚思想の影響を受けながら、達磨宗と対決する中で、それを批判していくというところに、最大のポイントが置かれていたのである。

二　深層の世界へ――「現成公案」「仏性」など

I　冥想の言語化

道元が師匠の明全《みょうぜん》（栄西の弟子）とともに入宋《にっそう》したのは貞応《じょうおう》二年（一二二三）、二十四歳のときのことであった。宋で明全が客死するなど厳しい状況の中で、道元は遂《つい》にこの人こそという師匠如浄《にょじょう》に出会い、そのもとで「身心脱落」の経験をする。身心がそのまま抜け通ってしまったような体験――それこそ、その後の道元の原点となる体験であった。中国禅の言い方でいえば、「見性《けんしょう》」（自己の内なる仏性を徹見する悟りの体験）であるが、道元にとっては、そこで悟って終わりというものではなかった。むしろそれこそが本当の修行の始まりである。

安貞《あんてい》元年（一二二七）帰国。帰国後の最初の仕事は『普《ふ》勧《かん》坐《ざ》禅《ぜん》儀《ぎ》』の撰述《せんじゅつ》であり、それはまさしく宋で学んできた正しい坐禅の仕方を日本に伝えようという意欲に満ちたものであった。建仁寺から深草に移り、「弁道話」を執筆し、興聖寺《こうしょうじ》を開いていよいよ本格的にその活動を開始する。

『正法眼蔵』の多くの巻は示衆《じしゅう》（弟子たちへの説法）の記録で、生涯にわたって記し続けられるが、それもこの時期から始まった。ただし、道元の思想のエッセンスともいうべき「現成公案《げんじょうこうあん》」の巻は、示衆ではなく、九州の俗弟子に宛《あ》てられており、緊張感に満ちた名文で、その境地が見事に表現されている。

自己をはこびて万法《まんぼう》を修証するを迷《まよい》とす、万法すゝみて自己を修証するはさとりなり。迷を大悟するは諸仏なり、悟に大迷《だいめい》なるは衆生なり。さらに悟上に得悟する漢あり、迷中又迷《ゆうめい》の漢あり。諸仏のまさしく諸仏なるときは、自己は諸仏なりと覚知することをもちゐず。しかあれども証仏なり、仏を証しもてゆく。（『正法眼蔵』

一、岩波文庫）

あまりに有名な一節であり、現代語訳したり、解説したりすると、その名文のリズムが伝わってこないので、原文のまま引用する。ここでは、「修証一等」が単なる理屈ではなく、道元自身の禅定《ぜんじょう》の体験に基づくものであることが端的明瞭《めいりょう》に示されている。『正法眼蔵』の大きな課題は、このような道元自身の冥想《めいそう》体験をどのように言語化し、表現して伝えていくかという点にあった。しかもその際、道元が選んだのは、当時日本でも公的な言語として通用していた漢語ではなく、和語であった。自分自身の体験を、もっとも納得のいく形で表現するには、自分にいちばん親しい言語を用いなければならない。

だが、そもそも中国の禅においても、「不立文字《ふりゅうもんじ》」というのは、単なる言語の否定ではなく、むしろ日常の言語の意味を破壊し、その隙間《すきま》から異形の他者を現出させる手法であった。禅の言語はすでに日常性を逸脱している。道元はそこにさらに、中国語と日本語の相違という言語のずれの問題を導入する。あえて日本語を用いるということは、単に分かりやすさのためだけではない。むしろ異なる言語をぶつけることによって、禅の言語の屈折に、もうひとつ乱反射される要因を意図的に持ち込むということなのだ。そこに、『正法眼蔵』の言語の難解さが生まれる。

例として、「仏性」の巻（仁治《にんじ》二年、一二四一）を見てみよう。道元の仏性論として、「悉有《しつう》仏性」（一切衆生に）悉《ことごと》く仏性有り）を、「悉有は仏性なり」と読み替えたことはよく知られている。そのことがすでにきわめて無理な読み方であり、言語構造の暴力的な破壊である。さらに、「仏性」という言葉の意味を転換する。「仏性」は仏となる潜在的な可能性というもともとの意味ではなく、仏の本性がすでに実現していることであり、端的に言えば仏そのものということである。それ故、「悉有仏性」は、未来的な成仏の可能性ではなく、「一切の存在はみな仏（の本性の実現）である」という、今ここでの実現の表現となる。

あるがままの世界をそのまま悟りの世界として肯定すること――これはまさに本覚思想そのものである。しかし、すでに見たように、道元は平板化した本覚思想を否定する。そのような事態は坐禅弁道の中で初めて実現されることだ。仏の世界の中に参入しなければ、所詮《しょせん》は空理空論でしかない。道元は、「時節若《も》し至れば（時節若至《にゃくし》）、仏性現前す」という『涅槃経《ねはんぎょう》』に基づく言葉の、「時節若至」を「時節既至《きし》」と読み替える。「時節」はいつかやってくるという仮定の条件ではない。いまここにすでに実現しているのだ。だからこそ、それを見逃してはならない。すでに実現しているということは、それならばもう放っておいてもいいではないか、ということではなく、だからこそ、それを今ここで受け止めなければならないという、厳しい当為に結びつく。「十二時中不空過」（一日中、いつもむなしく過ごしてはならない）ということである。

それが「修証一等」ということであり、「現成公案」（ありのままの現実がそのまま真理の世界）ということなのだが、そのようにスローガンにしてしまえば、もはや日常的意味の中に埋《うず》もれた死んだ文字と化してしまう。道元があえて言葉を暴力的に読み替えていくのは、恣意《しい》的にしたい放題の解釈をしているのではない。そうではなく、それは表層の日常的意味の中に隠れ、埋もれた言葉の深層を浮かび上がらせる作業である。だから、道元は言葉の固定化を嫌い、さまざまな言い換えによって、言葉を解体していく。例えば、次のような表現を見てみよう。ここでも、道元の言葉の勢いを知るために、原文のまま引用する。

> しるべし、いま仏性に悉有《しつう》せらるゝ有《う》は、有無の有にあらず。悉有は仏語なり、仏舌なり。仏祖眼睛《がんぜい》なり、衲僧《なっそう》鼻孔なり。悉有の言、さらに始有《しう》にあらず、本有《ほんぬ》にあらず、妙有《みょうう》等にあらず。……しかあればすなはち、衆生悉有の依正《えしょう》、しかしながら業増上力《ごうぞうじょうりき》にあらず、妄縁起《もうえんぎ》にあらず、法爾《ほうに》にあらず、神通修証にあらず。もし衆生の悉有それ業増上および縁起法爾等ならんには、諸聖の証道および諸仏の菩提《ぼだい》、

仏祖の眼睛も業増上力および縁起法爾なるべし。しかあらざるなり。

「仏性に悉有せらるゝ有」という表現はいかにも日本語としておかしいが、一切の存在が仏に包摂されてしまっているということだ。「現成公案」の巻の言葉を使えば、「万法すゝみて自己を修証する」という世界である。一切の存在はそのまま仏の言葉であり、仏の目の玉であり、禅定に入った僧の鼻柱である。だから、そのような存在は、すべての規定を超え、否定によってしか表現できない。衆生はすでにただの衆生ではなく、仏そのものなのだ。だから、もはや業とか縁起によって束縛された世界には所属しない。それが禅定の冥想の中で実現されるというのである。

Ⅱ　言語の解体と深層の意味

もっともこの程度であれば、道元の思想の基本を理解すれば、その意味を汲《く》み取ることはそれほど困難ではない。厄介なのは、道元が祖師の言葉を取り込んで解釈するところだ。いわゆる「公案」であり、『正法眼蔵』はある意味では、『碧巌録《へきがんろく》』と同じように、祖師の公案をどう受け止めるかという、公案解釈書ともいえる性質のものだ。

例えば「仏性」の巻には、四祖道信《どうしん》と五祖弘忍《こうにん》の初対面の問答が取り上げられている。四祖が「汝何姓」（お前の姓は何か）と問うたのに対して、子供である五祖は「姓即有、不是常姓」（姓はあるにはあるが、ふつうの姓ではない）と答える。四祖がさらに「是何姓」（どういう姓か）と問うと、五祖は「是仏性」（仏性という姓〔＝性〕だ）と答え、四祖の「汝無仏性」（お前には仏性などない）という追い打ちに、五祖は「仏性空故、所以言無」（仏性は空であるから無というのだ）と切り返したという問答である。

やや理屈っぽいが、それだけに分かりにくい問答ではない。初対面の際に相手の名を問うことによって、その境地をうかがうというのは、禅の常套《じょうとう》手段である。それに対して、五祖が「仏性」を持ち出したのは、子供ながらになかなかのものである。だが、それだけでは所詮は概念としての理解でしかない。そんな「仏性」など何の役にも立たない。それ故、四祖は「汝無仏性」と突き放した。五祖の「仏性は空であるから無というのだ」というのは、これもいかにも理屈っぽく、たしかに見どころはあるが、まだまだこれからというところであろう。あくまで五祖入門のときの問答であり、本当の悟りにはまだ遠い。

これを『碧巌録』風に公案として読み込むと、どうなるだろうか。「狗子《く》仏性《ぶっしょう》」（犬に仏性はあるか）という趙州《じょうしゅう》の有名な問答と同じで、四祖の「汝無仏性」が眼目となろう。それは「仏性がない」という単純な否定ではなく、「有」と「無」という二項対立的な言語への囚《とら》われを取り払うことだ。「仏性」とか「有」とか「無」とかいう言葉に付された日常的な意味を剝奪《はくだつ》して、そこに露呈される事態そのものに飛び込むことが求められることになるだろう。

それでは、道元はこの公案をどう見るのだろうか。道元はまず四祖の「汝何姓」という冒頭の問いに注目する。これは単純な疑問文ではない。「なんぢは何姓《かしよう》と為説《いせつ》するなり」（お前は「何」という姓だと言っているのだ）と解する。つまり、「何」は疑問詞ではなく、「何」という言い方でしか表わせない根源の事態なのだ。道元はそれを、「吾亦如是《ごやくによぜ》、汝亦如是《によやくによぜ》」（わしもその通り、お前もその通り）というのと同じだという。「何」とは、「如是」（その通り）と言われるように現実の事態そのものである。

五祖の答えの「姓即有、不是常姓」の、「姓即有」も、単純に「姓ならばある」というだけの意味ではない。この「有」は「悉有」の「有」であり、「姓即有」は「有即姓」と言い換えられる。「姓」は単なる姓名の姓ではない。存在そのものの露呈である。だから、「常姓」（ふつうの姓）ではあり得ない。

四祖はそれに対して「是何姓」と改めて問い返す。ここで道元は、「何《か》は是なり。是を何《か》しきたれり」という奇妙な日本語を持ち出す。「何」を動詞として使っているのである。要は、「是」も「何」も根源ではたらく事態なのだ。だから、静的な名詞としてだけでなく、動詞としてもはたらくことになる。「姓は是也《ぜや》、何也《かや》なり」と言われるように、「姓」も「是」も「何」もすべて同じことであり、あえて言えば、それこそが「仏性」なのである。そこに五祖の「是仏性」という答えが呼び出されてくる。

しかし、「仏性」といわれるとき、もちろんそれは固定的な何ものかを示すわけではない。「是」＝「何」＝「仏性」＝「仏」ではあるが、それは「脱落《だつらく》しきたり、透脱《とうだつ》しきたるに、かならず姓なり。その姓すなはち周なり」というのであって、「周」（五祖の実際の姓）という個に再び戻ってくる。しかし、その個は、「父にうけず、祖にうけず、母氏に相似《も し》ならず」と、現実の業や縁起を超えたところで受け止められた個である。だからこそ、それはまた「仏性」だけでなく、「無仏性」とも言われるのである。「無仏性」というのは、「仏性がない」ということではない。「無」という仏性のあり方であり、「無仏性」という仏性のあり方なのだ。

何だか頭がごちゃごちゃになってしまいそうだが、道元の公案に対する態度が、『碧巌録』などに見られる中国禅の扱い方と似ていながら、正反対の方向を向いていることが分かるだろう。中国の公案禅では、言葉の日常的な意味を解体し、意味的な言語で表現しようのない事態そのものへと突き落とす。ところが、道元は同じように日常的な意味を解体しながらも、直ちに言語の意味を捨て去ることをしない。むしろ言語の表層の意味を解体することによって、深層の意味、根源の事態が浮かび上がり、開示されるのである。日常言語の構造を脱構築しながら、道元は単なる否定ではなく、根源的な肯定へと向かうのである。

三　脱構築から再構築へ——十二巻本『正法眼蔵』

Ｉ　日常性の再建

『正法眼蔵』というと、ただちに「現成公案」や「仏性」など、難解で複雑な思想の展開された巻が思い浮かべられる。確かにそれらの巻は、今日の哲学の場に持ち出しても十分に通用する深い思索の結晶であり、道元の天才とも言うべき特異な才が際立《きわだ》っている。しかし、『正法眼蔵』がそのような巻ばかりで成り立っていると思ったら間違いである。「弁道話」に先立って、まず『普勧坐禅儀』を著わして正しい坐禅の仕方を示したように、道元は常に日常の正しい規律・方法を重視している。

確かに「弁道話」では、戒律を護《まも》るほうがよいとしながらも、「いまだ戒をうけず、又戒をやぶれるもの、その分なきにあらず」として、必ずしも戒律の厳守は求めていない。それどころか、「男女貴賤《きせん》をえらぶべからず」と、在家者であっても、男女を問わず坐禅をしさえすればよいと、きわめてラディカルで自由な姿勢を示している。

しかし、嘉禎《かてい》三年（一二三七）には『出家授戒作法』を著わしており、戒律への関心は早くから強くもっていた。それればかりか、『正法眼蔵』の中にも、「現成公案」や「仏性」とずいぶん傾向を異にした巻がある。例えば、「洗浄」(延応《えんおう》元年、一二三九)では、爪《つめ》の切り方、大小便の仕方、用便後の処理や手の洗い方まで細かく規定し、「洗面」(同年)では、顔の洗い方や歯磨きの仕方まで、これまたこと細かく記している。

例えば、「洗面」では、歯磨きに楊枝《ようじ》を使うべきことを説く。ところが、どうやら当時、中国では楊枝を使う習慣が廃《すた》れていたらしい。「大宋国いま楊枝たえてみえず。……しかあれば、天下の出家在家、ともにその口気《こうき》はなはだくさし。二三尺をへだてものいふとき、口臭きたる。かぐものたへがたし」と、きわめて具体的で、潔癖な道元が辟易《へきえき》するさまがいかにも如実《にょじつ》にうかがわれておもしろい。それに対して、「日本一国朝野の道俗、ともに楊枝を見聞す、仏光明を見聞するならん」と、日本で楊枝が使われていたことを讃《たた》える。ただ、それが正しいやり方でなされていないと指摘するのである。

このような生活のこまごました規定は、単に規律上のことではない。それが、基本的に仏祖以来正しく伝えられてきた方法であることが大事である。仏祖以来の伝統に対する道元の執着には、いささか驚かされるほどのところがある。禅の師匠から印可されると、法を継承したことを証明する嗣書を授けられるが、道元は宋に滞在中に、さまざまな禅僧からその嗣書を見せてもらおうと手を尽くし、たまたま見せてもらう機会があると、感激して礼拝している。「嗣書」の巻（仁治二年、一二四一）にはその一々の様子を記し、ある場合には「ときに道元喜感無勝」とまで書いている。

このようなところには、坐禅にひたすら打ち込み、その冥想《めいそう》の世界を哲学的に深めていくのとは、いささか異なる道元の姿がある。しかし、それがまったく別のことなのかというと、そうではない。どちらも仏祖に由来し、仏祖の道を伝えるものだからこそ大事なのだ。恣意《しい》的に自分で工夫して満足しているのは外道でしかない。仏祖の道を正しく伝えることこそ、道元の求めるところである。それ故《ゆえ》、道元にはいわば仏教原理主義ともいうべきところがある。

それがさらに徹底していくのが、晩年の道元である。寛元《かんげん》元年（一二四三）、興聖寺を離れ、越前《えちぜん》の山中に移り、やがてそこに永平寺を創建する。その過程で、道元の思想は大きく転換する。それが十二巻本『正法眼蔵』である。

Ⅱ　『正法眼蔵』の諸本と十二巻本

ここまで、『正法眼蔵』というテキストについて、特に説明してこなかったが、ここで基本的なことに立ち戻って、テキストの問題に触れておこう。それは専門家が重箱の隅をつつくような問題ではなく、道元の思想解釈の根本に関わるところがあるからである。

「正法眼」という言葉は、仏の正しい教えの眼目ということで、それを収めているから「蔵」である。もともと、仏が摩訶迦葉《まかかしょう》に禅の教えを伝えたときに、「我が正法眼蔵を摩訶迦葉に伝えた」と言ったというのが最初である。道元以前にも、すでに宋の大慧宗杲《だいえそうこう》が『正法眼蔵』という名の書を著わしている。これは六百六十一則の公案を集めた公案集である。大慧は、『碧巌録』の著者圜悟克勤《えんごこくごん》の弟子で、公案禅の確立者として知られるが、実は道元は大慧系の公案禅に対してきわめて強い批判的な態度を取っていた。それと同じ書名を道元が採用したのは不思議に思われるかもしれないが、大慧を超えて、釈迦《しゃか》の正しい教えを伝えるのは自分だという強い自負があったのであろう。

道元にも、通常いわれる『正法眼蔵』と別の、もうひとつの『正法眼蔵』がある。これは三百の公案を集めたもので、『正法眼蔵三百則』とか、すべて漢字（真字《しんじ》）で書かれているので『真字正法眼蔵』とも呼ばれる。公案集という性格からして、大慧の本との関係をより強く感じさせる。

これまで考察してきた『正法眼蔵』は、仮名で書かれているので『仮名正法眼蔵』とも呼ばれるが、その編集には大きな問題がある。しばらく以前まで、もっとも広く用いられてきたのは、九十五巻本のテキストであった。これは『正法眼蔵』として知られるすべての巻を撰述《せんじゅつ》年代順に集めたもので、非常に便利なものである。しかし、そのような形で編集されたのは江戸時代の後半まで下り（一七九五―一八一一）、従って古い根拠のないものである。それ以前、中世に遡《さかのぼ》る形態としては、十二巻本・二十八巻本・六十巻本・七十五巻本・八十三巻本・八十四巻本など、さまざまな形態があるが、その中で近年注目を浴びているのが、十二巻本である。

どうして十二巻本がそれほど重視されるようになったのであろうか。十二巻本の最後の「八大人覚《はちだいにんがく》」の巻は、建長《けんちょう》五年（一二五三）、道元の亡《な》くなる数か月前に書かれたものであることが知られているが、その最後に懐奘の奥書がある。それによると、この巻は十二巻本の最後に当たるが、道元はその後、以前に著わした『正法眼蔵』の巻をすべて書き改めて百巻にする計画であったという。それが、病のために実現しなかったというのである。そうとすれば、この十二巻本こそは、道元が病の中で自らの新しい立場に基づいて書き、自ら編集したもので、晩年の新しい思想展開をうかがう唯一《ゆいいつ》の手がかりということになる。

それに対して、十二巻本以前の形態としては、今日、七十五巻本が多く用いられる。七十五巻本には十二巻本と重複する巻がなく、十二巻本とセットになることが明らかである。しかも、道元滅後、その門弟たちによって伝持されていた形態であるから、両者をセットにして用いることは十分に根拠のあることと考えられる。しかし、七十五巻本の最初のほうの巻立てはある程度決まっていたようであるが、後のほうの順は必ずしも根拠のあるものではなく、なお問題を残している。

このように、十二巻本のみが道元自身の意図に基づくもので、しかも晩年の思想を伝える重要なものであるが、長い間、顧みられることがなかった。それは、九十五巻本では、十二巻本に収録された諸巻が最後のほうにまとめられ、撰述年代未詳とされていたために注目されなかったということと、その内容が七十五巻本のはじめのほうの哲学的な巻とあまりに違いすぎて、その観点からすると、見劣りがするように思われたからである。

その十二巻本が注目されるようになったのは、批判仏教の運動によるところが大きい。批判仏教は、曹洞宗《そうとうしゅう》の大学である駒澤《こまざわ》大学の袴谷憲昭《はかまやのりあき》、松本史朗《まつもとしろう》らによって主唱されたもので、本覚思想やそのもとになる如来蔵思想を、本来の仏教でないものとして、厳しく批判した。彼らは、道元の思想を如来蔵＝本覚思想の批判という観点から高く評価した。すでに見てきたように、初期の道元にとって本覚思想の批判は大きな課題で、そこから「修証一等」の立場を打ち立てようとしたが、それは実際にはかなり濃厚に本覚思想の影響を受けたもので、それと紙一重のところがある。それに対して、十二巻本は本覚思想批判が徹底しているということで、批判仏教の論者たちによって高く評価されたのである。

十二巻本をどう評価すべきかということは、いまだ十分に議論が尽くされていない。実は、十二巻本は本覚思想批判というだけに限らない、もっとスケールの大きな道元の意図が籠《こ》められていたのではないかというのが、最近十二巻本を読み直して、僕がいま考えていることである。まだ十分にしっかり論証できることではないが、以下、いささかそのアイディアを提出してみよう。

Ⅲ　仏教の再構築へ向けて

十二巻本の巻名を挙げていくと、次の通りである。

出家功徳《しゅつけくどく》・受戒《じゅかい》・袈裟功徳《けさくどく》・発菩提心《はつぼだいしん》・供養諸仏《くようしょぶつ》・帰依仏法僧宝《きえぶっぽうそうぼう》・深信因果《じんしんいんが》・三時《さんじ》業《ごう》・四馬《しめ》・四禅比丘《しぜんびく》・一百八法明門《いっぴゃくはちほうみょうもん》・八大人覚《はちだいにんがく》

これらの巻の表題を見ていくと、出家・受戒からはじめて、仏教の基本となる実践を順次取り上げている。七十五巻本でも、確かに諸法実相とか、三界唯心など、大乗仏教の根本となる概念を取り上げ、その再解釈を試みている。道元の意図は、「禅宗」という一派を立てることではなかった。「諸仏祖師には禅宗と称するものはいなかった。禅宗という名称は悪魔が称するものである。悪魔の呼称を称するのは、悪魔の仲間であり、仏祖の児孫ではない」（「仏道」）と、口汚いほど強い言葉で誡《いまし》めているくらいである。道元の意図するところは、仏祖の根本をどのように捉《とら》えるかということであった。だから、道元は「教外別伝《きょうげべつでん》」（言葉にした教えの外に、不立文字の本当の禅の伝承がある）というような禅のスローガンを全面的に否定する（「仏教」）。

このように、七十五巻本においても、道元の立場は狭い「禅宗」に捉われず、仏教全体をどう受け止めるかというところにあった。それは、もともと栄西の精神を継いでいるということもできる。栄西は禅宗の請来者として知られるが、『日本仏法中興《にほんぶっぽうちゅうこう》願文《がんもん》』を著わしているように、目指すところは単に「禅宗」という一宗派の確立ということではなかった。東大寺大勧進として、その再建に努めていることなど、あたかも不純であるかのように論じられることもある。しかし、その志が日本の仏法全体の興隆にあることを考えれば、その実践も決して単なる妥協や世俗的な野望というだけでない本質的なものであった。

そして、その精神は道元にも受け継がれている。本当の仏法とは何なのか、それをどのように実践すればよいのかという、根本的な問題に道元は踏み込んだ。そのことは、十二巻本に至ってますますラディカルなところまで突き進んでいく。あえて言えば、道元はここで、これまで常識とされてきた大乗仏教の優位に疑問を突きつけ、原始仏教の見直しにまで踏み込んでいるのではないだろうか。そうとすれば、本覚思想の批判という局限された問題に留（とど）まらず、もっと大きなスケールで仏教全体の再構築を図ろうとしているのではないか。十二巻本を読みながら、最近、僕はそんなふうに考えている。

十二巻本では、もはや禅の祖師たちの言説は必ずしも中心的な主題としては取り上げられていない。そこで中心的な問題となるのは釈尊の教えであり、原始仏教以来の仏教の根本原理である。出家や受戒はもちろん、教説としても、帰依三宝や、業と因果など、大乗仏教以前ともいえる基本的な教説の再評価を図っている。先に「仏性」の巻で、業や縁起（因果）を超えることが論じられていたのと較《くら》べると、ここには明らかに相違があり、あまりに素朴に仏教の基本教理が認められ過ぎているかのような印象を受けるかもしれない。

例えば、「深信因果」の巻を見てみよう。ここでは、十二巻本の中で唯一、禅の公案が正面から取り上げられている。それは、百丈野狐《ひゃくじょうやこ》という公案である。百丈懐海《えかい》の説法の席に、いつも一人の老人がいた。あるとき、百丈が「お前は何ものか」と尋ねると、「自分は人間ではない。過去の迦葉仏のときにこの山に住んでいて、ある人に『大修行をした人でも、因果の法則に落ちるのか』と問われて、『因果に落ちない（不落因果）』と答えたため、五百生《しょう》の間、野狐の身に堕したのである。どうか和尚《おしょう》よ、私の代わりに一言、根本の答えを与えて、野狐の身から抜け出させてください」と答えた。そこで、老人が「大修行をした人でも、因果の法則に落ちるのか」と問うたとき、百丈は「因果ははっきりしている（不昧《ふまい》因果）」と答え、それによって老人は野狐の身を脱することができた、という話である。

「仏性」の巻のところで触れたように、悟りを開いたら、因果の束縛を脱するはずである。だから、老人の「不落因果」は、その限りでは間違いではない。しかし、因果に囚《とら》われないから、何でもし放題でいいのか、というと、そうではない。因果を無視することは許されない。それが「不昧因果」である。「不落」と「不昧」とがともに具《そな》わらなければ本当の悟りではない。ひとまずそのように解されよう。

道元は、この公案を七十五巻本の「大修行」の巻で扱っている。そこでは、不落・不昧のいろいろな議論があるが、いずれも不落・不昧の言葉の本質に達していないとして、不落・不昧の二項対立に陥ることを誡めている。もともとの公案の意図からしても、その一方に偏《かたよ》るのは不適切であり、両者ともに認めるか、または両者を超える境地こそ、求められるべきであろう。

だが、十二巻本の「深信因果」で、道元はまったく異なる解釈をしている。「不落因果」は因果を否定することであるから、野狐身に生まれることになったのであり、それに対して、「不昧因果」こそは深信因果であり、これによって野狐身を脱することができたのだ、というのである。つまり、完全に「不落因果」は誤りで、「不昧因果」のみが正しいという解釈になっているのである。これは、禅の公案の解釈としては、まったく不適切であり、因果を超えた禅の自由な境地を全否定する偏った解釈である。

さらに「深信因果」に続く「三時業」の巻では、現世の行為の善悪によって、現生、来生、あるいはそれ以後の生において、必ずその報いを受けることを説いており、因果の問題をさらに具体的に論じたものである。これもまた、あまりに素朴な業・輪廻《りんね》観である。仏教の初歩ではあるかもしれないが、それこそ『日本霊異記《にほんりょういき》』の世界であり、七十五巻本の「哲学者」道元からははるかに遠く離れている。

どうして道元はこのような極端な解釈に至ったのであろうか。道元のそもそもの動機が、禅という特殊な一派を求めることではなく、仏祖の道の原点に戻り、原理主義的といっていいほど、仏祖以来の正しい道を綿密に踏むことにあったのを考えると、このような結論も分からないわけではない。原点復帰の希求は、大乗仏教の曖昧《あいまい》さを超えて、もっとそのおおもとのところにまで遡《さかのぼ》ってしまったのだ。知らず知らずのうちに道元は、後に「原始仏教」と呼ばれて再評価されるようになる、基礎的な実践や、業・因果説に到達してしまっていたのである。

原始仏教の価値が、もう一度きちんと見直されるようになるのは、ずっと時代を下ってからのことである。江戸時代になって、普寂《ふじゃく》（一七〇七―八一）という僧がはじめて、小乗仏教として軽蔑《けいべつ》されてきた原始仏教の見直しを図ろうとし、また、富永仲基《とみながなかもと》（一七一五―四六）によって、大乗仏教のほうこそ、本当の仏説ではなく、後世に仮託されたものではないかという大乗非仏説論が唱えられた。それが、近代の原始仏教再評価につながっていく。

しかし、それははるか後代のことであり、道元の頃、誰もそんなことに思い至る人はいなかった。当時、大乗仏教の「深遠さ」は仏教界の常識であり、それ以前の原始仏教など、まずほとんどふり返られることはなかった。それは小乗仏教として蔑視《べっし》され、深い大乗仏教が理解できない初心者のために説かれた方便の教えでしかないと考えられていた。

そのような時代に、ごくまれに奇妙なことを考える人が現われる。院政期に保元《ほうげん》の乱で敗死した稀代《きたい》の大学者藤原頼長《ふじわらのよりなが》（一一二〇―五六）は、「大乗は末世の機に叶《かな》わず、人の学ぶべきは小乗教なり」と言って、さかんに因明《いんみょう》（仏教論理学）を勉強したという（横内裕人《ひろと》『日本中世の仏教と東アジア』塙書房、二〇〇八、参照）。そんなことに関心を持つのは、きわめて天邪鬼《あまのじゃく》であり、孤独で反時代的な人でしかない。

道元もその同類であったのかもしれない。だが、道元の関心は知的な学問ではなかった。あくまでも実践であり、仏祖以来の正しい道の追究が、彼を思いも寄らない方向へと導いていったのだ。他者論の錯綜《さくそう》が、大乗仏教の泥沼的なわけの分からなさを導いたとすれば、もう一度、すっきりした原始仏教の倫理に立ち戻ったらどうなのか。孤高の探求の果てに、道元が晩年に到達した十二巻本の意図は、それまでの東アジアの大乗仏教の体系をすべて解体し、もう一度原始仏教から再構築しなおそうという、途方もなく雄大な仏教再建計画だったのだ。そのとてつもない計画を抱きながら、全百巻のうち、十二巻まで到達して、道元は力尽きた。

十二巻本最後の「八大人覚」は、最期《さいご》の説法にふさわしく、釈尊の最期の教えと伝えられる八つの道を説いている。それは、少欲・知足・楽寂《ぎょうじゃく》静《じょう》・懃精進《ごんしょうじん》・不忘念《ふもうねん》・修禅定《しゅぜんじょう》・修智恵《しゅちえ》・不戯論《ふけろん》である。深い哲理よりも、日常の確かな足固めこそ、道元が最期に求めた実践であった。「(この八大人覚を) いま習学して生々に増長し、かならず無上菩提《ぼたい》にいたり、衆生のためにこれをとかんこと、釈迦牟尼仏《しゃかむにぶつ》にひとしくしてことなることなからん」と、道元最期の説法は結ばれている。釈迦仏こそがその模範であったのである。

第十二章　宗教国家は可能か――日蓮『立正安国論』

一　侵略的仏教

人類を統一するは、聖的事業の尤《もっと》も大なるもの也《なり》、要するに其《その》道法は、人類一切の想念及び作業の、無窮なる方涯、無限なる歴史に超脱して、古なく新なく、該《か》ねざるなく蓋《おお》わざるなき、唯一《ゆいいつ》絶待の妙道至法ならざるべからず。……聖祖（＝日《にち》蓮《れん》）は、正《まさ》しく世界統一軍の大元帥《だいげんすい》也。大日本帝国は正しくその大本営也。日本国民は其天兵也。……斯《かく》の如《ごと》くにして宇内万邦霊的統一軍の組織は成画せられたり。大兵将《まさ》に動かんとす。（『宗門之維新』総論）

何とも勇ましい宣言である。田中智《たなかち》学《がく》（一八六一―一九三九）による近代日蓮主義仏教の輝かしい出発である。明治三十四年（一九〇一）のことであった。智学は「万物はすべて侵略なり」として、侵略的な態度で折伏《しゃくぶく》（悪法を打ち砕き、積極的に正法に従わせること）に努め、全日本、そして全世界を『法華経《ほけきょう》』で統一しようという大理想を掲げた。そのためには、『法華経』を護《まも》る日本国家を強くしなければならないとして、智学は後に国柱会《こくちゅうかい》をつくり、国家主義への道を邁進《まいしん》することになる。その流れに、石原莞爾《いしはらかんじ》ら急進的な日本ファシズムと日蓮主義の結合が生まれる。

その過激な国家主義との結びつきが戦後反省され、智学の日蓮主義への言及はほとんどタブーとなった。戦後の正統的な日蓮解釈は国柱会的な見方を全面的に否定し、日蓮はあくまで宗教的な理想主義に立つのであって、政教一致主義とは無縁であると主張した。政教一致的な主張が強い日蓮の著作『三大秘法抄《さんだいひほうしょう》』などは偽書扱いされ、日蓮は決して折伏主義ではなく、摂受《しょうじゅ》（相手の立場を受け入れながら、寛容な立場に立って正法を広めること）の立場を採ったとも言われている。

ところが皮肉なことに、もともと国柱会とは対立していた別の日蓮主義集団の創価学会が戦後その折伏主義を採用し、それればかりか政教一致主義をも継承し、国立戒壇（日本国家がすべて『法華経』に帰依《きえ》したことを天皇が表明する場）の設立を目指して公明党を立ち上げた。後に世論の批判を受けて公明党は政教分離を表明して、形式的には創価学会と分離することになった。しかし戦後、政教分離を原則としてきた日本において、たとえ一時的にしても明白に政教一致を掲げる政党がかなりの支持を受けていたこと、そして今日、政教分離したといっても、事実上、特定の宗教団体を支持母体とする政党が政治の中枢《ちゅうすう》で活動していることは、近代日本の政治と宗教を考える上で、大きな意味を持っている。

近代の日蓮主義は、いわば鬼子的なところがある。本当は近代日本の中核とも言えるほど重要な役割を果たしているのに、ともすれば表面のきれいごとだけを好む知識人たちからは毛嫌いされ、ほとんどまともに相手にされることがなかった。戦後の進歩主義的立場から喧伝《けんでん》された鎌倉新仏教中心論は、親鸞《しんらん》や道元《どうげん》を扱っているうちはもっともらしいが、日蓮になると途端に歯切れが悪くなり、日蓮には旧仏教的要素が残っていた、などとして、「新仏教」の中核から外そうとする。日蓮は、近代の知識人にとって、どうにも扱いにくい邪魔者であった。

だが、日蓮はそれほど扱いにくい存在であろうか。あるいはまた、国柱会や創価学会によって提起された政教一致論は、それほど日蓮解釈として不適切と言い切れるであろうか。もう一度偏見なく日蓮を見直すことが今日求められている。

二　中世の政教関係

日蓮への偏見を正すには、中世仏教の見方全体を転換させる必要がある。第十章で述べたように、今日すでに鎌倉新仏教中心論は破綻《はたん》しており、新仏教が正しく、旧仏教が誤りだ、というような単純な二分論は通用しない。顕密《けんみつ》体制論にしても、新仏教中心論から価値観を継承している限り、同じ限界を持っている。これまで体制側として批判されてきた顕密仏教の思想にしても、それほど仏教の本質を歪《ゆが》めた不適切なものといえるのであろうか。もう一度、色眼鏡を外して見直す必要がある。

例えば、新仏教中心主義者は、新仏教が、自分の立場のみが正しく、他の立場は誤っていると主張するところが優れていると主張する。念仏主義の立場からは坐禅《ざぜん》や題目が否定され、坐禅主義の立場からは念仏や題目が否定され、『法華経』主義の立場からはそれ以外の経典や修行が否定される。そのような純粋主義こそ正しく、幅広く諸宗派について勉強したり、さまざまな修行を試したりするのは不純である、というのである。だが、はたしてそうであろうか。若い頃にできるだけ見聞を広め、さまざまな実践を試行錯誤し、その中で次第に自分の立場を確立し、自分らしい生き方を築いていくことが誤りであろうか。僕はそうは思わない。むしろ一つのことだけが正しく、他はすべて間違いだと思い込むほうが、よほど偏狭《へんきょう》で危険ではないだろうか。

日蓮と同じ時代に、無住一円《むじゅういちえん》（道暁《どうぎょう》）（一二二六—一三一二）という仏教者がいた。説話集『沙石集《しゃせきしゅう》』の著者として知られるが、禅・浄土・律・密教などさまざまな行を実践し、また諸宗の学問を積んだ。その上で、「末世の機根の者は、自力では劣っている。縁のある一仏・一菩薩《ぼさつ》を深く憑《たの》んで、縁のある一宗・一行に習熟するのがよい」（『聖財集《しょうざいしゅう》』下）と結論している。どれか一つだけが正しいということはない。自分に縁のある仏を信じ、行を積めばよいというのである。この方が、一つだけが正しいと信じ込むのよりも、よほど自由で、成熟した思想ではないだろうか。

政教関係にしても、当時の正統的な仏教の態度がそれほど政治優先、国家優先というわけではない。王法仏法相依論と言われるが、それは現世の政治体制も現世を超えた仏法に従い、神仏の支持がなければ成り立たないということを含意しており、一方的に宗教が政治に従属しているというわけではない。天台座主慈円《ざすじえん》（一一五五—一二二五）が著わした『愚管抄《ぐかんしょう》』は、「顕」の現世の秩序は、「冥《みょう》」の神仏に依存しているという論理で一貫している。中世の仏教は容易に政治に屈しないしたたかさを持っていたのである。「冥」の世界をすっかり忘れてしまった現代と、はたしてどちらが進歩していると言えるであろうか。

日蓮の代表作である『立正安国論《りつしょうあんこくろん》』との関係でいえば、邪法の流行が国家の厄災を招くので、邪法を取り締まるべきだという論法も、必ずしも日蓮だけに特有なことではなかった。例えば、『立正安国論』よりは遅れるが、真言宗の心定《しんじょう》という僧に『受《じゅ》法用心集《ほうようじんしゅう》』（一二七〇）という著作がある。これは、真言宗の邪法とされたいわゆる「立川流《たちかわ》」を批判した最初の著作として知られているが、その一節に、次のように言われている。

昔、嵯峨天皇の時代に一人の学者（徳一《とくいっ》のことか）がいた。一乗円宗《いちじょうえんしゅう》を批判して人々の信心を失った。その過失が天下に満ちて、小の三災（火災・水災・風災）が起こり、人民は不安に陥った。天皇はその心をお知りになり、円宗の祖師（最澄《さいちょう》のことか）に仰《おお》せになり、その批判書を批判させた。その後、災難はたちまちに治まり、人々は憂《うれ》いがなくなった。昔の例から今を思うと、最近、妖《あや》しい星が盛んに異変を示し、疫病《えきびょう》があまねく人々を滅ぼしている。その上、他国の蒙古《もうこ》が我国の領域を軽んずるに至った（一二六八年以後、高麗《こうらい》・モンゴルの使者が来日）。これはまったくこのような邪法邪教が天下に広まり、顕密の正法が威徳を奪われたためであろうか。……もしこの邪法をすぐさま滅ぼして正法を流布《るふ》させれば、国土もまた穏やかになるであろう。（守山聖真《もりやましょうしん》『立川邪教とその社会的背景の研究』鹿野苑、一九六五、

附篇五四八頁）

ここで言う「邪法」とはいわゆる立川流のことであるが（これについては、近年異説がある）、『立正安国論』で日蓮が展開しているのとほとんど同じような議論を展開している。心定が『立正安国論』を読んでいたとは思われないので、同時代にある程度流布していた考え方であったのだろう。近い発想は歌論『野守鏡《のもりのかがみ》』（一二九五）などにも見られる。日蓮というと、孤立した思想家のように思われがちであるが、決してそうではなく、時代に共通する背景をもっていたと言えよう。

三　国家は何をなすべきか――『立正安国論』

I　『立正安国論』の成立と構成

建長五年（一二五三）、日蓮（一二二二―八二）は比叡山《ひえいざん》の遊学を終えて、故郷の安《あ》房国《わのくに》の清澄寺《せいちょうじ》に戻ってきた。このとき三十二歳。四月二十八日、日の出とともに山頂で「南無妙法蓮華経」と唱えて、新しい教えへの第一歩を記したというのが、後の伝記が伝える劇的シーンである。もっとも実際には単純に従来の教えをすべて否定して新しい説を立てたというわけではなく、むしろ日蓮としては、正統中の正統の復興と考えていたのであろう。建長六年（一二五四）には『不動《ふ どう》・愛染感見記《あいぜんかんけんき》』を著わした。いまだ密教の影響が大きかったことがうかがえる。

その頃、地元の地頭と対立して鎌倉に上ったが、数年間の動向ははっきりしない。当時、洪水・地震・飢饉《き きん》など、災害が続き、そのような中で仏教のあり方を考え続けていたものであろう。正元《しょうげん》元年（一二五九）には、本格的な念仏批判の書『守護国家論』を著わし、翌年には、邪法である念仏こそ災害の原因であるという信念を確立し、『災難興起由来《さいなんこうきゆらい》』『災難対治鈔《さいなんたいじしょう》』などの習作を経て、『立正安国論』の撰述《せんじゅつ》に至った。日蓮はこれを前執権北条時頼《ほうじょうときより》に献上したが、一介の無名の僧が堂々と政治論を政権の中核にいる政治家に提出したというのは前代未聞、驚天動地のことであり、そのような行為こそ日蓮の日蓮らしさということであろう。

『立正安国論』（『安国論』）は、旅客と主人の問答という形式でドラマチックに展開する。旅客はまず、近年の災害の打ち続くさまを歎《なげ》き、阿弥陀《あ み だ》仏・薬師仏・『法華経』『仁王経《にんのうきょう》』・密教・坐禅・神祇《じんぎ》など、さまざまな教えを信じ、実践しているが、厄災が一向に衰えないことを言う。そして、どうしてこういう事態が生じたか、を問い掛ける。それに対して主人は、「経文を披《ひら》いて見ると、世の中が正しい教えに背《そむ》き、人々が悪に帰依しているから、善神も聖人も国を捨て去ってしまい、そこで悪魔や鬼神がやって来て災難が起こるのである」と説く（第一問答）。

しかし、これほど仏の教えを信じ、仏事を盛んにしているのに、どうして正しい教えに背いているのか、客には納得がいかない。それに対して、主人はさまざまな経典を引いて諄々《じゅんじゅん》と説き聞かせ、「確かに仏教が盛んなように見えるが、法師たちはよこしまで、王臣たちも邪正をわきまえていない」と言う（第二、三問答）。

常識に反した主人の返答に客は憤《いきどお》って、「悪い僧が跋扈《ばっこ》することなどありえない。一体、悪い僧侶《そうりょ》とは誰のことか」と問う。そこで、主人は、御鳥羽院の時の法然《ほうねん》こそがその悪比丘《あくびく》であるとする。何故《なぜ》ならば、法然が阿弥陀仏のみを尊重して、それ以外の釈迦《しゃか》の仏法を廃棄したからである（第四問答）。

しかし、客は納得がいかない。「法然は勢至《せいし》菩薩の化身とも言われる立派な人なのに、それを謗《そし》るのはとんでもないことだ」とますます怒る。主人は、改めて法然の非なることを説き、往時の法然の非が近年の災害となって現われて来たのだと主張する（第五問答）。

ようやく客は少し和《なご》んで、「どうしてあなたは賤《いや》しい身でありながら、念仏の悪口を言い、かつそれを上奏するのか」と問うのに対して、主人は、壊法の者を呵責《かしゃく》するのが義務であると説き、過去の念仏禁圧の経緯を挙げる（第六問答）。

客は和んで、災いを消し、難を止める具体的な術《すべ》を問うのに対して、主人は、「謗《ほう》法《ぼう》の人を禁じて、正道の侶《ともがら》を重んぜば、国中安穏にして天下泰平ならん」として、謗法者に対して断固たる態度を取るべきことを言う（第七問答）。

「謗法者を殺害するようなことをすれば、その方が重罪ではないか」という客の問に対して、主人は、実際には謗法者に対する布施を止めることだとして、誰もが悪に施さず、皆善に帰依するならば、災難もなくなると説く（第八問答）。

ここで客は主人の言に敬服し、謗法者に対する布施を止め、国土泰平・天下安穏を求めようと誓う。主人はそれを悦《よろこ》び、もし謗法者を放っておくと、やがて「他国侵逼《しんぴつ》の難」（他国が侵略するという災難）と「自界叛逆《ほんぎゃく》の難」（自国内で反乱が起こるという災難）が生ずると警告し、客が信服し、邪法を対治することを誓って終わっている（第九、十問答）。

Ⅱ　念仏批判の妥当性

以上のように、基本的には先に挙げた心定の『受法用心集』と同じく、邪法が災害を招くので、禁断すべきだという説に基づいており、その限りでは日蓮の独創ではない。日蓮の特徴は、一つは邪法を法然の説として、それを徹底的に攻撃していること、もう一つは抽象論ではなく、具体的にどのようにすればよいのか、その結果どうなるのかという議論を、政治のレベルにまで踏み込んで論じているところにある。

まず、法然批判という点を考えてみよう。後に日蓮は、四箇格言《しかかくげん》（念仏無間《ねんぶつむけん》、禅天魔《ぜんてんま》、真言亡国《しんごんぼうこく》、律国賊《りっこくぞく》）で知られるように、批判を多方面に向けるようになるが、この時点では攻撃対象を念仏に絞っている。それも念仏一般ではなく、法然の教えに限定している。しかし、法然が念仏を説いたころからもう半世紀以上経《た》っていて、日蓮当時の厄災の原因としては、やや時代が離れすぎている。当時確かに法然の孫弟子の良忠《りょうちゅう》らが積極的に鎌倉で布教を展開していたものの、彼らはむしろ他の流派と協調主義を取り、決して日蓮が言うような『法華経』を誹謗《ひぼう》する態度は取っていない。それに、念仏だけが盛行していたわけでもない。今さら災害の源として法然を取り上げる日蓮の批判は、いささか時代錯誤でピントが外れている感じが否《いな》めない。

それでもなぜ、法然が問題になるのであろうか。『安国論』が政治論の方向に展開するのに対して、理論的に徹底して法然批判を展開したのが『守護国家論』である。同書は明恵《みょうえ》の『摧邪輪《ざいじゃりん》』に劣らない本格的な教理論の立場からの批判であり、日蓮が相当身を入れて法然の『選択本願念仏集《せんちゃくほんがんねんぶつしゅう》』（以下、『選択集《せんちゃくしゅう》』）を読んでいたことが窺《うかが》える。『選択集』については前々章に触れた。法然の一見すると穏やかな寛容性にもかかわらず、実は浄土念仏をすべての仏教に優越する最上のものとして立てようとする、相当に過激で極端な主張を含んでいた。

そのことを日蓮は正しく見抜いていた。『選択集』の論を押し詰めれば、浄土三部経を『法華経』や他の経典より上に位置づけることになり、それらの経典を誹謗するという批判は必ずしも当たっていないわけではない。『安国論』で、日蓮は『選択集』の主張を要約して、他の経典に対する「捨（すてる）・閉（とざす）・閣（さておく）・抛（なげうつ）」の四語で表わしている（第四答）。

しかし、もともと教判《きょうはん》というのは、すべての仏説を体系的に価値付けて、自分の主張の正しさを証明しようというものであるから、自分の信ずる経典がいちばん上に位置するのは当然である。法然だけが悪者ということもできないであろう。日蓮も後にそのことに気づいて、四箇格言のように、他の教えまで含めて批判するようになる。『安国論』で念仏批判だけが突出しているのは、当時日蓮がそれだけ『選択集』に関心を持って、深く読み込んでいたということを証するものである。

そして、そのことを逆に言えば、日蓮がそれだけ『選択集』から多くを学んだということでもある。『守護国家論』は『選択集』批判から逆転して、『法華経』こそ最高の教えであるということを主張しようとする。『選択集』の論理を裏返し、同じ論法を使えば『法華経』の優越性に至ることもできる。法然こそが、日蓮に『法華経』を絶対視する道を開いた最高の反面教師だったのである。『安国論』で念仏批判だけが突出することになった理由はここにある。その点で言えば、『安国論』は、日蓮の思想形成過程で書かれたものであり、未熟な習作ともいえる。日蓮の思想が本当に宗教的に深められるのは、佐渡《さど》に流罪《るざい》になってからである。

Ⅲ　国家が先か、仏法が先か

それにもかかわらず『安国論』が日蓮の代表作のように扱われ、実際後世に大きな影響を与えたのは、その果敢な政治論である。それも机上の空論ではなく、実際に時頼に献上したという積極的な活動があってこそである。

とりわけ、『安国論』が戦前の国家主義に大きな影響を与えたのは、第七問に出る「先《ま》づ国家を祈つて、須《すべか》らく仏法を立つべし」の一句である。それによれば、仏法を後回しにして、国家隆盛を祈ることが第一に要請されることになり、国家主義的な解釈にきわめて好都合になる。

このような国家主義的解釈に対して、戦後なされた批判は、この一文が客の言葉であり、日蓮の立場を代弁する主人の言葉でないから、そのまま日蓮の思想と見るのは不適切である、ということである。しかし、『安国論』を素直に読んでいくと、決してこのような客の立場を主人は否定していない。第七問に対する答えでも、「謗法の人を禁じて、正道の侶を重んぜば、国中安穏にして天下泰平ならん」と、天下泰平の道として謗法の人を禁ずることを主張しているのである。

この点を理解する鍵《かぎ》は、第九問にある。

結局のところ、国土泰平・天下安穏は、支配者から民衆に至るまで好むところ、願うところである。すぐに一闡提《いっせんだい》（謗法の徒）への布施をやめ、これからずっと（正しい）僧尼の集団に供養《くよう》をして、仏法の世界の悪賊を伐《き》れば、世は（古代中国の理想世界である）羲農《ぎのう》の世となり、国は（古代中国の理想国家である）唐虞《とうぐ》の国となるであろう。その後で、仏法の中の浅いものと深いものとをひき較《くら》べて取捨し、仏法の中の最高のものを崇拝するのである。

これも客の言葉であるが、それも主人が賞賛しているから、日蓮自身の立場と考えてよい。これによると、まず正しい仏法を誹謗するような邪法（＝念仏）を禁じれば、そこに理想世界が実現するから、その後で正しい仏法（＝念仏以外の教え）の中で深浅を見分けて、いちばん優れたもの（＝法華経）に帰依するという手順を踏むことになる。

このように見れば、「国家を祈る」といっても、仏教側が世俗的な国家に奉仕することではなく、国家の側が邪法を禁じて正法に帰依することが求められているのである。邪法を禁じるだけで理想世界が実現するというのはいささか甘すぎるようであるが、少なくともそれが理想世界実現のための最低条件とされていると考えることができる。そのような国家であってはじめて、仏教側が協力することが可能となるのである。また、この段階では、法然系の念仏を除けば、他の仏教は一応認められている。最終的に理想国家の中で『法華経』の優位が確立するにしても、ここではまずそれ以前の段階が問題とされているのである。

それでは、実際の邪法禁断の方法としては、どのようなことが挙げられるのであろうか。日蓮の答えは、「一闡提への布施をやめ」という、いわば武力を使わない経済封鎖である。過激な日蓮というイメージからすると、迫害とか弾圧とかを主張しそうに思われるが、いささか拍子抜けするほど穏健な方法である。これでは、とても「侵略的仏教」などと言えたものではない。じつは日蓮や日蓮の弟子たちはさまざまな迫害を受け、武力で応酬することもないわけではなかったが、日蓮の側が武力で他派を攻撃するようなことはなかった。日蓮というと暴力的な実力行使と思われがちであるが、それは全く間違っている。

このように『安国論』を読み込んでみると、一方で法然の念仏だけを邪法視するところに無理があり、他方で邪法禁断の方法も布施をやめるというだけであって、それだけで理想国家が実現されるのかどうか、いささか心もとないところがある。先に述べたように、『安国論』は日蓮の著作としては比較的初期のものであり、思想的に必ずしも成熟したものとはいえない。日蓮の思想は、佐渡流罪中に大きく進展するのであり、それを踏まえた晩年の政教論を併せて検討してみなければならない。

四　空想の未来へ――『三大秘法抄』など

Ⅰ　内面への沈潜――『開目抄』『観心本尊抄』

日蓮の念仏批判の言動は念仏者の襲撃を招き、一気に不穏な情勢となった。弘長《こうちょう》元年（一二六一）にはその言動によって伊豆に流罪に処せられたが、日蓮はますます自己の主張の正しさに自信を持つようになる。モンゴルの使節の来日で国全体が慌《あわ》てふためく中、日蓮は「他国侵逼の難」の出現により『安国論』の正しさが証明されたと考えた。しかし、幕府が頼ったのは日蓮ではなく、高僧として名の高い律宗の良観忍性《りょうかんにんしょう》（一二一七―一三〇三）であった。文永《ぶんえい》八年（一二七一）、旱魃《かんばつ》が続いたので、幕府の命で忍性は雨乞《あまごい》の祈禱《きとう》を行なったが失敗し、日蓮の批判を浴びる。こうして日蓮は有力な仏教者たちの反感を買い、同年九月に幕府の手で囚《とら》われ、龍口《たつのくち》の刑場で処刑されかかる。危うく難を免れたものの、佐渡に流され、墓地の中のあばら家で雪積む寒さを耐え、食べるものも満足にないような日々を送ることになる。

しかしながら、この二年数か月の佐渡での限界状況に直面する日々は、他方で思想面でもっとも充実した成果を日蓮に齎《もたら》すことになった。文永九年（一二七二）に『開《かい》目抄《もくしょう》』、翌年に『観心本尊抄《かんじんほんぞんしょう》』と、主著となる本格的な論著を続けて著わしている。初期の著作では『法華経』中心の立場は確立しながらも、あくまで天台教学に立脚したもので、そこに独自な観点はなかった。

しかし、正しいはずの『法華経』を信じ、それを広めようと活動しているのに、どうしてこのような迫害を受けなければならないのか。その疑問から、日蓮は『法華経』を読み直す。その中で、『法華経』は単なる教理を説いた経典ではなく、そこには『法華経』に自らの生をかけた「法華経の行者」の生き方が説かれていることに気づく。さまざまな受難こそは「法華経の行者」であることの証明である。それならば、他の誰でもなく、日蓮こそが「法華経の行者」に他ならない。現世の苦難は過去世において謗法をなした悪業によるもので、苦難によってその悪業を消すことができる。こうして日蓮は、苦難によって『法華経』の信仰を失うのではなく、逆にそれを強め、苦難を積極的に受け止める論理を築くことができた。このような苦難の論理は、ユダヤ教やキリスト教には見られるが、仏教にはきわめて稀《まれ》である。日蓮主義の強さはここに根拠を持つことになる。

『開目抄』においてこのような苦難の論理を確立した日蓮は、『観心本尊抄』において、これまでの天台の体系を超えて、自らの『法華経』の実践を理論的に基礎付けようとする。天台の根本の理論に一念三千があることは、第五章で取り上げた。しかし、実際に自らの心を観じて一念三千を体得することは容易でない。それはまだあくまで理論に留《とど》まる。しかし、その理論は釈尊によって『法華経』の中に籠《こ》められている。つまり「南無妙法蓮華経」と、『法華経』の題目を唱えるならば、そこに釈尊の悟りの実質がすべて実現するというのである。こうして日蓮の『法華経』信仰のもっとも核心的な実践である唱題が理論付けられることになる。あくまで理論に留まる天台の説は「理」の立場といわれ、それに対して、日蓮自身の立てる具体的な実践の道は「事」と呼ばれる。

日蓮によれば、天台の「理」の説は『法華経』の前半部分である迹門《しゃくもん》の立場であり、日蓮自身が立てる「事」の説は『法華経』の後半部分である本門《ほんもん》に基づくものであり、天台よりもさらに深い真理を表わしている。そして、本門の真理は末法になって初めて顕現するというのである。末法だから浅近な道が示されるというわけではない。難病に対してもっとも強い薬が用いられるように、末法という時代だからこそ、もっとも深遠で強力な真理が開顕されるというのである。

こうして、本門の立場に立つ題目が根拠付けられた。それとともに、『観心本尊抄』では、書名に見られる通り、本門の立場から見た仏のあり方を解明する。天台の理論によれば、本門で開顕される釈尊は、久遠実成《くおんじつじょう》と言われるように、人間としての寿命を超えて、永遠の悟りを実現した仏である。日蓮はその仏を単なる理論としてでなく、自らの心を顧みるところで体験的に捉《とら》えようとする。それが「観心」である。「観心」はもともと天台の伝統的な実践法で、自らの心を観察することであるが、日蓮はそこに本尊の仏を見ようとする。心の中に捉えられた永遠の仏、それが本門の本尊である。いわば心のうちに出会う他者とも言うべき存在である。単純に外にある仏でもなく、単純に心に解消してしまう唯心《ゆいしん》的な仏でもなく、心を通して出会いながら、どこまでも私を超えて私を導く存在、それが本門の本尊である。その仏と私とを結ぶのが題目に他ならない。日蓮はその構造を独特の文字による曼荼羅《まんだら》として描き出す。それは、「南無妙法蓮華経」の題目を中心としながら、釈尊をはじめとする仏や菩薩《ぼさつ》、さらには日本の神々が並び、この世界の奥なる「冥《みよう》」の世界の構造を浮かび上がらせている。

Ⅱ　予言者の風貌――『撰時抄』『如説修行鈔』

文永十一年（一二七四）、流罪を許された日蓮は、一度は鎌倉に戻り、平頼綱《たいらのよりつな》に会って蒙古《もうこ》襲来の対策を進言する。しかし、それが受け入れられないと、未練なく鎌倉を離れ、門人である波木井《はきい》氏の領地である甲斐《かい》の身延山《みのぶさん》に籠《こも》った。以後、弘安《こうあん》五年（一二八二）に亡《な》くなる直前まで身延を離れることがなかった。そんな経緯もあって、身延期の日蓮は、ともすれば隠遁《いんとん》というイメージで考えられがちである。幕府に対する進言が容《い》れられず、もはや社会的な活動を諦《あきら》めて、ひっそりと余生を人里離れた山中に籠って過ごしたというのである。そのような観点からすると、日蓮の創造的な思想は佐渡期で終わっていて、もはや身延期には新しいものはない、ということになる。

しかし、このような見方は適当でない。そもそも日蓮の著作はその大半が身延に籠ってから書かれたものである。大部分は弟子たちに宛《あ》てた書状で、闘う人日蓮というイメージではとらえきれない細やかな心情と人間性をうかがうことができる。しかし、それらの書状も決して日常の配慮だけではなく、信仰や教理の本質に関わる議論を展開しているものも多い。また、『撰時抄《せんじしょう》』『報恩抄《ほうおんしょう》』などの長大な著作も身延期のものである。社会的な活動がなくなった分だけ、著作活動は活発化していて、枯れた老年という感じではない。むしろ意欲とエネルギーに満ちている。

身延期の日蓮は、自らの正しさをますます確信する一方で、その正しさが当時の日本の社会では到底受け入れられないという事実を身に沁《し》みて知っていた。そのような日本に絶望するとともに、未来に思いをはせることが多くなった。いずれは自分の正しさが証明され、誰もがそれを受け入れなければならなくなるに違いない。その時こそ本当の理想世界が実現するはずだ。日蓮は次第に予言者的風貌《ふうぼう》を帯びてくる。

日蓮が身延に籠った文永十一年秋には、元《げん》の大軍が襲来し、危ういところで撃退された。しかし、弘安四年（一二八一）に再度の襲来に見舞われる。建治《けんじ》元年（一二七五）に著わされた『撰時抄』には、日蓮の確信と絶望がありありと示されている。「日蓮は真言・禅宗・浄土等の元祖を三虫と名づける。……これらの大謗法《ほうぼう》の根源を糾《ただ》す日蓮に仇《あだ》をなすならば、天神も残念がり、地祇《ちぎ》も怒らせ給いて、災害が大いに起こることになる」と、自らを救世主的な位置にまで高めていく。その後の一節は名文であるから、文語体のまま引いておこう。

あわれなるかなや、なげかしきかなや、日本国の人皆無間大城《むけんだいじよう》（無間地獄）に堕《お》ちむ事よ。悦《よろこば》しきかなや、楽《たのしい》かなや、不肖の身として今度心田《しんでん》に仏種《ぶつしゅ》をうえたる。いまにしもみよ。大蒙古国数万艘《そう》の兵船をうかべて日本国をせめば、上《かみ》一人より下《し》も万民にいたるまで、一切の仏寺・一切の神寺をばなげすてゝ、各々《おのおの》声をつるべて南無妙法蓮華経〳〵と唱《となえ》、掌を合《あわせ》て、たすけ給《たまえ》日蓮の御房〳〵とさけび候《そうら》はんずるにや。……日本国の高僧等も南無日蓮聖人ととなえんとすとも、南無計《ばかり》にてやあ〔ん〕ずらん。ふびん〳〵。

これほど正しいことを主張してきた自分を受け入れない以上、もう日本には見込みがない。無間地獄に堕ちるのも仕方ないことだ。「他国侵逼《しんぴつ》の難」によって蒙古の軍勢に踏みにじられようとも、自業自得でしかない。その時になって、「たすけ給え日蓮の御房」といってもはじまらない。そればかりかその時、高僧たちが「南無日蓮聖人」と唱えようとしても、業が深いので、「南無」までしか言えないのは、なんとも気の毒だ、というのである。日蓮を目の敵にして迫害していた高僧達が、いよいよどうしようもなくなって、「南無日蓮聖人」と唱えようとしても、その言葉も出てこないで慌てふためくのは、なんとも皮肉な姿である。

こうした終末論的な「日本滅亡」の未来とともに、一方では日蓮は、『法華経』が日本に広まったときの未来像をも描いている。佐渡流罪中の著作である『如説修行《にょせつしゅぎょう》鈔《しょう》』（一二七三）には、こう描かれている。

「法華により折伏《しゃくぶく》して方便の理論を破す」という（仏の）お言葉があるからには、終《つい》に方便の教えの輩《ともがら》を一人も残らないまで責めおとして、仏法の王の家人《けにん》となし、天下の万民がみな一仏乗となり、正しい仏法だけが独り繁栄するような時、万民が一緒に「南無妙法蓮華経」と唱え奉《たてまつ》るならば、吹く風は枝を鳴らさず、雨は壌《つち》を砕かない（ほど静かで平穏な）世となり、（理想的な）義農《ぎのう》の世となって、今生には不祥の災難を払い長生の術を得、人も教えもともに不老不死の真理が顕《あら》われるような時を、皆さん御覧なさい。

『安国論』で言われていた「羲農の世」がここにも出てくる。すべての人が『法華経』を信ずるようになったとき、理想世界が実現し、不老不死の幸福を享受《きょうじゅ》できるというのである。『安国論』では謗法を禁じれば、実現可能となる理想世界だったが、ここではすべての人が『法華経』を信ずるようになって実現するはずのこととして、はるか未来のこととしながらより具体的に描き出されている。それは一種のユートピア的未来ということができる。『如説修行鈔』は真蹟《しんせき》が現存せず、近年、偽作の疑いが提示されている。しかし、偽撰説の論拠も十分と言えず、今後の検討に委《ゆだ》ねられているところが大きい。

Ⅲ　夢想の政教一致論――『三大秘法抄』

真偽に関して、より一層議論が喧《かまびす》しいのは『三大秘法抄』（一二八一）である。日蓮の死の前年の著作とされるが、まさしく王仏冥合《みょうごう》（王法と仏法の合一）という政教一致の理想が正面から掲げられている。先に触れたように、『観心本尊抄』では、『法華経』本門の題目と本尊が説かれていた。身延期になると、それに本門の戒壇が加えられて、三つがセットとして説かれるようになる。これが三大秘法である。ところが、そのうち本門の戒壇については、名前が挙げられるだけで、具体的な内容は他では説かれていない。それが具体的に説かれている唯一の著作が『三大秘法抄』なのである。
そもそも戒壇とは何であろうか。それは授戒の場である。もともとはそのような特別の場があったわけではなく、インドでもかなり後代に作られたもののようであるが、中国に至って重要な儀礼の場として整備され、日本では奈良時代に天下の三戒壇（東大寺・下野《しもつけ》薬師寺・筑前観世音寺）が設けられた。これに対して、大乗戒壇の設置を主張し、実現したのが最澄であった。日蓮は、この最澄の大乗戒壇を受け継ぎながら、それはまだ不十分として、本門の戒壇の設立を説くのである。
では、その本門の戒壇とはどのようなものであろうか。『三大秘法抄』では次のように説明する。

戒壇というのは、王法（世俗権力）が仏法と一体化し、仏法が王法と合一して、国王も臣下もみな本門の三大秘法を受持し、有徳《うとく》王と覚徳比丘《かくとくびく》の過去の話と同様の事態が末法濁悪《じょくあく》の未来にも実現したとき、（天皇の）勅宣《ちょくせん》並びに（将軍の）命令（御《み》教書《ぎょうしょ》）を下して、霊山浄土《りょうぜん》に似た最勝の土地を探して、戒壇を建立《こんりゅう》すべきであろうか。

ここにきわめて明瞭《めいりょう》に王法と仏法の合一が説かれる。天皇か将軍の命令で最勝の土地を探して戒壇を作ることが言われている。日蓮の立場からすれば、具体的な戒律ではなく、題目の中にすべての善が含まれているのであるから、あらためて授戒は必要なく、戒壇というのは国中が『法華経』に帰依《きえ》した象徴として題目を唱える場所ということになる。

きわめて国家中心主義で、政治権力によって築かれるのが本門の戒壇ということになりそうだが、必ずしもそう単純ではない。ここに引かれる有徳王と覚徳比丘というのは、『涅槃経《ねはんぎょう》』に説かれる話で、『安国論』以来、日蓮が好んで引く話である。それによると、正しい教えに従う覚徳という比丘がいたが、破戒の比丘たちに妬《ねた》まれて迫害された。その時、覚徳に帰依した有徳王という王が、覚徳を護《まも》るために武器を取って闘い、戦死した。その結果、東方の仏国土である阿閦仏《あしゅくぶつ》国に生まれることができた、という話である。

この話を考えると、ここで言われていることは単純な政治優位ではない。むしろ正しい仏教者を権力者が保護し、闘うのであって、どこまでも仏教者が優位に立たなければならない。政教一致といっても、国王も臣下も、誰もが正しい仏法である『法華経』に帰依し、本門の三大秘法を受け入れるのであり、世を導くのは仏法のほうであって、その逆ではない。『三大秘法抄』が日蓮の真撰《しんせん》であるか否《いな》かは、十分な検証を必要とすることであり、決定的な答えを与えることは難しいが、僕は基本的には日蓮の真撰としても、思想的にはそれほどおかしくないと考えている。

なぜ『三大秘法抄』の真偽問題がこれまで大きな議論となってきたのか。それはこの問題が単に文献の真偽という歴史的な問題に留《とど》まらないからである。それは直ちに日蓮の思想を今日どのように受容し、実践するかという問題に関わってくる。国柱会や創価学会は、まさに本書を根拠に国立戒壇設立を目標として、折伏活動を展開した。もし『三大秘法抄』がなく、『安国論』だけであったならば、恐らくそれほど強力な日蓮主義の運動は展開し得なかったであろう。先に見たように、『安国論』はあくまで邪法として法然系の念仏だけを批判対象としており、具体的な対策としても、布施をやめるという消極的な方法しか提示していない。しかしそれでは『法華経』を旗印とした積極的な布教活動には至らない。『法華経』を唯一の正しい教えとして、それを布教し、日本から世界にまで広めようという遠大な理想に向かうには、日蓮晩年の『法華経』絶対主義と、理想的な未来図が不可欠であった。つまり『安国論』に『三大秘法抄』を加えて、初めて強力な近代の日蓮主義を生み出すことができたのである。

それに対して、それに反対する立場、とりわけ戦後の進歩派的な解釈では、権力に対して仏教の立場から批判を繰り返してきた日蓮が、このような政教一致的な主張をするはずがないという前提から、本書の偽撰説を主張した。その立場を取ると、必然的に折伏的な強力な布教は疑問視され、むしろ穏健な摂受の立場を取ることになる。このような解釈に立つ論者は、身延期の著作をあまり重視しない。

このように、『三大秘法抄』の真偽問題は現代の実践の問題と直ちに結びつくために、議論が冷静になされなくなってしまうという結果を招いた。だが、現代における実践ということをひとまず離れて、日蓮自身の思想展開というところに立ち返ってみるならば、本書は佐渡期の終わりから身延期にかけての日蓮の傾向と必ずしも矛盾するわけではない。先に述べたように、晩年の日蓮は、為政者に直接諫言《かんげん》したり、あるいは対立する諸宗を刺激するような言説を公的な場で行なうようなことはなくなった。その分、自らの世界に籠《こも》り、夢想にも近い未来を思い描くようになっていた。それは、日本滅亡という近未来を想定したものや、『法華経』によって日本が統一されるという遠い将来を想定したものもあった。『三大秘法抄』もそのような中に位置づけられる。

晩年の日蓮は、現実の政治との直接的な関係を失うことによって、未来の夢想というだけに留まらず、雄大な構想力をもって、現実を超えた次元から世界を見直そうとしていた。そこでは、『撰時抄』に見られるように、自ら「南無日蓮聖人」といわれる事態を近未来に想定するような一種の自己聖人化も見られる。『種種御振舞御書《しゅじゅおふるまいごしょ》』（一二七五）では、自己の生涯を振り返っているが、そこでも「妙法蓮華経の五字を末法の始めにこの世界に広める瑞相《ずいそう》として日蓮は先駆けをなす」と、自らの歴史的役割を確認し、自分自身に一種の聖人性を認めている。

さらには、『諫暁八幡抄《かんぎようはちまんしよう》』（一二八〇）では、妙法蓮華経の題目を広めようとしている自分を守らない八幡《はちまん》をはじめとする日本の神々を叱責《しつせき》している。叱責の対象が、ここではすでに「顕」の世界の政治家ではなく、「冥」の世界の神々に転じている。晩年の日蓮は、釈尊が説法しているという霊山《りようせん》（霊鷲山《りようじゆせん》）に死後往生することを願うようになったが、それもまた同じように「冥」の世界の重視と関係するものであろう。

このようなユートピアの夢想や「冥」の世界の重視は、現実逃避であろうか。確かに「現実」ということをこの「顕」の世界だけに限るのであれば、それは「現実」を飛び出してしまうことになるだろう。しかし、「現実」がはたして「顕」の世界だけで完結するものかどうか、それほど確かではない。もしそれが「顕」の世界をはみ出すのであれば、日蓮の晩年の夢想もただの逃避とは言えない。

晩年の日蓮の絶望は、目に見える世界に囚《とら》われ、それを超えた世界を見ることのできない人々への絶望だった。孤独に耐えながら、目に見えないより深い世界を生き抜くこと、それこそ晩年の日蓮が自らに課した課題だったのだ。

宗教を否定し科学を標榜《ひようぼう》したマルクス主義でさえも、未来に理想の共産社会という幻想を描くことなしには、行動の源泉となることはできなかった。合理性だけで社会や国家が動くと考えるほうが間違っている。日蓮主義が日蓮の途方もない夢想から生まれたことの意味を、僕らはもっと真剣に考えてみる必要がありそうだ。

第十三章　異教から見た仏教――ハビアン『妙貞問答』

一　仏教史の近世

常識化した鎌倉新仏教中心論が今日成り立たないことはすでに繰り返し述べた。もっとも現実問題として、鎌倉時代に端を発する諸宗が今日の日本の仏教の中核を作り、そこから宗祖の著作や教学が重視されるのは無理もないところである。ただ、それらの宗祖の著作が研究されるようになるのは江戸時代からであり、ひいてはそれが広く社会的に公認されるようになるのは近代になってからのことである。

日本の仏教は鎌倉時代で終わるわけではなく、むしろその後のほうが社会的に定着し、重要な役割を果たすようになる。とりわけ近世には幕府の政策によってほとんど国教化され、寺檀《じだん》制度の下で社会の隅々にまで仏教の影響がいきわたる。僧侶《そうりょ》の数が増えれば、それだけ質的な低下を招くこともやむをえないところであり、そこから江戸時代の仏教を「堕落仏教」と決め付けることさえも行なわれてきた。しかし、堕落と言ってしまえばいつの時代にも同じようなことはあったので、江戸時代だけが特に堕落していたわけではない。他方で、さまざまな改革運動や厳格な戒律主義も盛んに行なわれており、きわめて活気に満ちている。

思想史的な面から言えば、停滞してしまったのではないかと言われるかもしれない。確かに、中世まで仏教は思想界をほとんど独占し、神道もまた中世末期に至るまで思想として自立できなかったし、新しい儒教も五山の禅寺で学ばれた。それが、近世にはそれらの潮流が独立して独自の思想を展開するようになり、さらには日本古来の道を明らかにすると標榜《ひょうぼう》する国学も興《おこ》って、盛んに仏教攻撃を仕掛けてくる。仏教はこうした集中攻撃から防戦に追われるようになった。

しかし、では仏教思想にはもはや創造的な思想活動は失われたかと言うと、実はそれほど単純ではない。近世中期までは仏教の思想的な創造性は維持され、優れた思想家も現われた。特に隠元隆琦《いんげんりゅうき》（一五九二―一六七三）は承応《じょうおう》三年（一六五四）に来日して黄檗宗《おうばくしゅう》を伝えたが、鎖国の体制下で新しい中国文化を齎《もたら》したものとして、仏教界だけに留まらない広い影響を及ぼした。

ここでは、近世の仏教思想に立ち入って論ずる余裕はない。そこで、その最初の時期に属するキリシタンとの論争について簡単に扱うことにしたい。キリシタンとの遭遇において、日本の仏教ははじめて異教と正面からぶつかりあうことになった。それ以前から相互の連関の中にあった儒教や神道と違い、キリスト教は突然現われた異質の思想・宗教であった。キリスト教側にとっても、事前に日本の宗教についての知識があったわけではなく、まったく予想もつかない新しい思想・宗教に立ち向かわなければならなかった。それだけに、両者とももっとも原則的なところから相互の差異を手探りで認識していかなければならなかった。

本章で取り上げる『妙貞問答《みょうていもんどう》』三巻（一六〇五）は、日本人宣教師不干斎《ふかんさい》ハビアン（巴鼻庵《はびあん》）（一五六五―一六二一）の著作で、キリスト教側から仏教並びに儒教（儒道）・神道を批判して、キリスト教の教義を述べたものである。日本人キリスト教者の本格的な著作はこれ以外にない。ハビアンはその後、慶長《けいちょう》十三年（一六〇八）に棄教し、キリスト教批判書『破提宇子《はだいうす》』（一六二〇）を著わしている。同じ著者が正反対の立場に立って以前の立場を批判するというのは、近代になればマルクス主義からの転向者の場合などに見られるが、それ以前にはきわめて珍しい例である。ハビアンがどれだけ深くキリスト教を理解したのか、それが日本の思想・宗教史とどのように関わるのか等々、問われなければならない問題は大きい。

二　日本思想史の中のキリシタン

キリスト教は、言うまでもなくフランシスコ・ザビエル（シャヴィエル）（一五〇六—五二）によって天文《てんぶん》十八年（一五四九）に日本に伝えられた。一時は大名たちの帰依《きえ》を得て、大きな勢力となったが、秀吉《ひでよし》が天正《てんしょう》十五年（一五八七）に伴天連《ばてれん》追放令を出し、迫害と殉教が始まった。家康《いえやす》が天下を取って以後、しばらくは南蛮貿易も盛んで、キリスト教も容認されていたが、慶長十八年（一六一三）に家康側近の僧崇伝《すうでん》の起草になる「伴天連追放の文」が出されてから取締りが厳しくなり、島原《しまばら》の乱（一六三七—三八）を経て、寛永《かんえい》十六年（一六三九）に鎖国が完成することになる。

仏教や儒教のように、外来思想でも長い年月をかけて定着したものと異なり、このようにキリスト教は中世末から近世初めにかけて突然日本に入ってきて、急速に勢力を伸ばし、今度は弾圧によってほとんど絶滅させられるという、きわめて特異な展開を示すことになった。そこで、それをどう思想史の中に位置づけるかが大きな問題となる。あくまで一時的な挿話に過ぎなかったのか、それとも歴史的な必然性があるのか、それを判断するのはなかなか難しい。

しかし、一時的であれ、かなりの強大な勢力となったことを考えると、偶然の一挿話として葬《ほうむ》り去るわけにはいかないものがある。もちろんそこには、南蛮貿易の利益を見込んだ大名たちの願望や、相次ぐ戦乱と圧制の中に苦しむ民衆たちの不満を受け入れるという実際的な面があったことも確かであろう。それでも、従来の思想とどこかで連続していなければ、受容することは難しかったのではないだろうか。

そこで、十五、十六世紀頃の日本の思想の動向を見直すことが必要になる。この頃、各地に広まった仏教の主流は、禅と浄土教である。いわゆる鎌倉新仏教といわれる動向が、仏教界の主流を占めるようになるのは、実はこの頃である。禅は戦国大名や武士たちの支持を得て広まり、浄土教では特に一向宗と呼ばれた親鸞《しんらん》の門流が、蓮如《れんにょ》（一四一五―九九）によって一気に教線を拡大し、一向一揆《いっき》を起こして加賀《かが》一国の支配権を握るまでに至った。

『妙貞問答』に先立ち、日本の仏教を批判しながらキリスト教の原理を示した『日本のカテキズモ』では、仏教の教えに、権教《ごんきょう》（方便の教え）と実体（真実の本質）の二つがあるとしている。浄土を説く教えは方便の権教であり、仏教の実体は「この心が本来の仏である」と説く禅だとしている。『妙貞問答』もまた、仏教は最終的に禅的な「無」に帰すると見ている。このように、禅は当時の仏教の中でももっとも理論的に高度なレヴェルのものと見られていた。

それに対して、一般の民衆に広く受け入れられるようになったのは浄土教である。複雑な教理は必要なく、阿弥陀仏《あみだぶつ》一仏を信ずればよいという単純化された教えが受け入れやすかったのである。禅にしても、浄土教にしても、従来の複雑な教理を整理し、単純でありながらもっとも根本的な原理を単一的なところに求めていく点に特徴がある。それは、ある面でキリスト教の一神教を受け入れる素地となったとも考えられる。実際、後に見るように、『妙貞問答』の作者ハビアンは、禅的な素養を前提としながらも、浄土教的な問題意識の上に立って、キリスト教を受け入れようとしている。

このように単純化した原理は、実践上きわめて強い力となる可能性がある。蓮如が多屋衆《たやしゅう》(信者に宿舎を提供する越前国吉崎《よしざき》の有力な指導者たち)を代表して書いたと言われる消息(一四七三)には、「このたび念仏して来世の往生を実現して死去するのも、また道理に合わないように見える難苦に遭って死去するのも、ともに同じことであって、前世の業を感じて身に受けるのである。そうである上は、仏法のために命を惜しまずに合戦すべきである」と述べられており、仏法のために戦争で命を捨てることが積極的に勧められている。後にキリシタンが厳しい弾圧に耐え、やがて島原の乱を起こすに至るのと近い発想といえよう。

多元的な原理から一元的な原理へと向かうことは、仏教だけでなく神道にも見られた。そもそも神道が仏教と異なる独自の議論を展開するようになるのは中世になってからのことである。伊勢《いせ》神道は、アマテラスを祀《まつ》る内宮《ないくう》が勢力を持ったことに対して、トヨウケの神を祀《まつ》る外宮《げくう》の神官が自分たちの地位を上げるために興した運動がもととされるが、その際、トヨウケの神をアマテラスよりもより根源の神であるアメノミナカヌシ（天御中）と同一視した。こうして始原の神を求める潮流が形成された。アメノミナカヌシの代わりに、クニノトコタチ（国常立）が根源神として立てられることもある。後に、吉田兼倶《よしだかねとも》（一四三五—一五一一）は唯一《ゆいいつ》神道を説き、全国の神々を統合しようとした。神道において根源神を求めるこのような動向もまた、キリスト教の一神論を受け入れるのに、何らかの役割を果したということは十分に考えられることである。

このように、日本の側でも原理の一元化が進められていたことを考えると、キリスト教の一神論が単に外から偶発的に入ってきたというだけでなく、それを受容できる思想的な状況が日本の側にも形成されていたと見るほうが適当である。

しかし、もちろんキリスト教が伝来して、すんなりとそれが受け入れられたわけではない。鹿児島に到着したザビエルは、当初日本人に対して比較的好意的であり、これならば布教もうまくいくという楽観的な見通しを持ったようである。ところが、実際に布教を始めてみると、日本の坊主たちは意外に手ごわく、なかなかキリスト教の教えに屈服しなかった。創造神の観念に疑問を呈し、また、地獄に落ちたら永遠に救われないという教義をあまりに残酷だと非難した。

ザビエルは天文二十年（一五五一）日本を去る最後には、釈迦《しゃか》や阿弥陀を悪魔と罵《ののし》り、日本の仏教を悪魔の作りごとと結論するに至った。こうして彼は日本より以前にまず中国から布教をしなおす方針に転換して、一度インドに退いた後、改めて広東《カントン》に着いたところで病に倒れたのである。

ザビエルが退去した同じ年、後を託されたトーレスとフェルナンデスは山口で禅宗の僧らと大規模な討論を行なった。そこでは、禅宗の僧はキリスト教側の神による創造を否定し、「存在は無から生じたのであるから、ふたたび無に帰る以外に方法がない」と主張したという（シュールハマー『山口の討論』神尾庄治訳、新生社、一九六四）。早くも「有」か「無」かが大きな問題となっていることが知られる。これは後に『妙貞問答』でも最大の議論となる問題である。

キリスト教はその後しばらく伸び悩んだが、やがて信長《のぶなが》の優遇もあって、九州とともに、京都を中心にした地域でも布教の成果が挙がった。秀吉の伴天連追放令はあったものの、十六世紀末から十七世紀はじめにかけては次第に教会や修道院などの制度も整備され、教育や出版などの面でも充実した活動が見られるようになった。

『妙貞問答』の著者ハビアンもまた、そのような状況の中で、もとは大徳寺《だいとくじ》の僧であったが、天正十一年（一五八三）、十八歳でキリシタンとなり、日本人イエズス会士として頭角を現わしてきたのである。

三　仏教とキリスト教の対論――『妙貞問答』

Ｉ　ハビアンと『妙貞問答』

『妙貞問答』は三巻からなる。中・下巻は早くから知られていたが、上巻は一九七二年にはじめて天理図書館本が紹介されて知られるようになった。現在では、海老沢有《えびさわあり》道《みち》・井手《いで》勝美《かつみ》・岸野久《きしのひさし》編著『キリシタン教理書』（教文館、一九九三）に注釈付きで収録されているので、そのテキストによることにする。上巻でもっぱら仏教を批判し、中巻で儒道と神道を批判し、最後に下巻でキリシタンの教えを述べるという構成になっている。

しかし、本書は無味乾燥の理論書ではない。妙秀《みょうしゅう》と幽貞《ゆうてい》という二人の尼の問答という形を取って展開していくところから、この書名があるが、冒頭の序文ともいうべきところに、その由来が述べられている。それによると、妙秀の夫は関ヶ《せきが》原《はら》の合戦で西軍方として出陣して戦死し、妙秀は出家して念仏の日々を送っていた。その時、世間で評判になっているキリシタン（貴理師端）の教えを知りたいと思い、京の五条《ごじょう》あたりに隠棲《いんせい》しているキリシタンの尼幽貞を尋ねて、そこで問答が始まるのである。

もちろんフィクションであるが、本書が成立する時代背景がきわめて巧みに述べられている。関ヶ原の合戦の戦死者の妻たちが出家して菩提《ぼだい》を弔う生活に入ったというのは、実際に多く例があったことであろう。また当時、京の新しい風潮としてキリシタンが流行し、まじめな僧尼が「一人ならず二人ならず、もとの（仏教の）教えを捨ててこの（キリシタンの）宗に立ち入る」というようなことがあったのも、実情を反映していると思われる。藤原惺窩《ふじわらせいか》や林羅山《はやしらざん》が仏教寺院から出て儒者となったのも同時代であり、新しい時代の息吹の中で、寺院を出るのが一つの流行となっていたようである。

このあたりの文章は、非常に文学的な情趣に富んで、作者の才が並々ならぬことをうかがわせる。例えば、幽貞の住まいはこう描写されている。

ソノ辺《あた》リ棟門《とうもん》高キ家モマジハリタル傍《かたわら》ニ、板ノ扉《とびら》シ、ワビシゲニサシ付テ、カタヘハ山里メキタル柴垣《しばがき》ナドシテ、真《まこと》ニ物サビタルニ、折節、秋ノ末ナレバ、物悲シサモ与所《よそ》ニハ様替リタル庭ノ面《おもて》ニ、蔦《つた》、槿《むくげ》ウラガレテ、草々踏《ふみ》シダキタル道ハ、一

筋サスガニ残リタル方《かた》ニ、ソナタヘ行童《いくわらべ》アリ。（濁点を付けるなど、読みやすくした）

いかにも隠者の住まいにふさわしく、質素ながら高雅な趣がありそうである。南蛮風、異国風を避け、『方丈記《ほうじようき》』や『徒然草《つれづれぐさ》』などの中世の伝統につながりそうな描写を選んだところに、日本の伝統に根ざしながら、キリシタンの教理を理解しやすくしようという著者の意図が感じられる。キリスト教の土着化という今日でも大きな課題は、すでにこの頃から芽生えているのである。なお、彼の文学的才能は、外国人宣教師の日本語学習用に編纂《へんさん》された天草《あまくさ》版『平家《へいけ》物語』などに、遺憾なく発揮されている。

女性を主人公にしているところも興味深い。本書の巻末には、由緒《ゆいしょ》ある女性が出家しても、男性のように教えを聞く機会がないから、そのために書いたという、本書執筆の動機が書かれている。ハビアンが後に教会を脱した最大の理由は、どうやら恋愛問題にあったようで、彼が決して単なる理詰めの人ではなく、男女の機微にも通じた情熱の人であったことが知られる。ほとばしる情熱と豊かな語学的・文学的才能、そして伝統思想にも外来のキリスト教にも通じた高い知的能力が相俟《あいま》って、ハビアンという人物の魅力を形作っている。

Ⅱ　仏教はニヒリズムか

『妙貞問答』上巻の仏教批判は、どのように展開しているのであろうか。最初に総論的に「仏説三界建立《こんりゅう》ノ沙汰《さた》之事」「釈迦之《の》因位《いんに》誕生之事」があり、その後、「八宗之事」以下、諸宗の教義を批判するという展開になっている。

「仏説三界建立ノ沙汰之事」では、仏教の世界観を扱う。仏教の世界観によれば、この世界の中心に須弥山《しゅみせん》があり、そこに人間の住む領域をはじめ、生き物たちが輪廻《りんね》する六道（地獄・餓鬼・畜生・修羅・人・天）の世界がある。これらは欲望の世界で欲界と呼ばれる。その上に色界（欲望はないが物質的性質は残る世界）、無色界（物質的性質もない世界）があり、それらを三界と総称する。

ハビアンはそのような須弥山を中心とした三界説は非合理だという。これは天文学上の問題に関わることで、当時のイエズス会士はプトレマイオスに基づく地球説を採用していた。本書では地球説は正面からは説かれていないが、ハビアンもそれを受け入れていたと思われる。慶長十一年（一六〇六）に林羅山がハビアンを訪問して問答をしているが、その際にハビアンは地球説を持ち出して、それをめぐって議論が交わされている（林羅山『排耶蘇《はいやそ》』）。須弥山説はその後、西洋の天文学がより体系的に伝えられるようになった時代に、伝統的な古い世界観の代表として批判の対象になり、仏教側は防戦に追われることになる。

次に「釈迦之因位誕生之事」では、釈迦仏の伝記を取り上げ、あたかも超人的であるかのように見えながらも、結局は「是《これ》ハ人ニテ侍《はべ》ラズヤ」と批判する。もっとも、仏は人が悟ってなるものだということは、仏教側でも認めている原則であり、必ずしもそれだけでは強い批判にはならないであろう。それに、この批判は裏返しにすると、それならばキリストもまた人ではないか、という逆襲を招くことになる。実際、『破《は》提宇子《だいうす》』(「はでうす」とも)ではその論法でキリスト教批判を行なっている。

むしろここで注目されるのは、仏が悟ったとされる内容である。ハビアンは悟りの内容をこう説明する。

何事を悟ったかというと、畢竟空《ひっきょうくう》といって、極限まで極めていくと、仏といって尊い者もいないし、衆生といって愚昧《ぐまい》な者もいない。地獄も天堂もどこにあるのかと見開くのを、悟りというのである。このようにさえ悟る人がいるならば、誰であっても仏であるというのが仏法の究極であって、それ以外に別のことはない。

これは禅的な方向性の強い解釈であるが、必ずしもそれほど間違っているわけではない。仏といっても特別の存在ではなく、誰でも悟れば仏だということも、先に述べたように、仏教でふつうに言われることであり、その点は適切である。特に悟りを重視する禅の立場では、このことが非常に重視される。また、仏も衆生もなく、地獄も天堂もないというのは、悟りの一面として、通常そのように表現されることである。区別の絶対化、実体化を否定し、その平等性に立つのは、仏教の空や無の原則の根本である。

しかし、だからと言って、すべてが虚無になってしまうわけではない。仏教でいう空や無はただ単純な「何もない」ということではない。単純に考えても、空や無は逆転して、現実の世界に戻らなければならないのであり、現実の世界では、区別は区別としてあり、仏も衆生も地獄も天堂も認めることになるから、決して一方通行にはならないはずである。

ハビアンは、その空や無を虚無的に解釈して、仏教は結局のところ、あらゆるものが無に帰するニヒリズムだと断じ、批判することになる。『妙貞問答』上巻の要約とも言える短編『仏法之次第略抜書《ぶっぽうのしだいりゃくぬきがき》』では、端的に次のように論じている。

釈迦の教えに、権教《ごんきょう》・実教と二つに分けている。権教というのは、かりに暫《しばら》く方便によって後生があるように教えている。また、実教というのは、後生は空無に極まると教えている。

権教・実教（実体）というのは、すでに『日本のカテキズモ』に出ていた。ここでは後生、即《すなわ》ち死後の存在の有無を問題にしている。ハビアンによれば、後生があると説くのは仏教の中でも方便の権教であり、真実の実教の立場では、後生は空無に帰するという。来世の極楽往生というのもあくまで権教の立場であり、それは実教ではない。浄土教の立場でも、「惟〔唯〕心の浄土、己心の弥陀《みだ》」というように、本当は来世を認めていないではないか。ハビアンの仏教批判は、すべてがこの一点に帰着する。『妙貞問答』では、諸宗を詳細に検討している。即ち、法相宗《ほっそうしゅう》・三論宗・華厳宗《けごんしゅう》・天台宗（付日蓮宗）・真言宗・禅宗・浄土宗（付一向宗）の順で取り上げている。理解が比較的行き届いて詳しいところと、短くて表面的に留《とど》まるところがあるが、ともかく諸宗の教学すべてにわたって論じていることは、ハビアンの仏教の学識が並み並みでないことを示している。大徳寺時代に学んだところもあったであろうが、イエズス会に入って以後も、仏教論破のためにかなり勉強したものと思われる。

しかし結局のところ、どの宗もすべて、最後は空無の説に至るというのである。

諸宗は何《いず》れも、極まりでは、仏衆生も地獄も極楽もないというところを、それぞれの宗で名を変えて色々に言っているだけである。（浄土宗之事）

というのが、その結論である。とりわけ来世について仏教は結局否定することになるという点が強調されている。それは、本書が単に理論のための理論の書ではなく、死後の救済にポイントを置くことで、仏教が頼りにならないことを示そうという実践的な志向を持っているからである。そこから、「後生の救済、後世への対処については、キリシタン以外にないと、心得なさい」（同）と結論されることになるのである。

ハビアンの論が強引で無理なことは明らかであるが、しかし、では考察にも値しないものかというと、そうではない。むしろキリスト教と仏教の発想の違いを明白にしてくれるところがある。キリスト教の立場では、神は完全な存在であり、絶対的な実在である。そこには仏教の空や無のように、否定の原理の入り込む余地がない。無は欠如であり、不完全性であり、否定以外の何ものでもない。だから、究極的な無は本当に何もないのであり、虚無ということになってしまう。もちろん、現実にはこの世界のものは無に犯された不完全な存在なのであるが、それでも存在（有）か無かということでは二者択一であって、その中間はありえない。霊魂は実在するものであり、永遠不変である。それを逆転して、仏教の空はその否定の面のみで捉《とら》えられるから、来世否定の虚無論ということになってしまう。

キリスト教の世界観にとって、虚無はもっとも恐るべきものであり、西洋では、仏教はずっと後の時代までニヒリズムと理解され、嫌悪《けんお》され続けた（ロジェ＝ポル・ドロワ『虚無の信仰』島田裕巳・田桐正彦訳、トランスビュー、二〇〇二)。それ故《ゆえ》、『妙貞問答』に見られる、「無」に陥るものという仏教理解は、ハビアン一人のものというよりも、西洋から来た宣教師も含めて、キリスト教側のある程度共通の認識ともいえるものである。

もちろん、仏教の空は単純な否定性の無ではない。むしろ空を原理として輪廻《りんね》もあり、来世もある。何故《なぜ》ならば、すべて空であり、不変の実体的存在がないからこそ、あらゆるものが変化しうるのである。キリスト教が一回限りの生と一回限りの死後の存在を立てるのに対して、仏教では輪廻は一回的なものでないから、地獄に堕《お》ちた者でも救済の可能性が生まれる。また、その悟りは現世において達せられる可能性がありつつも、来世を否定するわけではない。もし現世で悟りに達しなければ、来世で達する可能性があるし、もし現世で悟りに達したならば、来世では仏として衆生救済が可能となる。

このように仏教の理論はキリスト教の教義に較《くら》べて、はるかに流動的で、融通がきくようであるが、他方、理論的に曖昧《あいまい》であり、理解しにくいところがあるのも事実である。しかも、その根本のところに否定性が入り込んでいることも確かであり、それは原始仏教の無常・無我の原理以来のことである。それ故、インドでも仏教は唯物論《ゆいぶつ》の次に異端性の強い思想とみなされた。『妙貞問答』中巻では、儒道と神道を批判しているが、仏教に較べると、その批判はそれほど厳しくない。キリスト教の立場から見ても、仏教がもっとも異端性を強く持っていたということである。

ここで簡単に中巻の批判を見ておこう。まず儒道については、基本的に陰陽二元論であるとするが、宋学になると太極説を立て、太極を無極とするところで仏法と一致してくるという。しかし、儒者が仏教や道教の二教を虚無寂滅の教えとして批判して嫌う点は評価する。「ナツウラ（自然《ナチユラ》）の教えといって、生まれつきの人の心に生まれついた仁義礼智《ち》信の五常を守るようなところは、キリシタンの教えでもひときわ褒められるところである」と、儒道についてはある程度の評価を与えている。

中国でも、キリスト教（天主教）は仏教を厳しく批判するとともに、儒教的な道徳や儀礼（典礼）を一応認め、それを生かしてキリスト教に導くという方針を採った。そこから、清《しん》朝皇帝とも比較的友好的な関係を保ったが、ローマ教皇がそのような方針を批判して、両者の間に軋轢《あつれき》を生じた。これが典礼論争と呼ばれるものである。最終的に典礼禁止の方針が強められ、康熙《こうき》五十六年（一七一七）ついに清朝は天主教布教を禁止するに至った。日本より約一世紀遅れることになる。

『妙貞問答』に戻って、神道に関する箇所を見てみよう。神道に関しては、いくつかの観点から批判しているが、とりわけ注目されるのは、「この日本に限らず、おおよそ大国に続いていない島国の始めは、必ずその隣国の人が渡り住みはじめて、それから子孫が繁盛すると、後には本国のことを知らないようになっていくものだ」として、日本人渡来説を出していることである。それ故、日本神話といっても古い根拠を持つものではないと批判している。日本人起源論として注目される。

四　キリスト教は土着化しうるか

以上のような日本宗教に対する批判を前提に、下巻では、いよいよキリシタンの説を正面から述べる。仏教批判から明らかなように、すべて無に帰する仏教に対して、キリスト教によってはじめて真実の来世が説かれるというところがもっとも強調されている。デウス（本書では、特殊な記号によって示している）こそが「現世安穏、後生善所の真《まこと》の主《あるじ》」だというのである。仏教の浄土教を批判しながら、その問題意識を継承し、いわば真実の来世浄土はキリスト教によってはじめて保証されるという流れになっている。「現世安穏、後生善所」という仏教的な表現にも、ハビアンの提示するキリスト教が、実は土着的な仏教の思想伝統の上に立っていることが知られる。夫の後世の菩提《ぼだい》を弔う尼を主人公にしたことも、本書の浄土志向に関連してこよう。実際に本書が対象として想定した読者もまた、そのような人であったと考えられる。

本書のキリシタン説がキリストの問題に立ち入らないのも、このような問題意識から理解される。キリストについて論ずれば、神の肉化の問題に踏み込まなければならず、複雑でややこしい議論となり、それればかりか仏教側から反批判を招く恐れが出てくる。仏と同様、キリストも人間ではないかという疑問は当然想定されるであろう。それを避けるために、本書は現世・後生の主としてのデウスというところに問題を絞ったのである。それ故、より根本と考えられるデウスの世界創造もそれほど大きくは論じられず、あくまで来世救済ということが中核に置かれるのである。

ハビアンは、転向後に書かれた『破《は》提《だい》宇《う》子《す》』で、キリシタンの教会で南蛮人による日本人の差別があったことを激しく非難している。彼らは、「日本人ヲバ人トモ思ハズ」、「日本人ヲ伴《ば》天《て》連《れん》ニナスコト勿《なか》レ」という方針を採った。あくまで日本人としての問題意識から出発してキリシタンの教義を理解しようというハビアンにとって、これは耐え難いことであっただろう。ハビアンの転向の底には、このようにキリスト教の土着化を図ろうとする日本人ハビアンが、西欧中心の原理的立場を貫こうという教会から疎外《そがい》され、それに反発したということがあったのではないかと推測される。ハビアンは外から持ち込まれたキリスト教ではなく、日本仏教の問題意識から出発して、その必然的な結果として達せられるキリスト教を求めたのである。

キリスト教土着化の問題は、今日に至るまで大きな課題として残されている。土着化しすぎれば、本来のキリスト教的な性格を失う。しかし、土着化しなければ、本当に日本人の問題意識を受け入れることができない。ハビアンはその困難をいち早く身に引き受けて苦闘したのである。『妙貞問答』はその苦闘の記録に他ならない。

ひるがえって仏教の場合はどうであったか。あまりに巧みに土着化し過ぎなかったか。だが、今日に至るまで、仏教においても土着化を否定し、仏陀に戻れという運動がしばしば起こされている。それによって仏教の活性化が図られてきたのである。第十一章で述べたように晩年の道元もまたその一例である。土着化するのがよいのか、それとも原理主義的な原則論にこだわるべきか——それはキリスト教だけに限らず、仏教も含めて、宗教の本質に関わる大きな問題である。

なお、下巻の最後には「キリシタンノ教ヘニ付、色々ノ不審ノ事」として、応用的な問題を取り上げているが、その中には、「日本は仏法流布《るふ》の地で、別しては神国と言い伝えているが、（中略）皆がキリシタンになったならば、国家も乱れ、王法も尽きてしまう」という、政教関係の問題が取り上げられている。それに対して、ハビアンは、すべてを空無に帰する仏教こそ世の秩序を乱すことになると反論している。「邪《よこしま》な仏神を敬うから、日本は天罰で他国よりも兵乱が多いと思われる。ともかく、日本もみなキリシタンにならなければ、完全には治まらないでしょう」と、キリシタンによる日本統治を待望している。その夢が崩れたとき、あたかも昭和初期に共産主義を奉じた若者たちが、やがて転向して国家主義のイデオローグとなったように、ハビアンもまた反キリシタンの先鋒《せんぽう》となるのである。

五　キリシタンは何を残したか

ハビアンはキリスト教を棄ててから、キリスト教批判の書『破提宇子』を著わした。『妙貞問答』で、日本の伝統思想を批判したハビアンは、今度は正反対に伝統思想の立場からキリスト教を批判する。ハビアンはキリスト教をよく知っているだけに、『破提宇子』は、その後現われたキリスト教批判書（排耶書《はいやしょ》）に較べて、はるかにその思想の本質に立ち入って批判を加えている。デウスの創造に関する問題、悪の問題、キリストの問題等々、キリスト教に対して当然起こりうる批判が挙げられている。しかし、それらはいささか紋切り型であり、また、『妙貞問答』で批判されたはずの説が堂々と述べられているのを見ると、首を傾《かし》げざるを得ない。

例えば、『妙貞問答』では、家を造るのに作る人がなくて、自然にできるはずがないのと同様に、天地万物も作者がなければできるはずがないという論法で、デウスの存在を導いている。これはキリスト教側の主張としてしばしば見られるところである。ところが、『破提宇子』では、「柳は緑、花は紅《くれない》」という禅語を引いて、それが「自然天然の現成底《げんじょうてい》」だとして、作者は不要だとしている。正反対の結論をあまりに安易に導き出していると言われても仕方ないであろう。

そのような中で、『妙貞問答』で徹底的に否定の態度を取った仏教の無について、『破提宇子』では、「無の一字にも不可思議の謂《いわ》れがある」として、無の積極的な性格を論じているところなどは、興味深いものがある。近代になって、西田幾多郎《きたろう》などが「無」を根本原理として、欧米の「有」の哲学に立ち向かおうとしたことを考えると、このように、「有」に対抗する「無」の深遠さを見抜いていたことは、注目される。

しかし、概して本書にはそれほど日本の思想に関して新鮮な立場が見られるわけではなく、日本が「神国」であることを前提に、キリシタンはそれを滅ぼそうとすると非難して、権力者の立場を代弁するに至っている。ただ、その底には、先に述べたように、日本という場から問題を提示しながら、それが教会に受け入れられなかったという絶望のルサンチマンが籠《こ》められていることを見落としてはならない。土着的な問題意識からキリスト教に立ち向かったハビアンは、結局それに失敗して、権力に庇護《ひご》された伝統思想に戻っていった。そして、キリスト教はやがて弾圧の中で、ごく一部の隠れキリシタンを除いて姿を消すことになる。

それでは、キリスト教はやはり思想史のあだ花として消えてしまったのであろうか。そうは単純に言えないであろう。キリシタンが伝えた西洋の学問は、その後も長崎を窓口にしてオランダ人から教授され、進取の意欲に富む日本の学者に大きな影響を与え続けた。復古神道を興《おこ》して神道ナショナリズムの流れを作った平田篤胤《ひらたあつたね》でさえも、中国に布教した宣教師利瑪竇《りまとう》（マッテオ・リッチ）の『天主実義《てんしゅじつぎ》』の影響を大きく受けているといわれる。

絶対支配者としてのデウスという観念は、また別の形でも痕跡《こんせき》を残した。それは、秀吉や家康に見られる、権力者を神として崇拝する思想である。秀吉は豊国大明神《ほうこくだいみょうじん》として祀《まつ》られ、家康は東照大権現《とうしょうだいごんげん》として祀られた。それ以前に、すでに信長も自分を神格化しようという野望を持っていたと言われる。彼らは神となることによって、死後もこの世界を支配し続ける権力者であり続けようとした。それは一見キリスト教とは無関係のように見えるが、超越的な力をもって現世を支配するという点で、キリスト教的な絶対者に通ずるものを持っている。そして、やがてその流れは明治の天皇崇拝につながることになる。

では、近世の仏教はキリシタンとの関係でどのように位置づけられるのであろうか。仏教はキリシタン排撃の先鋒として、こうして確立した近世社会の秩序を支える補完的な役割を与えられる。信長の比叡山《ひえいざん》焼き討ちや石山本願寺攻略によって中世の仏教勢力は大きく力をそがれ、政治権力に屈服する。やがて江戸幕府のもとで、仏教はキリシタン禁制の防波堤となり、仏教寺院における宗門改めは、キリシタン取締りの最前線に立つことになる。それがやがて寺檀《じだん》制度として固定化され、寺院は幕府による住民把握のための役所としての機能を果たすようになる。

ただし、それは仏教が全面的に政治権力の下部組織になったというわけではない。逆に、仏教の力を借りなければ、政治権力が支配を全《まっと》うできなかったという側面にも注目しなければならない。家康を神格化した東照宮もまた、天台宗のもとで、神仏習合の一実《いちじつ》神道の形式を取らなければならなかった。仏教は世俗の権力に従属するかに見えながら、実は逆に世俗の権力を成り立たせる上で不可欠な隠然たる力を持ち続けた。

このような仏教の役割は、近代になっても継続する。仏教は江戸時代の国家宗教的な地位を失い、民間の一宗教となった。国家神道のもとで、仏教の力は弱まったかに見えるが、実はそうではない。明治の支配体制は天皇を頂点とする家父長的な家制度を基盤に展開するが、家のシンボルとなるのが位牌《いはい》と墓であった。そして、それを管理するのが仏教寺院に他ならなかった。仏教こそが、天皇制を頂点とする近代日本の社会システムを底辺で支え続けたのである。

そのシステムが大きく変わった今日、日本の仏教は大きな試練に立たされている。その中で、思想として仏教がどのような役割を果たしうるのか。もう一度過去の仏教史を総ざらえして、その可能性を問い直すことが、今求められているのだ。

むすび

紀元前五世紀のインドからはじまった仏典の旅も、どうやら終わりに近づいた。仏典を講じるというと、ともすれば随喜の涙が出るような有難いお説教が期待されるのかもしれない。本書が意図したのはそれとは正反対で、オデュッセウスの旅のように、読者の生命を危険に曝《さら》すような冒険の旅に誘おうとしたのだが、著者の力不足で、そこまでは至らなかったかもしれない。それでも、ありきたりの観光名所めぐりのガイドツアーと一味違う発見があったとすれば、著者としてはまあまあ満足というところだ。後は読者が自分の力で冒険の旅に向かって欲しい。

第二部で、結局諸宗の祖師の著作が中心となってしまったのは、ちょっと残念なことであった。日本の仏典の中には、本当にすばらしい内容のものが他にもたくさんあり、もう少しその広がりに説き及ぶことができればよかったのだが、それはまた別の機会に譲らざるを得ない。ただ、祖師の著作であっても、宗門の人の読み方とは少し違う見方を提示できたのではないかと思っている。

もう一つ釈明が必要なのは、第二部で古代・中世が主となり、近世の入り口で終わったことである。近年の僕の大きな研究課題は、近世から近代へかけて、日本の思想史の中で仏教がどのような役割を果たしたかという問題である。従来の常識では、仏教は古代・中世に全盛に達して、その後衰退したと考えられていたが、その常識が誤っていることは、第十三章に触れた。近世においても、近代においても、仏教は重要な役割を果たしており、それを再発掘することは今日きわめて重要な課題となっている。

ただ、中世までの古典文献と近代の著作とは、その扱い方は方法論的にかなり異なるのではないかと、この頃考える。近代のものは僕たち自身に近いので、それほど前提となる操作をせずに、そのまま直接読んでかなり理解できる。しかし、中世以前のものになると、ある程度の基礎知識がないとなかなか理解できない。本格的に研究するためには、原典の写本を読む訓練からはじめて、かなり時間がかかることになる。近世はちょうどその中間に位置すると考えてよいであろう。

そんなわけで、本書が近世の入り口で終わっているのはそれなりに必然性を持つことであり、古典の再解釈という基本的な方針で一貫している。しかし注意して読めば、その古典解釈がじつは近代の中で展開してきたものだということが分かるであろう。その読み方をどう捉《とら》え直すかということが、今日大きな問題となっている。古典を読み直すという作業は、じつは同時に近代を読み直すことになるという重層性を持っている。

大まかに言ってしまえば、かつては古典の中に近代に通ずる同質性を読み込もうとしていたが、近年の研究は、古典を僕たちとは違う異質の他者と見て、その異質性を捉え直そうという方向に進んでいる。僕もまた、そのような古典の読み方を支持し、本書でも基本的にその方針を採るように心がけた。自分たちに都合のよい解釈で古典を捻《ね》じ曲げてはならない。古典の中には、僕たちが思いも及ばないようなとんでもない発想が満ちている。それを掬《すく》い上げることで、近代を相対化し、僕たちが立っている時代をもう一度考え直すことができるのではないか。それによって、古臭いと思われていた過去の思想的営為に別の角度から光を当て、新しい伝統の蓄積を作り上げていくことができるのではないか。

いささか大げさすぎるかもしれないが、それでもそれだけの志《こころざし》は持ち続けていきたいというのが、今の僕の研究を支えている。

増補
仏典をよむ視座

一　仏典とは何か

本書が最初に刊行されたのは二〇〇九年であり、それから十年を経た。その間に、私の研究も多少進展したところがある。その成果を生かしながら、本書で論じたことをいささか補うことにしたい。

本書では、私たちが仏典を読んでいく際に、どのような仏典をどのような観点から読んでいったらよいか、いささか独断的なところはあるが、一つの見方を示してみた。その際にまず注意しておきたいのは、本書はあくまでも日本の仏教を軸に据えた見方だということである。これは、第二部で日本の仏典を取り上げているから、というだけの理由ではなく、インド・中国の仏典も、日本仏教へと展開していく流れの中で読んでいるということである。このことは、当たり前と言われるかもしれないが、十分に心しておかなければならないので、少し論じておきたい。

第五章にいささか触れたが、仏教には大きく三つの流れがある。第一に、パーリ語仏典を聖典とする流れで、スリランカや東南アジアに広まった。上座部（テーラヴァーダ）という部派を継承している。比較的初期仏教に近いと言われる。南伝仏教とも言われる。

第二に、チベットに伝わった流れで、インドの比較的後期の大乗仏教や密教を継承する。チベットを中心にモンゴルにも広まった。サンスクリット語から翻訳されたチベット語仏典を聖典とするが、モンゴル語にも翻訳された。チベットでは、九世紀に国家的事業として大規模な仏典のチベット語訳が行なわれ、厳密な逐語的な訳が定められた。教団や教義、実践の面でも、チベット仏教はインド後期仏教の僧院のシステムを継承している面が強い。

ちなみに、インドのもっとも正統とされる言語はサンスクリット語（梵語）であり、哲学書などは正規のサンスクリット語で書かれている。しかし、もともとブッダが用いたのはマガダ語と言われる俗語であり、パーリ語は比較的それに近い俗語である。大乗仏教になるとサンスクリット語を使うようになる。ただし、論書が正規のサンスクリット語であるのに対して、大乗経典はかなり俗語化したサンスクリット語で書かれている。

第三に、東アジア系の漢文（古典中国語）の仏教圏が挙げられる。これは中国を中心として、その周辺の朝鮮・日本・ベトナムなどが含まれる。中国へは主として中央アジア経由で（後には海上ルートも）インドから仏教が伝えられた。すでに一世紀には仏教が伝来していたことが知られるが、組織的ではなく、五月雨《さみだれ》式にいろいろな系統の仏教がばらばらに伝えられた。いわばジグソーパズルのピースだけがごちゃまぜになって、どのように組み立てたらよいのか分からないようなものである。

翻訳も必ずしも逐語訳ではなく、翻訳者の解釈も入るので、原典のままとは言えず、しかも中国の漢文文化は古くから高度な蓄積があり、儒教や老荘の哲学も発展していたから、それと混じり合い、ますます原型をうかがい知ることが困難になった。そこで、今日では漢訳された仏典を扱う際に、サンスクリット語本、チベット語訳などを同時に参照することが必要とされる。ただ、チベット語訳はもちろん、現存するサンスクリット語本もかなり後代のものが多いので、漢訳のほうが古い形態を伝えている場合もしばしばあり（例えば、『無量寿経』）、漢訳の価値は高い。

個別的にばらばらな翻訳仏典が膨大になると、何とかそれらを整理して体系化する作業が必要になる。それは、翻訳された仏典を収集して目録を作るとともに、それらを一大叢書《そうしょ》として後世に伝えていくという大事業である。こうしてつくられたのが大蔵経であり、印刷術が普及すると、印刷され広く流布することになる。

こうして資料は揃うことになるが、それを自分のものとして受け止め、理解していくという、最も大事な問題が残されている。部派の仏典や大乗のさまざまな系統のものが、すべて仏陀の説法として伝えられたために、中には矛盾した内容も少なくない。その中で、どれを信じ、どれに拠《よ》りどころを求めたらいいのか。

中国ではまず部派の教説よりも大乗中心の立場が強くなり、さらに大乗経典の中でもランク付けていく作業がなされることになった。それが教相判釈《きょうそうはんじゃく》（教判）と言われるもので、その代表的なものが、天台の五時八教《ごじはっきょう》である。これは複雑なところがあるので、五時の方だけを簡単に紹介しておく。この説によると、仏陀がこれまで誰も知らなかった前代未聞の教えを説くに当たって、その生涯をかけて、分かりやすいところから次第に深遠な教えへと、順を追って導こうとしたために、表面的には矛盾するような教説が説かれることになったという。そこに五段階を立てるのである。

①華厳時――仏陀は悟りを開くと、直ちにその境地をそのままに『華厳経』として説いた。しかし、それは難解で、誰も理解できなかった。

②阿含時（鹿苑時《ろくおんじ》）――そこで、誰にも理解しやすいように、まず『阿含経』を説いた。

③方等時《ほうどうじ》――次に比較的分かりやすいさまざまな大乗経典を説いた。『無量寿経』などもここに属する。

④般若時――次に『般若経』の空の教えを説いた。

⑤法華涅槃時――最後に、究極の真理として『法華経』を説き、さらに涅槃に入る直前に『涅槃経』を説いた。ただし、『涅槃経』は補遺的なものと見られるので、『法華経』が最高の教えということになる。

以上のように、経典の内容の相違を仏陀の生涯の時期に分け、同時に教説の深浅を判断している。もっとも深い内容は、最終段階に説いた『法華経』であり、また、悟りを直接的に説いた『華厳経』である。これらは、もっとも円満完全な教えということで、円教と呼ばれる。このような教判に基づく仏教理解は、東アジアの仏教を、他と大きく変えることになった。いわばジグソーパズルのピースから、もとの絵とまったく異なる絵を描き出したのである。

この五時説は、天台以外でも広く用いられ、日本仏教でもほぼ常識化することになった。それを疑ったのが、江戸時代の富永仲基《とみながなかもと》であった。仲基はその著書『出定後語《しゅつじょうごご》』において、これらの経典は仏陀一人が説いたものではなく、時代を異にして順次作られたものだという説を立てた。即ち、大乗経典は原始経典である『阿含経典』を前提として、それ以後の人が新しい説を加えて作成したものだと主張した。これを「加上《かじょう》」の説と呼ぶ。

この仲基の説によると、『法華経』など、それまで仏教者が仏陀の説いた最高の教えとして重視していた大乗経典が、じつは仏説ではないことになってしまう。いわゆる大乗非仏説論である。それは、平田篤胤《ひらたあつたね》などの排仏論者に利用されることになり、仏教側では防戦に追われた。しかし、仲基の説はきわめて合理的であり、近代になって西洋の新しいインド仏教研究の成果が伝えられると、その説の正しさが証明された。

そうなると、仏教側もただちに反発することはできず、それを受け入れなければならなくなった。それでも、明治三十年代になって、大乗非仏説論を唱えた村上専精《むらかみせんしょう》が、真宗大谷《おおたに》派の僧籍を離脱しなければならないほど、仏教界にとっては由々しき問題であった。

経典成立に関する歴史的研究を受け入れながら、改めて思想と信仰をどう再構築していくことができるのだろうか。もはや古い教判や教学をそのまま持ち出すわけにはいかない。それでは、どう考えたらよいのか。それは決して解決済みの問題ではない。いまだに作業途中の問題であり、本書もまたその試行錯誤の一つである。近代の仏教学は、そのような解釈上の問題を避け、文献学的な面で事実確定をする点で大きな成果を上げてきた。しかし、テキストをどう読み込み、どう私たち自身の身に生かしていったらよいのかという点になると、いまだに不十分である。

仏教は定まったドグマをそのまま継承していくものではない。視点により、立場により、さまざまな姿を取り、異なる見方が成り立つ。「仏教」は単数形の Buddhism ではなく、複数形の Buddhisms と見るべきだと言われる。常に途上にあり、流動的で、新たに展開していかなければならない。

本書は、日本という場で展開してきた仏教を引き受け、それをどのように新たに発展させていくことができるか、ということを中心の課題として仏典を読んでいく。もちろんそれは恣意《しい》的であってはならない。しっかりとしたテキストの読みが前提とされる。けれども、インド仏教をインド仏教として捉《とら》えるのと、東アジアへの展開という観点から捉えるのでは、見方がまったく異なっている。インドの初期の仏教と近いという点ならば南伝のパーリ仏教が優れ、インドで発展を続けた最終的な形を継承しているということならばチベット仏教が優れている。それに対して、東アジアの仏教は変容が著しく、その中でもとりわけ日本仏教は、もはや仏教ではない、と言われるほど大きく異なってしまった。

それでも、私たちが受け継いでいる日本の仏教が、仏教の根本の精神を継承していると主張できるだろうか。私自身の仏教研究の中心にはいつもその問いがあった。それには最終的な答えはないが、本書もそれに対する一つの中間報告とも言える。そもそも本書で取り上げた『無量寿経』や『法華経』は、インドの大乗仏教自体では必ずしも中心的な経典とは言えない。しかし、東アジア、とりわけ日本への展開を考えると、これらの経典こそ核心と見なければならない。そのような流れを考えた時、どこに東アジア、とりわけ日本仏教の核心を見ればよいのだろうか。そして、それを仏陀の教えにつなげることができるのであろうか。本書は、その問題をさまざまな仏典を通して追ってみたのである。

二　菩薩と他者・死者

本書では、このように仏陀から日本までつながる仏教史の展開に、死という問題を中核において筋道をつけてみた。葬式仏教というと、かつては堕落した仏教を批判する言葉であったが、今日ではむしろ仏教の重要な役割として再認識されている。死を問題化することは、現世を相対化し、ともすれば現世だけに局限されがちな私たちの存在をより大きな世界に開放する手がかりになる。

ただ、死というだけでは消極的に見えるかもしれない。死の問題は同時にどのように死を超えるかという問題でもある。『碧巌録』に関して述べたように、死者と関わることは、死に対する新しい視角を提示する。それをさらに発展させ、積極的な生き方の問題として提示したのが、大乗仏教の菩薩《ぼさつ》の理念である。菩薩ということは、本書の中でしばしば出てきたが、必ずしも体系的に論じたわけではない。じつは、本書刊行以後、菩薩を中心の理念として、インドから日本までの仏教が求め続けた理想を跡付けられるのではないか、と考えるようになった。それをここでごく簡単に述べておきたい。

菩薩はもともとは仏陀の前世を指す言葉であった。仏陀は前世で菩薩としてさまざまな善行をなして、その功徳によって今生で悟りを開いて仏陀となることができたというのである。菩薩の行は、布施・持戒・忍辱・精進・禅定・智慧《ちえ》の六つの実践を完璧《かんぺき》なまでに追求すること（六波羅蜜）が求められる。その中でも、布施（贈与）がもっとも重視され、自らの生命をも棄てて他者のために尽くす利他行がクローズアップされる。こうした仏陀の過去世の善行は、ジャータカ（本生譚《ほんじょうたん》）として伝えられ、さまざまな説話文学の宝庫となっている。

ここで大事なことは、菩薩の思想は、生死を繰り返す輪廻《りんね》を前提としていることである。しかも、通常輪廻は苦の源泉として否定的に捉えられ、それ故にこそ、輪廻の苦の消滅こそ涅槃として修行の目標とされる。ところが、菩薩にとっては、輪廻はまさしく修行の場であり、衆生を救済するために、自ら望んで輪廻に身を投じるのである。ここに輪廻の価値の転換が起こっている。後の理論では、凡夫の分段生死《ぶんだんしょうじ》（限界を持つ生死）に対して、菩薩の生死は変易生死《へんやく》（身体や寿命を自由にできる生死）として区別する。

大乗仏教になると、この菩薩の理念がさらに大きく発展する。それには仏陀観の転換が大きな意味を持っている。もともと仏陀はこの世界に一時代に一人しか出現しない。これは、仏陀がこの世界全体の世俗の統治者である転輪聖王とセットにされ、世界全体の精神界の指導者とされるから、一人しかあり得なかったのである。過去七仏と言われるように、時代を異にすれば異なる仏陀もあり得たし、今の釈迦仏の死後には、弥勒菩薩が仏陀として出現すべく、兜率天に待機している。

ところが、大乗仏教になると、この世界の外に別の世界の存在を認めるようになる。宇宙外宇宙である。そうなると、世界を異にするのであるから、そこに現在別の仏がいてもおかしくないことになる。これが、他方世界、他方仏という発想であり、これによって大乗経典の世界は一気に広がる。例えば、『無量寿経』に説かれる阿弥陀仏は西方極楽世界の指導者である。その他、瑠璃光《るりこう》世界にいる薬師仏など、親しまれてきた多数の仏が出現する。

これらの仏もまた、釈迦仏と同じように過去世に菩薩として修行を積んで仏となったのだが、その菩薩の修行に定型が生まれる。まず、仏となった暁には、こうしたいというういわば公約を、その時の仏の前で誓願として述べる。それに対して、仏は、お前はいついつどこどこの世界で仏となり、その誓願を実現するであろうと予言する。これを授記と呼ぶ。その上で、長い年月菩薩としての修行を重ねて、初めて仏となることができるのである。

仏たちはもちろん、人々、ひいてはすべての生命体（衆生）を救済したいということを目標としている。そこから仏たちの力を信じ、救済に与《あずか》ろうという信仰が生まれる。その典型が阿弥陀仏信仰である。仏だけでなく、修行段階の菩薩もまた、長い修行によって仏に引けを取らない力を持っている。その代表が観世音（観音）菩薩で、やはり至るところで信仰対象となっている。

ところで、このように多数の仏や菩薩たちが認められ、かれらの修行が定型化されると、それと同じように修行すれば、誰でも菩薩として、やがて仏になることができるのではないか、という思想を発展させた。例えば、『無量寿経』の古形を示す『大阿弥陀経』では、法蔵菩薩が授記を受けて修行し、阿弥陀仏となった話を聞いた阿闍世太子が、自分も同じように菩薩として修行し、仏になりたいと誓願を発し、仏に認められて授記を受けている。このように見ると、多くの仏・菩薩たちは、救済者であるとともに、後進たちにとっての模範者でもある。その二重性を持った役割を果たしている。

『法華経』は、この菩薩の思想をさらに大きく発展させる。第三章に述べたように、『法華経』の第一類では、大胆にも「一切衆生は菩薩である」と主張する。誓願も発さず、修行もしなくても、それでも誰もがすべて菩薩なのだという。どうしてそんなことが言えるのか。それは、じつは私たちははるか遠い過去から、仏と関わり続けてきたということである。六波羅蜜の実践によって、利他の修行を行なうためには、そもそも人（衆生）が他者と関わる存在だということが前提としてなければならない。誰も、他者と一切の関係なしに存在することは不可能である。菩薩の実践の基礎として、他者と関わり、また関わらざるを得ないという私たちのあり方そのものが問題とされている。それを「存在としての菩薩」と呼ぶことができる。『法華経』第一類で説いているのは、まさしくこの「存在としての菩薩」に他ならない。しかも、それは無限の過去から続いている。現世だけの問題ではないのである。

それでは、『法華経』の第二類はどうか。第三章では、死者である多宝仏と生者である釈迦仏とが一体化するという点に中心をおいて考えた。生者は生者のみでは完結しない。死者という他者と一体になることで、その本来のあり方を獲得するのである。それと同時に、そこにはそのような新しい仏のパワーを受けて実践へと向かう地涌《じゆ》の菩薩たちの活動が描かれる。これはまさしく「実践としての菩薩」である。「存在としての菩薩」は、誰でも他者と関わらずにはあり得ないということで、一切衆生すべてに該当する。それに対して、実際に菩薩の行を行なうことは、積極的に死者と関わり、他者との新しい関係を結ぼうという実践へと進むことである。「存在としての菩薩」は「実践としての菩薩」になることによって、その菩薩性を開花させる。

ところで、一切衆生が菩薩だということは、如来蔵や仏性の思想と結びつく。『無量寿経』や『法華経』には、もともと如来蔵や仏性の思想が介在する余地がない。何故ならば、もともとの菩薩の思想が他者との関係というところにあるとすれば、内在的な如来蔵や仏性とは関係ないからである。

もっとも、如来蔵や仏性も単純に内在的な原理ということはできない。如来蔵の解釈はいくつかあるが、もし衆生が如来を胎児として胎内に持つことが原型とするならば、それはとんでもない他者を身籠《みごも》っていることになる。また、仏性の原語はブッダ・ダートゥであるが、これは仏の遺骨をも意味しうる。そうとすれば、衆生が仏性を持つということは、仏の遺骨、即ち死者としての仏という他者＝異物が衆生の身体の奥深くに突き刺さっているということである。これは尋常なことではない。そうとすれば、如来蔵・仏性は単純に喜ばしい事態とは言えない。むしろ私たちはきわめて厄介な他者との関係を自らのうちに埋め込まれているのであり、その痛みこそが「実践としての菩薩」に向かわせることになるのである。

如来蔵・仏性に関しては、一部の仏教研究者からそれを批判する説が提出されて、大きな問題となった。確かに、南伝系にはまったくないし、チベット系でも異端とされる。しかし、東アジア系の仏教では極めて重視される。それをどう受け止めたらよいのか、これも今後さらに考えていかなければならない問題である。

三　日本仏教の展開と菩薩の伝統

このような菩薩の精神は、日本仏教の中にどのように生かされているのであろうか。その点を理解するには、日本仏教に関する従来の見方を根本的に変える必要がある。日本の仏教はずっと国家や王権と密接に関係しながら展開してきた。従来、そのことは、日本仏教が不純であって、国家の世俗権力に従属するかのように否定的に捉《とら》えられてきた。確かにそこには綺《き》麗《れい》ごとでは済まないところがあり、問題がないわけではない。しかし、そこには菩薩の理想を現実の社会に実現しようという志向が一貫して流れている。世俗社会を離れて他者救済という菩薩の理念は実現できない。それには、世俗の支配者の協力なしに不可能である。王権との関係をしっかり確立することが必要である。その関係は、まさしく仏と転輪聖王の関係になぞらえられるであろう。そのためには世俗の王もまた仏教の理想を理解し、仏教に帰依する菩薩でなければならない。もっとも必ずしもそううまくはいかないところに問題が生ずるのである。

古代仏教というと、仏教が国家に従属する国家仏教の時代であるかのように考えられがちである。確かに国家と仏教の関係は緊密で、その点で国家仏教ということはできる。しかし、それは単純に仏教が国家に従属していたことを意味しない。むしろ逆に国家が仏教を畏《おそ》れ、仏教は国家を導くことで人々を救済しようとした。後の仏教史では、日本仏教の最初のキーパーソンとして聖徳太子を挙げるのが常である。その聖徳太子こそ、仏教と王権の重層を象徴する人物である。仏典に通じ、深い信仰を有しながら、同時に皇太子として新しい政治に挑んだ聖徳太子こそ、その後の日本仏教に通底する理想の体現者として揺るぎない位置を占めることになる。こうして、日本の仏教はその理想を社会の中に実現していくという方向性を取ることになる。

奈良時代に入ると、『日本霊異記』に明らかなように、行基と聖武天皇がセットになって、仏教（聖なる菩薩）と王権（世俗の菩薩）の緊密な関係が象徴される。それが理想の時代とされる。聖武は「三宝《さんぼう》の奴《やっこ》」として、東大寺大仏の前に額《ぬか》づくことで、仏法の優位が示される。大仏のために国中の富を使い果たしたとされる聖武が、仏教側からは理想の帝王だったのである。

平安初期には、最澄・空海らの出現によって、王権と仏教の関係はさらに進展する。第八章に述べたように、新しい戒律を提示した最澄の『山家学生式』の根本は、まさしく菩薩ということであった。四条式では、「仏道を菩薩と称し、俗道を君子と称する」として、両者が「真俗一貫」の大乗戒によって結ばれるという構造を示している。菩薩の頂点である国宝が国の精神界を支配し、それを支える俗権は君子中の君子である国王が司《つかさど》る。そこに理想の仏教国家が実現するはずである。

もっとも現実にはそううまくいかない。そもそも平安京に遷都した桓武天皇の狙いは、道鏡《どうきょう》のように王権を狙う仏教界の力を削《そ》ぐことに一つの目的があった。それ故、都の中に大寺院が陣取っていた平城京《へいじょう》と異なり、平安京は、南端に東寺・西寺《さいじ》があるのみで、都の中に他の寺院は置かれなかった。最澄の拠点とする比叡山延暦寺は、都の外の鬼門（北東）にあって都を守護する役割を果たすことになった。これはこの後、「真俗一貫」でありつつも、王権と仏教が距離を取って対峙《たいじ》する中世の両者の関係に反映することになる。

空海は最澄よりやや遅れ、東寺を拠点としたばかりか、宮中に真言院を創建し、王権の懐深く入り込んだ。しかし他方で、都から離れた高野山を修行の場として獲得し、王権と距離を取ることに腐心した。

このように、平安初期に到るまで、王権と仏教は極めて密接な関係を持ちながら展開した。しかし、平安中期になると、摂関政治への移行に伴い、公的な国家儀礼よりも私的な祈禱《きとう》に中心が移っていく。そこからさらに、個人の信仰や修行が重視されるようになる。こうした新しい動向を代表するのが源信であり、『往生要集』において阿弥陀仏の浄土教信仰を理論づけた。平安初期に活躍した仏教界の指導者たちと異なり、源信は国家との関係を持たず、僧都《そうず》の位も直ちに返上して、もっぱら自らの修行と学業、そして僧俗の指導に専念した。

源信より少し前に現われた千観《せんかん》も浄土信仰で知られるが、注目されるのは十の誓願を立てて、菩薩の実践に励んだことである。その誓願は、阿弥陀仏や薬師仏のように、自分も修行の末に衆生救済に尽くしたいという内容で、まさしく菩薩のもっとも原型を受け止め、現実化しようとしたものであった。源信もまた、千観を受けて自ら誓願を発している。

こうした仏教界の動向は、世俗の側でも貴族たちの信仰に反映した。かつては、上級貴族でなく、中下級貴族が新しい信仰の中心であったと考えられていたが、実際にはもっとも積極的に新しい信仰を受け入れたのは、栄華の絶頂に達した藤原道長《みちなが》であった。道長は、吉野金峰山の埋経《まいきょう》、法成寺《ほうじょうじ》の建造、出家した上での執政など、権力と仏教の新しい関係を創り出した。このような権力のあり方は、院政期にさらに発展する。上皇は出家することで法皇として仏法の力をも身に付け、法勝寺《ほっしょうじ》をはじめとする壮大な寺院を建造する。ただ、それは権力者のいわば権力乱用という面も強かった。

新しい中世仏教への大きな転換は、源平の合戦（治承《じしょう》・寿永《じゅえい》の乱）の中で、平氏によって一一八〇年に南都が一網打尽に焼打ちされた衝撃と、そこから立ち上がろうという復興事業に求められる。直ちに翌年には後白河《ごしらかわ》法皇の音頭のもとで、重源《ちょうげん》が東大寺大勧進《だいかんじん》に任ぜられて、官民を挙げての一大国家プロジェクトとして南都復興が図られる。まさしくその仏教復興の大きな機運が、従来の朝廷や貴族層に限られていた仏教を全国の広い階層にまで行き渡らせ、新しい信仰運動の出発になったのである。それ故、従来のような新仏教対旧仏教という対立構造の中で、腐敗した旧仏教に対して新しい民衆仏教である新仏教が誕生したというのは、まったく誤った認識である。

新たに興起した中世仏教は、根底に菩薩精神を置くものであった。その例として、『方丈記』に記された仁和寺《にんなじ》の隆暁《りゅうぎょう》の事蹟《じせき》が挙げられる。飢饉《ききん》で京の街に死者が充満した時、隆暁は四万に及ぶ死者の額に阿字《あじ》を書いて回ったという。顕密の大寺院に属し、僧位を持つ僧が率先して市中に出て、悲惨な大量の死者たちの供養に奔走した。こうした機運が新しい仏教を生み出していったのである。

中世仏教の展開、およびそれ以後の近世仏教に関しても、さらにその展開を追わなければならないが、長くなるので別の機会に回したい。ここでは、少し視点を変えて、理論面から菩薩論を大きく進めたものとして、親鸞の『教行信証』に触れておこう。本書については第十章で論じたが、その後の研究で、少し新しい見方ができるようになった。従来の見方では、親鸞はどこまでも阿弥陀仏の救済に与《あずか》るという他力信仰であり、菩薩の実践という考え方と縁遠いように思われてきた。しかし、じつはそうは言えないのである。

『教行信証』は、教・行・信・証の四巻に、さらに真仏土・化身土の二巻を加えた六巻からなるが、教巻の冒頭を見ると、「つつしんで浄土真宗を案ずるに、二種の回（廻）向あり。一つには往相、二つには還相なり。往相の回向について真実の教行信証あり」という文章で始まっている。即ち、往相廻（回）向と還相廻向の二種廻向を根本構造として、そのうちの往相廻向に教・行・信・証の体系があるというのである。

その後、証の巻の後半から還相廻向になることが明言されている。真仏土・化身土の二巻の位置づけは必ずしもはっきりしないが、ともかくこの二種廻向が『教行信証』の根本構造であることは間違いない。

それでは、二種廻向とはどういうことであろうか。往相というのは、此土《しど》から浄土に行くことである。還相は浄土から此土に戻ってきて衆生を救済することである。浄土教というと、ともすれば浄土に行くほうだけが重視されがちであるが、親鸞の重要なところは、そこから戻り衆生を救済することがセットにされていることである。即ち、自利だけでなく、利他が伴うのである。順序から言えば自利が先であるが、目的はむしろ利他にあると言ってもよいであろう。これはまさしく菩薩《ぼさつ》の精神に他ならない。

二種廻向の廻向というのは、自分の善行をある目的のために振り向けることである。ただし、親鸞の場合、衆生はまったく無力であり、自力での廻向は不可能であるから、阿弥陀仏の他力に頼らなければならない。即ち、往相も還相も、それを可能にするのは自分の力ではなく、阿弥陀仏の力であり、廻向を行なうのは阿弥陀仏である。衆生はその阿弥陀仏の廻向の力によって、往相と還相が可能になるのである。

ここでもう一つ注意されるのは、素直に読めば、往相と還相が必ずしも同時的ではなく、往相の後に還相があると考えられ、しかもその間に死による断絶があると想定されるということである。これをめぐっては、今日論争があり、死による媒介を経る必要はないという説もある。細かい議論に立ち入るのは避けるが、やはりそこに死という大きな断絶があるという解釈のほうが適切のように思われる。

それならば、還相は死後という先の話で、現世では利他の行為の実践はあり得ないのだろうか。それはやはりおかしい。何故ならば、阿弥陀仏の他力、および過去の死者の還相の力は、一緒になってこの現世に強力に働いて、私たちを助けてくれる。それならば、たとえ私たちは無力に等しくとも、その他力を受ければ何かできることがある、と考えてもおかしくない。はじめから自分は無力だからと、何の努力もしないのは、仏や死者に対する冒瀆《ぼうとく》である。

仏や死者の力を受けて、私たちも他者のために働き、そして、死後は還相の働きで生者たちを助ける。これが親鸞の根本の思想である。それはまさしく菩薩のあり方の根本の構造を明らかにしたものと言うことができる。従来の常識と反して、じつは親鸞は菩薩という生き方をもっとも深く受け止めて、理論化しようとしていたのである。親鸞だけでない。日本の仏教者の多くは、同じように菩薩の精神を発揮させようと努力してきた。その観点から日本の仏典を読み直し、私たち自身の指針としていかなければならないのである。

文献ガイド

本書を読み終わったら、というか、むしろ読みながら、ぜひ取り上げた仏典を直接読んでいただきたい。初めのほうの章では、使用しやすいテクストを示していたが、途中からその指示がおろそかになってしまったので、ここでまとめてあげておきたい。できるだけ、文庫などで入手しやすいものをあげた。

【第一部】

第一章

丘山新他訳『現代語訳「阿含経典」』第一巻(平河出版社、一九九五)

対応するパーリ語本は、

中村元訳『ブッダ最後の旅』(岩波文庫、一九八〇)

第二—四章

岩波文庫本が、漢訳とサンスクリット語からの訳を対照していて、使いやすい。ただし、多少古いので、新しい研究成果は反映していない。

中村元・紀野一義・早島鏡正訳註『浄土三部経』上（岩波文庫、一九九〇）
坂本幸男・岩本裕訳注『法華経』全三巻（岩波文庫、一九七六）
中村元・紀野一義訳註『般若心経・金剛般若経』（岩波文庫、一九六〇）
インドの大乗仏典をサンスクリット語原典から翻訳した信頼できるシリーズとして、
長尾雅人・梶山雄一監修『大乗仏典』全一五巻（中公文庫、二〇〇一―〇五）

第五章

関口真大校注『摩訶止観』全二巻（岩波文庫、二〇〇三）
これは書き下しで、現代語訳ではない。現代語訳は、
池田魯参『詳解摩訶止観』人巻（大蔵出版、一九九七）

第六章

入矢義高他訳注『碧巌録』全三巻（岩波文庫、一九九二―九六）
これは書き下しで、現代語訳ではない。現代語訳は、
末木文美士編、『碧巌録』研究会訳『現代語訳 碧巌録』全三巻（岩波書店、二〇〇一―〇三）

【第二部】

第七章

中田祝夫訳注『日本霊異記』全三巻（講談社学術文庫、一九七八―八〇）

多田一臣校注『日本霊異記』全三巻（ちくま学芸文庫、一九九七―九八）

第八章

安藤俊雄・薗田香融校注『日本思想大系4　最澄』（岩波書店、一九七四）

これは書き下しで、現代語訳でない。現代語訳は、

福永光司編『日本の名著3　最澄／空海』（中公バックス、一九八三）

第九章

宮坂宥勝監修『空海コレクション』全四巻（ちくま学芸文庫、二〇〇四―一三）

第十章

金子大栄校訂『教行信証』（岩波文庫、一九五七）

古いもので、延書本《のべがき》（書き下し）であるが、使いやすい。現代語訳としては、

石田瑞麿訳『歎異抄・教行信証』全二巻（中公クラシックス、二〇〇三）

第十一章

水野弥穂子校注『正法眼蔵』全四巻（岩波文庫、一九九〇―九三）

原文であるから、いきなりだと読みにくい。現代語訳は数種類ある。入手しやすい

ものとして、

増谷文雄全訳注『正法眼蔵』全八巻（講談社学術文庫、二〇〇四―〇五）

第十二章

佐藤弘夫全訳注『日蓮「立正安国論」』（講談社学術文庫、二〇〇八）

第十三章

海老沢有道・井手勝美・岸野久編著『キリシタン教理書』（教文館、一九九三）

『妙貞問答』上巻の仏教批判の部分に関しては、次のものが影印・翻刻・注・現代語訳を含む最新の成果である。

末木文美士編『妙貞問答を読む』（法藏館、二〇一四）

あとがき

本書の第十二章までは、いまはなくなった新潮社の季刊誌『考える人』第十五号（二〇〇六年冬）から二十六号（二〇〇八年秋）まで連載した。それに多少の手を加え、第十三章を書き下ろして、二〇〇九年四月に新潮社から単行本として刊行した。二〇一四年五月には新潮文庫に収められ、その際、中島隆博《なかじまたかひろ》氏から懇切な解説を頂いた。その後、絶版となっていたが、問い合わせをいただくことも多く、私自身も力を入れて書いたものだけに残念に思っていたところ、この度、幸いにもＫＡＤＯＫＡＷＡの伊集院元郁氏の英断で角川ソフィア文庫に収録していただくことになった。編集は、井上直哉氏に担当していただいた。

表記の統一や二、三の誤りの修正以外は原則として元版のままとした。解説も中島氏の了承を得て、そのまま収録させていただいた。ただ、元版の「あとがき」は削除して、その大部分は「むすび」として生かした。また、元版以後の新しい見方を「増補」として加えた。

大きな災害やコロナ・パンデミックを経て、改めて仏典の智慧《ちえ》が注目されている。

いきなりでは取り付きにくい仏典への道案内として、多少なりとも役立つとすれば嬉《うれ》しいことである。角川ソフィア文庫には、すでに拙著『日本の思想をよむ』が収録されている。そこでも多くの仏典を取り上げたので、セットとしてお読みいただけば、一層理解を深めていただけるであろう。

著　者

二〇二〇年十一月

解　説

中島隆博

はじめに

孤独な思索というものは、宗教や哲学もしくは広く言って思想に魅入られ、そしてそれらを自ら考えようとする者にとっては、どうあっても必要不可欠のものである。しかし、同時に、それはきわめて危険なことでもあって、孤独な思索を見守ってくれる目がなければ、その人の精神を喰《は》み、時には取り返しのつかない地点にまで追いやってしまう。先日出会った若い学生は、その鋭く射抜くような視線を投げかけながら、かなり長い時間孤独な思索を続けてきたことを告げていた。だが、その孤独は自らを他者に閉ざした孤独であり、彼が紡《つむ》ぎ出す脈絡を欠いた言葉は、何か悲鳴のように聞こえたのである。

著者の末木文美士さんは、おそらく、こうした孤独の底を潜《くぐ》り抜けてきた思索者である。わたしが最初にお目にかかったのはもう四半世紀も前のことになるが、穏やかな表情の下に思索の苦闘がまざまざと感得されたことを思い出す。その当時、わたしは中国哲学を研究する一方で、ジャック・デリダやエマニュエル・レヴィナスといったフランスのユダヤ的現代哲学の挑戦を前にして、その西洋形而上学《けいじじょうがく》に対する根底的な批判に目を洗われる思いを有していた。しかし、決してデリダやレヴィナスを対象として研究しようとは思わなかった。それはかえって、デリダやレヴィナスの挑戦を哲学ビジネスに回収してしまうように思えたからである。そうではなく、デリダやレヴィナスが西洋形而上学に対して行っている批判を、日本もしくは東アジアにおいてどう引き受けたらよいかを考えるべきであり、しかも自らの問いを通じて継承すべきだと考えたのである。

こうしたことを末木さんに語ったと記憶しているが、どこまで届いたかは定かではなかった。ところが、後になって、末木さんが他者を仏教研究の核心に置いて、圧倒的な質と量の研究を世に問い出したのには驚かされた。他者こそ、フランスのユダヤ的現代哲学が問うた根本概念であったからである。とはいえ、それは、他者という概念を仏教に単純に適用してみたというわけではない。もしそうであれば、末木さんが厳しく退ける、西洋哲学の流行を追いかけることと大差なくなってしまうからだ。そうではなく、他者という概念を立てることによって、デリダやレヴィナスが行おうとした西洋形而上学への批判（存在神学や主体性さらには共同性に対する問い直し）の態度を引き受け、従来の仏教研究の諸前提を疑い、仏教をあらたに語り直そうとしたのである。

一　和辻哲郎との交叉

その際に、末木さんが重視するのは、死者という他者である。「仏教は否応《いやおう》なく死者という異形の他者と正面から向き合わなければならなくなった」（本書、五頁）。こう述べる背景には、仏教を「ブッダの教えから直接生まれた」と考えてしまう「従来の通説」を疑い、「ブッダの死後、その死を乗り越えようとするところから出発しているという視点」を取るという、仏教研究に対する大きな態度の変更がある（同右）。仏教はブッダの死もしくは死者としてのブッダに向き合いそれを乗り越えることから始まったのではないか。そして、だからこそ、仏教は死者という他者一般に向かう教えたりえたのではないのか。

末木さんが直接言及することはないが、ここには和辻哲郎《わつじてつろう》の思考との交叉《こうさ》が認められる。というのも、和辻は宗教を祖師の死から始まるものだと定義していたからである。

これらの三人［釈迦《しゃか》、イエス、ソクラテス］においては、確実な伝記を求めて伝説を遡源《そげん》すれば、皆祖師の死に突き当たるのである［傍点は和辻による。以下、同じ］。

釈迦の涅槃経《ねはんぎょう》、イエスの福音書、ソクラテスのプラトン対話篇やメモラビリア、すべてそうでないものはない。もちろん弟子たちにとっては、師についての伝承は師の死後に始まるのであるから、師の死が最後にではなくして最初に語られるのは当然である。しかしこれらの場合には単なる師の終焉《しゅうえん》を語っているのではない。その死がちょうど師の教説の核心となるような独特な死を語っているのである。（和辻哲郎「孔子」、『和辻哲郎全集』第六巻、岩波書店、一九六二年、三三七～三三八頁）

和辻にとって、祖師の死はそれぞれの教説の核心をなすものである。したがって、和辻は「その生前の教説がこの死を媒介としてかえって強く死後に効果を現し始めた」（同、三三八頁）と言うことができた。そして、ブッダの死に関してはこう述べていたのである。

釈迦においても、永遠に生き得る覚者が明らかなる覚悟をもって自ら死を決意するということは、まさしく涅槃を、すなわち解脱《げだつ》を、人類の前に証示することであった。（同右）

ここで和辻が描くブッダの死は、いかにもキリスト的なものだ。永遠に生き得るはずの「覚者」があえて死ぬことによって、死がそのまま涅槃＝解脱であることを人々に証示しようとした、というのである。

末木さんは本書第一章を原始仏典の『遊行経《ゆぎょうきょう》』から始めているが、それは和辻が『涅槃経』を参照するのと径庭《けいてい》はない。また、末木さんが「仏教は、ある意味では仏の死からはじまるということもできる。その点では、キリストの死からキリスト教がはじまるのと、多少の類似がないわけではない」（四二頁）と言う時、これもまた和辻のパースペクティブに重なるものである。しかし、両者の間には微妙な差異があるようにも見える。死がそのまま涅槃＝解脱であることをブッダの死が決然と示したとする和辻に対して、末木さんは「悟りの境地が死と同じだというのは、非常に分かりにくいことだ」（四〇頁）と述べて、ブッダの死は容易に理解できず、常に問題含みであり、わたしたちの思考を揺さぶり続けると考えているからだ。

別の言い方をすれば、死や死者を「媒介」とすることによって、西洋的な存在論や存在神学さらに宗教学はかえって強化されることがあるが、末木さんの思考には、死や死者は都合のよい「媒介」を許さない他者性を有していて、わたしたちの理解をはみ出すのではないかという位相がある。そして、仏典は、こうした他者性との対話の産物であるというのである。

実際、末木さんは別の箇所では、和辻を論じてもいて、「和辻哲郎の原始仏教論」

(『近代日本と仏教――近代日本の思想・再考II』、トランスビュー、二〇〇四年)では、和辻の原始仏教解釈の文献学的な意義を強調する一方で、和辻の原始仏教解釈があまりに近代的であること、また国家や国民に仏教の「空」や「無我」を安易に結びつけていることを批判している。死者という他者から仏教を思考し直すことは、近代の仏教解釈を批判的に継承することでもある。

二　複数性と「空」――インド仏教

ブッダの死がキリストの死と異なるのは、それが仏の複数性と繫《つな》がっているからである。輪廻説《りんねせつ》を背景にすると、釈迦仏以前にも六人の仏がおり、さらに釈迦仏の後に弥勒《みろく》が第八番目の仏として出現すると考えられる。こうすることによって、ブッダの死から一回性が剝奪《はくだつ》される。末木さんの議論が示唆的《しさてき》なのは、ここから大乗仏教の定義を導き出すことである。すなわち、大乗仏教はその最初期において、仏の複数性を並列的に認めた改革運動であった(本書、四七~四八頁)。それが以前の仏の複数性と異なるのは、時間軸だけでなく空間軸においても仏の複数性を認めるために、世界にも複数性を導入し、この世界の他に、別の世界が複数あり、それぞれに仏が存在すると考えるに至ったという点である。これによって、ブッダの死後にも、新たな救済者が出現する可能性が担保され、また、仏が何乗にも複数化したために、誰であっても菩薩《ぼさつ》として他者と関わり合いながら修行を積めば、どこかの世界でどこかの時点で仏になることもできる。こうした新しい理論的な枠組みを大乗仏教は準備したのである(本書、四七〜四九頁)。

第二章に挙げられた『無量寿経《むりようじゆきよう》』が示している基本プロット、すなわち、法蔵が菩薩となって修行し、浄土において阿弥陀仏《あみだぶつ》となるということは、こうした枠組みにおいてはじめて十分に理解できる。また、第三章で論じられる『法華経《ほけきよう》』が説く「一切衆生《しゆじよう》はすべて菩薩である」という定式も、この枠組みにうまく嵌《は》まるものである。ただし、末木さんはここで読者の注意を喚起する。すなわち、この場合の菩薩であることとは、自己に完結しているのではなく、他者と関わるあり方である。それは、後に『法華経』に読み込まれた如来蔵《によらいぞう》や仏性説が説くような、衆生に内在する本質(如来蔵・仏性)が現実化して仏になるという、他者を欠いたプロセスとは、まったく異なる(本書、七七〜八〇頁)。この指摘の帰結は巨大であり、とりわけ日本仏教に見られる本覚《ほんがく》思想に対する批判の根拠となるものだ。

しかし、その前に、教科書的に考えると、そもそも大乗仏教は「空」の哲学であったのではなかったのか。見てきたように、末木さんは、他者論あるいは死者論から仏と世界の複数性を初期大乗仏教の核心に置くが、それと「空」の哲学の関係がどうしても論じられなければならない。

第四章で、『般若心経《はんにゃしんぎょう》』、『金剛《こんごう》般若経』、『中論』を論じて示されるのは、「空」の哲学の二つの否定の道であった。すなわち、鈴木《すずき》大拙《だいせつ》が「即非の論理」で取り上げたような、固定的な本質を否定することで、原始仏教の実践性を再び肯定するという道と、そうした否定から肯定への転換をも否定することで、「無限の底なしの否定」（本書、一一六頁）に至る道である。とりわけ後者の否定は、他者をも無化するほどに強力なものだ。末木さんはここで、「その無化の中になお他者は立ち顕《あら》われる」（本書、一〇六頁）と述べる。なるほど、他者は、否定から肯定への転換の中で、いわば予定調和的に再肯定されるものではなく、否定の否定のその先に登場してこそ、他者であるはずだ。とはいえ、このラディカルな否定において他者が登場するかどうかは、まったく保証されるものではない。それは末木さんが想定する他者論・死者論としての仏教を、ひょっとすると砕きかねない。

残念ながら、本書ではこれ以上、他者と「空」との関係は論じられない。しかし、最近の他の著作を参照すると、次のように論じられている。

この他者の領域を、逆の側から見たときにどうなるかと言うと、世界すべてを含んでいることになります。その中に、自分も死者も神仏もすべて含み込まれます。自分とはまったく異質の存在を、逆に、今度はそれを全部同質化してみると言いますか、いわば一味平等と言いますか、そういう方向で見ることが可能になります。しかも、すべては関係の中にあって、実体性を持ちません。仏教的な言い方をすれば、「空」ということができるのではないかと思います。ユダヤ系の神が、絶対的に同質化されない他者であるのと異なっています。このように、空という見方と、他者という見方とは、同じ領域のことでありながら、言ってみれば正反対の、逆方向のベクトルで見たものと考えることができます。(末木文美士『浄土思想論』、春秋社、二〇一三年、四一~四二頁)

この条《くだり》を見ると、「空」の否定性は、ユダヤ的な絶対的な他者に繋《つな》がるものではなく、他者の異質性を同質化し、平等化する力であることがわかる。これは、末木さんの論じる他者論・死者論が、レヴィナス的な他者論と異なる地点でもある。要するに、他者と「空」は逆方向のベクトルでありながら、同じ領域の事柄を示していると言うのである。しかし、それでもやはり十分に理解できるものではない。これについては、もう少し言葉を重ねてパラフレーズしてもらうことができればと思う。

三　心と師承関係——中国仏教

本書は、形式上は二部構成であるが、内容的にはインド仏教、中国仏教、日本仏教の三部構成となっている。わたしのように中国哲学を導きの糸にして思考を紡いでいる者にとっては、中国仏教がどう論じられているかは気になるところである。中国仏教において末木さんが選択したのは、二つの仏典であった。すなわち、智顗《ちぎ》の『摩訶《まか》止観《しかん》』と圜悟《えんご》の『碧巌録《へきがんろく》』である。どちらもポイントになるのは、わたしたちの心である。末木さんは、「自らの心こそ、もっとも身近でありながら、実はもっともわけの分からないものであり、「私」のもっとも近くにある他者である」（本書、一二三～一二四頁）と述べる。中国仏教は心を通じて、他者に向かおうとしたと、末木さんは考えたのである。

　その際、第五章で取り上げられた『摩訶止観』そして天台の立場では、日常のふつうの心を対象として、止観という精神集中の実践を行う。それは何か本来の心のようなものを想定し、それによって一挙に頓悟《とんご》したり、かえって日常の心をそのままに肯定したりすることではない。そうではなく、一歩一歩、実践の階梯《かいてい》を進んで、煩悩に満ちた日常の心を徐々に浄《きよ》めようというのである。そのために、『摩訶止観』は極端な善にも悪にも振れることがない。それは、善の中に悪が、悪の中に善が同居することを見据え、善に向かって倦《う》まず弛《たゆ》まず実践し続けることを要求する。「極言すれば、仏の心にも地獄の要素があり、地獄に蠢《うごめ》くものの心にも仏の要素があるということだ」（本書、一三七頁）。わたしたちの心はどうあっても一人で完結するのではなく、善にも悪にも貫かれることで、他者に開かれ、他者に浸透されているのだ。

善を実現しようという実践は、したがって、自己に閉ざされることはありえず、必然的に他者に関係せざるをえない。末木さんはエンゲイジド・ブッディズム（社会参加仏教）をそのまま認めているわけではないようだが（末木文美士『現代仏教論』、新潮社、二〇一二年、一八二頁以下）、仏教が他者と必然的に関係する以上、死者を含む他者たちとの共同的な地平にどう介在するのかは重要な問題であり続ける。

だが、そもそもなぜ心は他者に開かれているのだろうか。それにはいくつかの答え方がありうるが、ここでは言語の働きを強調しておきたい。つまり、心は言語によって構成されるとまでは言えないにせよ、言語とある部分を深く共有していると考えるならば、言語が常に他者の言語である以上（人は自らの言語を語るわけではない）、心は他者に浸透されている。第六章では禅が取り上げられるが、禅が何よりも言語を問うたのは、そこに心の機制を解く鍵《かぎ》があったからである。そして、末木さんは、言語が問題になっている以上、たとえば『碧巌録』を読むわたしたち一人一人も、それとは無関係ではいられず、読み始めるやいなや、禅の問題圏に巻き込まれると、何とも恐ろしいことを述べる。「言葉が蛇となってあなたの喉《のど》を締め付けるのだ」（本書、一五五頁）。

とはいえ、恐れすぎることはない。『碧巌録』がそうであるように、禅における言語の問いは、師と弟子たちとの問答の中で問われているからだ。つまり、わたしたちはジャン＝ポール・サルトルのような「地獄とは他者である」といった水平的な関係性の中に置かれているのではなく、師と弟子との垂直的、いやむしろ斜行的な師承関係に置かれているからだ。禅という自力を強調するかに見える実践は、実は師承関係によって支えられている。末木さんはそれを、「禅が己事究明を主張しながら、師承関係を重視し、祖師を重視するのは、しばしば矛盾しているかのように言われる。しかし、そうではない。禅が個の中で完結していると思うほうが間違いなのだ」（本書、一六六頁）と述べる。孤独がその人の心を喰《は》まないためには、師という垂直性もしくは斜行性が必要なのだ。末木さんは、この章では入矢義高《いりやよしたか》先生に、また第一章では福《ふく》永光司《ながみつじ》先生に論及しているが、末木さんにとってお二人はそのような孤独を破るかけがえのない師であったのだろう。

四　日本仏教のかたち

さて、本書の後半は日本仏教である。古代と中世の日本仏教が扱われているが、その冒頭である第七章で論じられたのは、『日本霊異記《にほんりょういき》』であった。哲学史にせよ仏教史にせよ、何から始めるかはその論の性格を決めるほど重要なものである。末木さんは、『日本仏教史――思想史としてのアプローチ』（新潮社、文庫一九九六年［単行本一九九二年〕）では、聖徳太子から書き始めていて、『日本霊異記』は太子の聖性を語るエピソードの中でわずかに言及されるにすぎなかった。しかし、本書では聖徳太子の方が『日本霊異記』に飲み込まれ、民衆の仏教が有する荒々しいまでの聖性に結合されている。日本における仏教は、「むしろ民衆の中に定着していく中で、仏教の理論は深められ、表層から深層へと食い込み、現実にはたらく強力なパワーとなる」（本書、一九三頁）と語られるが、その通りであろう。

たまたまこの解説を書いている最中にヤンゴン（ミャンマー）を訪れる機会があり、シュエダゴン・パヤーという南伝仏教の聖地を歩いたが、その境内の脇《わき》の方には、やはり行基のような民間の聖人が祭られていた。また、ナッ神という土着の神への信仰も厚く、神仏習合は日本だけの特殊な現象ではなく、かえってそこにある種の普遍性があることもわかった。今後仏教史が書かれる場合には、こうした民衆の仏教のダイナミズムがより多く記述されるのが望ましいように思われる。

第八章と第九章はそれぞれ最澄《さいちょう》と空海である。末木さんの仏教研究が果たした功績の一つは、近代仏教学が西洋の宗教改革に比定して、近代的な個の宗教として鎌倉新仏教を持ち上げたことを批判し、平安仏教の重要性を再認識させたことにある。したがって、日本仏教のかたちを決めたという意味での決定的な始まりには、どうしても最澄が置かれなければならない。では、「最澄というはじまり」の核心は何であったのか。末木さんによれば、それは、先ほど触れた今日のエンゲイジド・ブッディズムにも重なるもので、仏教が世俗に深く関わるという理念であり、それを実現する制度の確立であった。それが、万人が仏の悟りを平等に得られるという一乗の主張であり、在家者向けの梵網戒《ぼんもうかい》を出家者の戒律として用い、真俗一貫を実現しようとする主張であった。

問題はこうした仏教と世俗の重なり合いに光と影があるということだ。世俗に深く関わることで仏教は社会に大きく貢献する一方、世俗化しすぎることは堕落に繋がる。それに加えて、最澄は南都を批判する際に、単純な二項対立図式を持ち出し、いずれかを支持するような決断を迫った。末木さんは、そのやり方が、微細な要素を切り捨てるという日本仏教ひいては日本文化のマチズモ的なかたちを作ったと指弾するのである。

ではもう一人の空海はどうであろうか。空海と言えば密教という定式は、どうやら今ではそれほど単純なものではないらしい。このことを、末木さんは津田真一さんの仕事に触れながら論じている。すなわち、『大日経』系統の胎蔵（界）曼荼羅《まんだら》と『金剛頂経』系統の金剛界曼荼羅を、空海は両部曼荼羅としてセットにしているが、密教をストレートに示すのが後者であるのに対して、前者は大乗仏教の菩薩《ぼさつ》行を徹底したものであって顕教に属しているため、本来両立は不可能である（本書、二三二頁）。しかし、空海のすごみはこの顕密の緊張感に満ちた二元性を統合し、その顕密体制を仏教が土着化する基盤にしたという点である。そして、その密教的な立場は「即身成仏《じょうぶつ》」に極まるが、それは、現世においてたちまち仏となることができるというラディカルなものであった。この考えは最澄も主張していくが、それはわたしたちの現実をそのまま悟りと見なす本覚思想にも繋《つな》がっていったし、葬式儀礼によって死者を成仏させる、いわゆる葬式仏教の考えにも繋がっていった。そうすると、神秘に対する日本仏教のかたちを空海が決めたと言うことができるだろう。

しかし、実は第九章の空海論でもっとも気になったのは、最後の節に置かれた、究極の言語を論じる『声字実相義《しょうじじつそうぎ》』である。法身説法《ほっしんせっぽう》すなわち究極的なあり方をしている仏が語る言葉をどう理解するか、という問題である。末木さんは一方で、空海の主張は、自然が語る音こそが法身説法であるとすることで、日本人の自然観にマッチしたと考えるが、しかし他方で、空海は自然説法を遥《はる》かに越える、理解困難な法身説法を考えていたのではないかと、問い直すのである（本書、二四五〜二四六頁）。

わたしはかつて空海の『文鏡秘府論《ぶんきょうひふろん》』を取り上げたことがある。これは六朝期から唐代初期までの文論・詩論を編集したものであるが、その中で空海は中国の文論・詩論にとってどれだけ「自然」という概念が重要であるかに思い至ったはずである。そして、その「自然」は最初から「文」に浸透されており、言語化されている形而上学《けいじじょうがく》的根源であったのだ。もしそうであるとすれば、「自然」こそが最も難解であり、理解もしくは翻訳を待っていると言うこともできる（ちなみに、末木さんは『仏教——言葉の思想史』〔岩波書店、一九九六年〕において「自然」を詳細に論じている）。空海の言語論からもう一度その顕密仏教の議論を読み直すことができれば、もう少し空海の秘密に迫ることができるのかもしれない。

五　鎌倉仏教

末木さんが「鎌倉新仏教」という枠組みを批判したことはすでに指摘したが、では鎌倉仏教それ自体をどう考えたのだろうか。一言でいって、それは、平安仏教との脈絡において読むというものであった。

第十章では、親鸞が取り上げられる。その際、末木さんは、法然が大きなターニングポイントであったことを強調し、親鸞は法然の残した課題を突き詰めていったと論じる。その課題とは、すなわち、なぜ念仏が他の諸行よりもすぐれているのか、また浄土とは一体何であるのか、また浄土往生が仏教の最終目的であれば悟りを求めることはどうなるのか、である（本書、二五七～二五八頁）。これらの課題に対する親鸞の答えはこうである。

まず、念仏に対しては、その行を背後で支える信を定義して、それは「自分の中に内在するものではなく、弥陀《みだ》から与えられたものである」(本書、二六五頁)とする。これは、従来の如来蔵《にょらいぞう》思想とその法然門下での焼き直しのように、本来的な信の心が煩悩に打ち勝つとするのではない。そうではなく、煩悩こそ本来の心であり、清浄な信の心は外から他者である弥陀によって純粋に贈与されると考えることで、念仏の優位を示そうというのである。

次に、浄土がどこか他のところに実在すると考える法然に対して、親鸞は、「煩悩のままの状態でも、信を得れば、そのときに正定聚《しょうじょうじゅ》に入ることになる」(本書、二六八頁)として、現世においても、往生したら必ず涅槃《ねはん》に入ることができる状態である正定聚を実現できると言う。末木さんの議論が光るのは、この現世正定聚を、空海が述べた即身成仏と思想構造がまったく同じであると断じた点である(本書、二六八〜二六九頁)。平安仏教の思想構造の上に、鎌倉仏教は展開しているのだ。

最後の課題は、自力の行を認めるかということだが、親鸞は往相廻向《おうそうえこう》と還相廻向《げんそう》の両者を述べていて、弥陀の他力による往生である往相廻向とともに、他者の救済のために自力の行を行うことを還相廻向において認めていると述べられる。これは他力の仏教の根底に自力を認めることであり、いわゆる悪人正機説と異なり、悪をなさないように努力することの重要性を親鸞が認めていたという帰結を導く点で重要なものである。さらには、今日的な問題として、エンゲイジド・ブッディズムへの可能性を開くものでもある。

こうした末木さんの新しい親鸞理解は実に魅力的である。ただ、せっかくなのでここに梅本克己《うめもとかつみ》の議論を重ねておきたい。梅本は戦後の主体性論争の一方の当事者であったマルクス主義者であるが、その学問の出発点は親鸞であった。一九三六年に和辻哲郎のもとで書き上げた卒業論文『親鸞における自然法爾《じねんほうに》の論理』では、われによびかける「かなたよりの声」を聞くことによって、現実という「こなたの一切の自己肯定への否定」(『梅本克己著作集』第九巻、三一書房、一九七八年、四一頁)を行おうとしたと述べている。ただその否定があまりに急すぎると、「絶対否定即絶対肯定」(同右)となって、この現実をそのまま肯定しかねない。それを避けるには、否定の力に「道徳的理想」が必要だと言うのである。

「如来の」はからひは、現実のうちに、理性のうちに、良心のうちに、自然として必然として、あつたのである。さればまた、散善、定善、の道徳的理想への精進なきところ、かれはまたこのはからひに与《あずか》ることもなかつたであらう。(同、五一頁)

「散善、定善」という自力の道徳的修養が親鸞の中には不可欠なものとしてあった。こうした梅本の議論が末木さんの議論と重なるものだとすると、梅本を通じて、再び和辻と末木さんの思考の関係が問われなければならないだろう。

第十一章は道元である。ここにも平安仏教の思想構造と格闘する道元が描かれているが、驚くべきはそれを越えて、一種の仏教原理主義者としての道元が示されている点である。本覚《ほんがく》思想が極端化すると、本来衆生《しゅじょう》は悟っているのだから修行は不要だということになる。道元はそれを批判し、修証一等すなわち修行していることがそのまま悟りであるとした。これは本覚思想の脱構築と言うべきもので、きわめて本覚思想的でありながらも、視座を少しずらすことによって、修行の可能性を担保しようとしたものである。その修行は坐禅《ざぜん》であるが、同時にそれは言語への挑戦も含まれている。すでに触れたように、言語は他者に開かれたわたしたちのあり方を可能にする条件である。したがって、修行によって自らを大きく変容させようとするならば、それは言語への介入を伴わなければならない。道元はこの点で実にラディカルであった。それは中国語と日本語の相違を利用しながら、どちらの言語をも暴力的に解体することで、まったく別のわたしたちのあり方を呈示しようというのである。こうした言語の解体という問題は『仏教――言葉の思想史』（岩波書店、一九九六年）や『解体する言葉と世界――仏教からの挑戦』（岩波書店、一九九八年）以来、末木さんの関心の中心にあったものである。

しかし、末木さんの道元論の中で最もスリリングなのは、『正法眼蔵《しょうぼうげんぞう》』十二巻本を用いて、晩年の道元が原理主義的な問いを抱え、禅宗を越えた仏教一般を考え直し、原始仏教の見直しに踏み込んでいると指摘した点である。「他者論の錯綜《さくそう》が、大乗仏教の泥沼的なわけの分からなさを導いたとすれば、もう一度、すっきりした原始仏教の倫理に立ち戻ったらどうなのか」（本書、三〇五頁）。末木さんはこう論じることで、複雑になった他者論の手前で、ブッダこそが他者であるという原点に晩年の道元は立ち戻ったというのである。これは、近世や近代における原始仏教再評価の遥かな先駆であるというだけではない。そうではなく、とりわけ近代の原始仏教再評価がそこに近代的な宗教性を読み込もうとしたことへの、アンチテーゼとしても読むことができるのである。

第十二章では、最澄が作り上げた日本仏教のかたち、すなわち仏教と世俗の関わり合いが、日蓮の政教一致論に即してあらためて論じられている。日蓮は鎌倉新仏教の枠組みでは鬼子扱いされてきた。それは、近代の原理である政教分離にどうしても抵触するからだ。しかし、末木さんは、近代の日蓮主義である国柱会や創価学会が主張する政教一致主義をもあえて取り上げて、日蓮がいかに政教の関係を考えたかを明らかにする。そのポイントは、仏法が国家に先立つことにある。それは『立正安国論』から、さらには晩年の『三大秘宝抄』に至るまで深められていった思想である。ユートピア的な想像力の中で、日蓮は万人が『法華経』に帰依《きえ》し、仏法が世を導く未来を夢想した。そして、これが近代の強力な日蓮主義の土台となったというのである。

こうした日蓮の「途方もない夢想」をどう考えるべきなのか。このように問う時、末木さんは同時にマルクス主義の理想にも言及している。どちらも、「理想」という概念がほぼ失われた今日においては、きわめて例外的なものになってしまった。しかし、仏教を通じてわたしたちが問うべきは、「現実」に還元できない「理想」の可能性ではないか。この問いはきわめて重いものがある。

六　否定の先の他者

以上、中世までの日本仏教のダイナミズムが新たな視座のもとで論じられてきた。書物をどう終わらせるかは、どう始めるか以上に難しいが、末木さんは本書の最後に、キリスト教と仏教の出会いを配した。それは、日本人宣教師である不干斎ハビアンの仏教・儒教・神道批判の書である『妙貞問答』を通じてである。その要点は、仏教はニヒリズムに陥っているにすぎないということにある。来世についても、方便によって述べているだけで、実際は認めていないため、死後の救済が結局ははかられない。「真実の来世浄土はキリスト教によってはじめて保証される」（本書、三五三頁）。これはなるほど、単純化した批判ではあるが、原始仏教以来、「無常」・「無我」あるいは「空」にあるように、仏教が否定の原理をその教えの核心に有している以上、的を外しているわけではない。
これは、本書でやや留保された、他者と「空」との関係をどう考えるのかという問いに再び戻るものだ。否定の原理を突き進めていけば、他者をも消してしまうのではないのか。これが、否定の否定のその先に、仏教は如何《いか》にして他者が登場することを構想するのか。これが、超越者としての神を設定し、存在あるいは有を何としても根拠づけようとするキリスト教と出会うことで、きわめて緊迫した問題となったのである。そして、これは近世そして近代の仏教においてもつきまとい続けた問題であった。興味のある読者は、末木さんがそれをどう考えたのかを、『近世の仏教――華ひらく思想と文化』(吉川弘文館、二〇一〇年)や、『明治思想家論――近代日本の思想・再考Ⅰ』(トランスビュー、二〇〇四年)、『近代日本と仏教――近代日本の思想・再考Ⅱ』(トランスビュー、二〇〇四年)、『他者・死者たちの近代――近代日本の思想・再考Ⅲ』(トランスビュー、二〇一〇年)等を通じて御覧いただきたい。

おわりに

わたし自身は、十代の頃、ひたすら死について考えていた。それは今振り返ると、実に孤独な思索であったように思う。幸いに大学においてよい師に恵まれ、孤独な思索が精神を喰《は》む状態から何とか抜け出すことができたと感謝している。そのお一人がキリスト教を生きる宮本久雄《みやもとひさお》先生であった。先生はわたしに、死について考えることができるのは若いからこそですよとおっしゃったことがある。そんなことがあるものかと思っていたのだが、ある時期を境に抽象的な死を考えることがなくなった。それは、死を媒介にする思考を退けた時であった。その代わりに、具体的な死者についてはよくよく考えることになる。とりわけ、死者とともにあるとはどういうことなのかを考えるようになったのである。

それがたまたま末木さんの問題関心と重なったことを知った時は本当に驚きであった。わたしは中国哲学が専門なので、アプローチや結論に違いを感じることはあるが、それでも末木さんの問いには根底を揺さぶられてしまう。その意味ではやはり末木さんもよき師の一人である（おそらくは斜行的な師であるが）。師に出会うということは決して容易ではない。しかし、読者のお一人お一人が、本書を通じて、何らかの出会いを得られることを心より念じている。

（平成二十六年二月、東京大学東洋文化研究所准教授）

本書は、二〇一四年五月に新潮文庫として刊行された
『仏典をよむ　死からはじまる仏教史』に加筆修正し、
「仏典をよむ視座」を加えて、増補版としたものです。

増補《ぞうほ》 仏典《ぶってん》をよむ

死《し》からはじまる仏教史《ぶっきょうし》

末木文美士《すえきふみひこ》

令和3年 1月25日 初版発行
令和6年 4月15日 3版発行

発行者●山下直久

発行●株式会社KADOKAWA
〒102-8177 東京都千代田区富士見2-13-3
電話 0570-002-301（ナビダイヤル）

角川文庫 22495

印刷所●株式会社KADOKAWA
製本所●株式会社KADOKAWA

表紙画●和田三造

●お問い合わせ
https://www.kadokawa.co.jp/ （「お問い合わせ」へお進みください）
※内容によっては、お答えできない場合があります。
※サポートは日本国内のみとさせていただきます。
※Japanese text only

ISBN 978-4-04-400631-0 C0115